Franz Hauleitner

# Brentagruppe

## mit Adamello, Presanella und Paganella

52 ausgewählte Wanderungen und Bergtouren im Bereich der Brentagruppe und deren Randgebieten

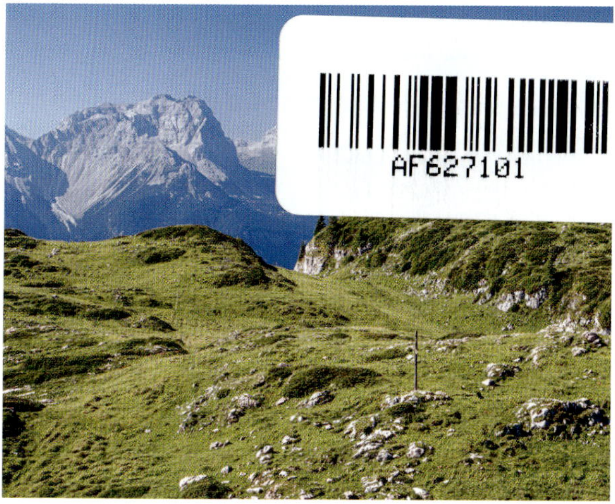



ROTHER BERGVERLAG

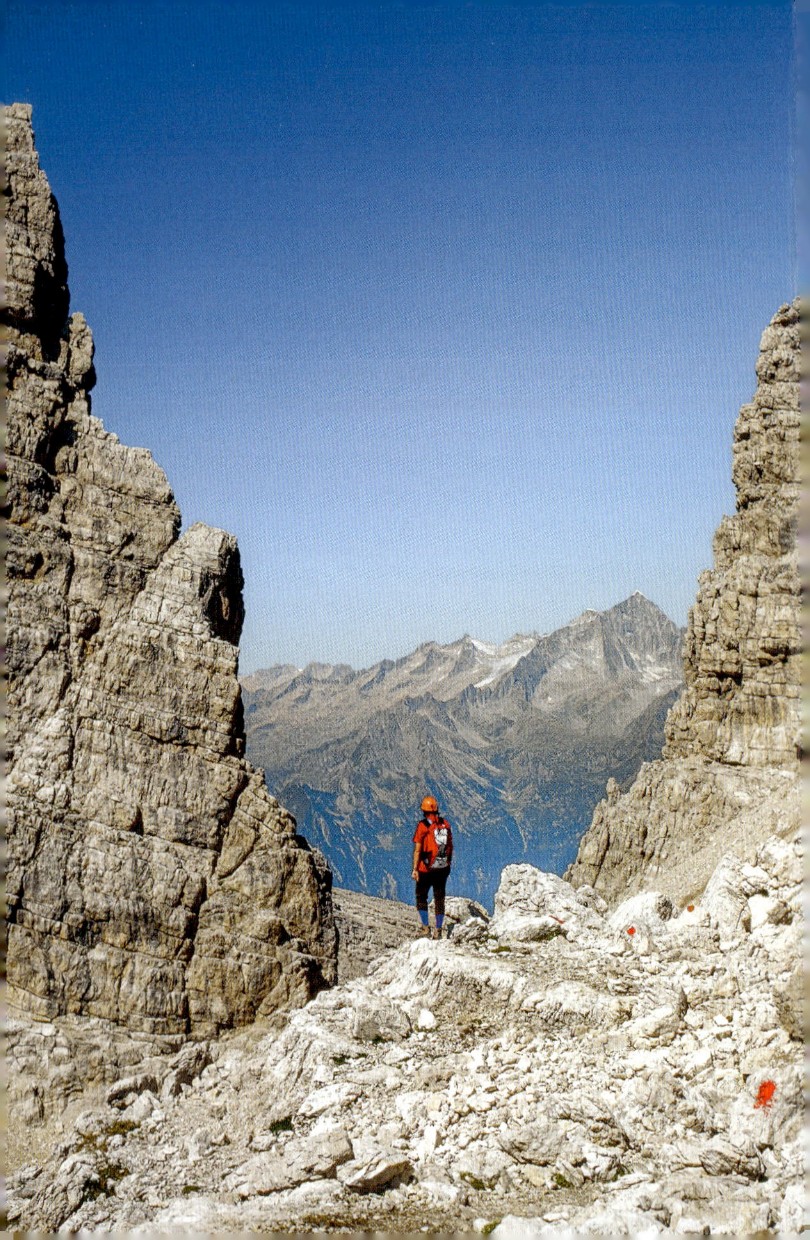

# Vorwort

Die zwar aus Dolomitgestein geformte, jedoch westlich des Etschtales, also abseits der eigentlichen Dolomiten gelegene Brentagruppe gehört dank ihrer landschaftlichen Schönheiten zu den Lieblingsgebieten deutschsprachiger Alpinisten. Dabei reist das Gros der Besucher in erster Linie der berühmten Klettersteige wegen in die Brenta und übersieht, dass ihre gewaltigen Kalkmassive auch dem Wanderer einiges zu bieten vermögen, dass es Unternehmungen gibt, die landschaftlich den berühmten Vie ferrate durchaus gleichzustellen sind. Die durch zahlreiche Schutzhütten erschlossenen Felsräume des Zentralbezirks, die langen Grate und Kämme der Nordgruppe, die einsamen Höhenzüge der Campa weiter östlich, die ausgedehnten Almengebiete im Süden sowie das nach Osten abgerückte Riesenpult der Paganella, sie ermöglichen lohnende Unternehmungen in Form von Gipfelbesteigungen, Überschreitungen und Rundwanderungen. Natürlich dürfen auch einige der berühmten Klettersteige nicht fehlen, ohne die ein Brentabesuch nicht mehr zu denken ist. Hinzu treten Wanderungen in den angrenzenden Kristallingebieten der Adamello- und Presanellagruppe, die mit ihren tosenden Bächen und Wasserfällen, ihren Gletschern und Granitgesteinen, der reichen Fauna und Flora sowie den ständigen Ausblicken zu den Kalkriesen der Brenta die Sinne der Besucher betören. Den besonderen landschaftlichen Schönheiten der Brentagruppe und ihren Randgebieten wurde im Juni 2009 durch Aufnahme in die Weltnaturerbe-Liste der UNESCO international Rechnung getragen.

Im vorliegenden Wanderführer werden 52 ein- und mehrtägige Touren aus allen Bereichen der Brenta und ihren Randgebieten vorgestellt. Dabei kann in tiefen und mittelhohen Lagen zum Teil auch noch gewandert werden, wenn die im Hochsommer überfrequentierten Schutzhäuser noch nicht geöffnet oder schon wieder geschlossen sind.

Der Autor wünscht allen Leserinnen und Lesern dieses Wanderführers schöne erlebnisreiche Tage im großartigen Felsenreich der Brentagruppe.

Wien, im Sommer 2024 — Dr. Franz Hauleitner

*Die am Sentiero Benini berührte Bocchetta dei Camosci (Tour 5), dahinter im Westen die Cima Presanella.*

# Inhaltsverzeichnis

## Symbole

| | | | |
|---|---|---|---|
| | mit Bahn/Bus erreichbar | | Fahrt mit Hüttentaxi |
| | Einkehrmöglichkeit unterwegs | | Aussichtsplatz |
| | für Kinder geeignet | | Rastplatz, Picknickplatz |
| | Ort mit Einkehrmöglichkeit | | Gipfel / Pass, Sattel |
| | bewirtschaftete Hütte | | Klettersteig (Kurve im Profil grau) |
| | unbewirt. Hütte, Unterstand | | Wasserfall |
| | Fahrt mit Seilbahn | | Quelle |
| | Fahrt mit Sessellift | P | eingerichteter Parkplatz |

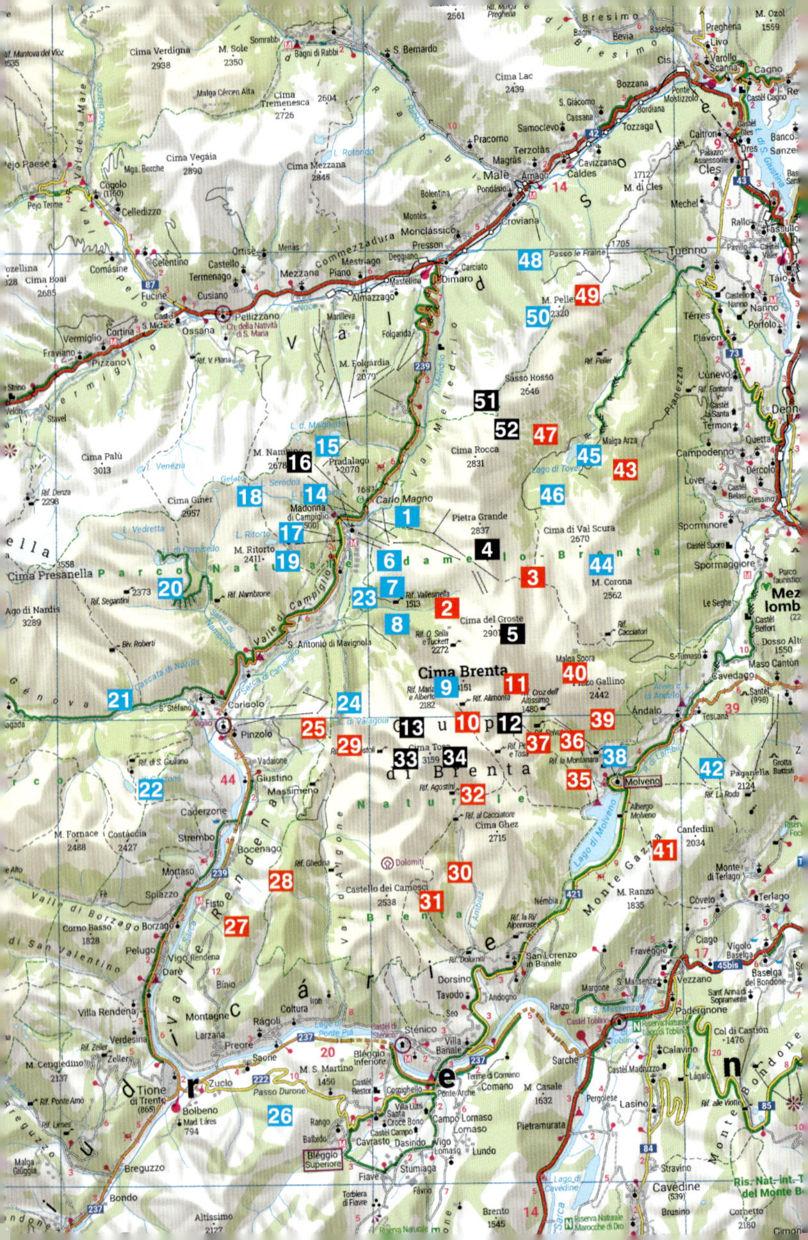
Cima Brenta
Gruppo di Brenta
Parco Naturale Adamello-Brenta
Val di Sole
Val Meledrio
Valle di Campiglio
Val di Genova
Val Rendena
Giudicarie
Madonna di Campiglio
Pinzolo
Carisolo
Dimaro
Malè
Cles
Andalo
Molveno
Lago di Molveno
Tione di Trento
Stenico
Cima Presanella 3558
Cima Tosa 3159
Cima del Groste 2901
Pietra Grande 2837
Cima Rocca 2831
Sasso Rosso 2646
Cima Ghez 2715
Castello dei Camosci 2538
Cima Vegaia 2890
Cima Verdigna 2938
Cima Lac 2439
Cima Mezzana 2845
Cima Palù 3013
Cima Giner 2957
M. Ritorto 2411
Pradalago 2070
M. Corona 2562
Cima di Val Scura 2670
Pizzo Gallino 2442
Canfedin 2034
Paganella 2124
Monte Gazza
Monte Bondone
1
2
3
4
5
6
7
8
9
10
11
12
13
14
15
16
17
18
19
20
21
22
23
24
25
26
27
28
29
30
31
32
33
34
35
36
37
38
39
40
41
42
43
44
45
46
47
48
49
50
51
52

# Allgemeine Hinweise

## Anforderungen

Die meisten Wanderungen verlaufen auf gut instand gehaltenen, markierten Steigen und Wegen, sind also im alpinistischen Sinn leichte Unternehmungen. Andere Touren verlangen hingegen bergsteigerische Übung, Trittsicherheit, Schwindelfreiheit und Ausdauer. Um die jeweiligen Anforderungen besser einschätzen und vergleichen zu können, wurden die Nummern der einzelnen Tourenvorschläge mit verschiedenen Farben versehen.

**Leicht** Wanderungen auf markierten, meist gut trassierten Wegen und Pfaden. Unschwierig und in der Regel nur wenig anstrengend. Auch für Kinder und Senioren geeignet.

**Mittel** Bergwanderungen auf meist ausreichend markierten Pfaden und Steigen, die häufig schmal oder steil angelegt sind und über kurze Abschnitte etwas ausgesetzt sein können. Trittsicherheit, etwas Schwindelfreiheit und Orientierungsvermögen nötig.

**Schwierig** Anspruchsvolle Bergtouren mit unmarkierten, zum Teil auch weglosen Passagen. Stellenweise können die Steige sehr ausgesetzt sein, manchmal wird die Zuhilfenahme der Hände notwendig (leichte Kletterei im Schwierigkeitsgrad I, vereinzelt auch II), an gesicherten Passagen ist zum Teil ein Klettersteig-Set nötig. Nur für absolut trittfeste, schwindelfreie, konditionsstarke und alpin erfahrene Geher.

## Gehzeiten

Man beachte, dass sich die Zeitangaben (Gesamtgehzeit in der Titelzeile, in den Höhenprofilen auch Teilgehzeiten) nur auf die reine Gehzeit beziehen. Rasten, Verlangsamung der Gehgeschwindigkeit durch Übermüdung usw. sind darin nicht enthalten. Wiederholt eingelegte Pausen können in Summe die Gehzeit wesentlich verlängern. Zeitangaben sind natürlich auch sub-

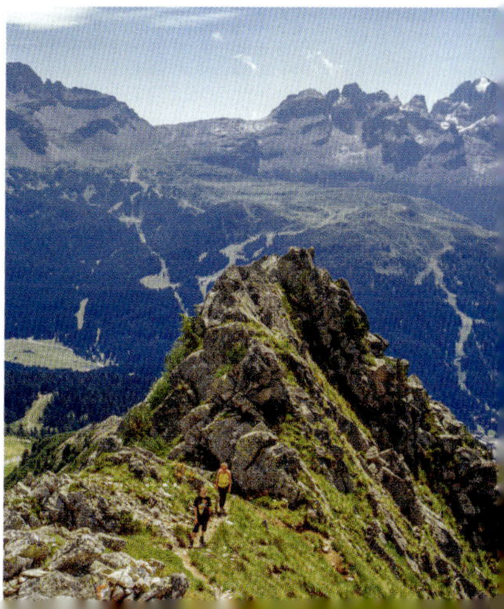

*Anstieg über den Ostrücken des Monte Zeledria mit Blick gegen die zentrale Brentagruppe (Tour 16).*

jektiv. Die entsprechende Korrektur zur angeführten Gehzeit kann durch einen anfänglichen Zeitvergleich ermittelt werden (zum Beispiel: 1 Stunde im Wanderführer entspricht 1.15 Stunden persönlicher Gehzeit).

## Kinder

Wanderungen, die mit Kindern unternommen werden können, sind in diesem Buch durch ein Symbol gekennzeichnet. Grundsätzlich können Eltern die körperliche Leistungsfähigkeit ihres Nachwuchses sicher am besten einschätzen. Bei Kindern zwischen fünf und fünfzehn Jahren, die sich gerne bewegen, ist weniger die Schwierigkeit einer Tour als die gebotene Abwechslung ausschlaggebend. Auf einer längeren Tour sind beispielweise Einkehrmöglichkeiten unterwegs ein wichtiges Kriterium für eine Kindertauglichkeit. Und sollte für den Nachwuchs das zumutbare Tagespensum schon erreicht sein, besteht immer noch die Möglichkeit, zu übernachten (Hüttenabend!) und das Unternehmen anderntags ausgeruht und gut gelaunt fortzusetzen.

## Höhenunterschiede

Unter dieser Angabe ist jeweils die Summe der auf einer Tour im Anstieg bzw. im Abstieg zu bewältigenden Höhenunterschiede zu verstehen. Gegensteigungen werden also berücksichtigt!

## Ausrüstung

Feste Schuhe mit Profilgummisohle, zweckmäßige Bekleidung sowie Rucksack mit Pullover, Regenschutz, Anorak und kleinerem Tourenproviant (Wasserflasche!) sind Voraussetzung. Für anspruchsvolle Touren im kombinierten hochalpinen Gelände empfiehlt sich die Mitnahme von Pickel und

### GPS-Tracks und Koordinaten der Ausgangspunkte

Auf **gps.rother.de** stehen zu diesem Wanderführer GPS-Tracks und die Koordinaten der Ausgangspunkte zum kostenlosen Download bereit. Dieser QR-Code führt direkt zum Download.
5. Auflage, Passwort: **418105vta**
Die GPS-Tracks können in die **Rother App** importiert werden. In der App kann man unterwegs stets sehen, wo man gerade ist und wo es langgeht. **Anleitungen dazu: rother.de/gps**
Trotz sorgfältiger Prüfung können wir Fehler und zwischenzeitliche Veränderungen nicht ausschließen. Verlassen Sie sich für die Orientierung niemals einzig und allein auf die GPS-Daten, sondern beurteilen Sie die Verhältnisse vor Ort.

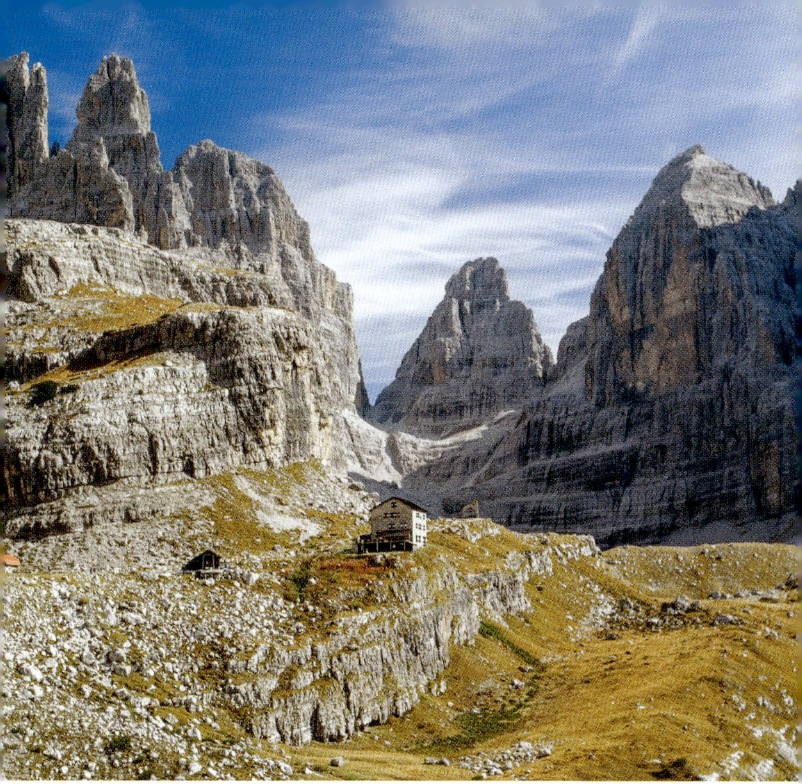

*Die grandiosen Felskulissen des Val Brenta Alta rings um die Brenteihüttte (im Bild) mit Sfulmini, Cima Brenta Bassa und Cima Margherita (Tour 9–12).*

Steigeisen (auch Grödel) bzw. auf Klettersteigen die Verwendung eines Klettersteigsets (Hüftgurt mit Beinschlaufen, Klettersteigbremse, zwei Klettersteigkarabiner, Steinschlaghelm).

## Gefahren

Obwohl die meisten der hier angeführten Wanderungen gebahnten Wegen oder Straßen folgen, ist an einzelnen abrutschbereiten Stellen, bei Querung steiler Hänge oder hart gefrorener Schneefelder sowie im steinschlaggefährdeten Gelände Vorsicht geboten. Eine gewisse Gefahrenquelle stellen auch sommerliche Gewitter sowie das lokale Vorkommen von Giftschlangen (Vipern) dar.

## Bergrettung, Notruf

In Italien kann über die Telefonnummer 118 (kostenlos, keine Vorwahl) die Bergrettung verständigt werden. Mit einem Handy oder Smartphone kann die Europäische Notrufnummer 112 (ebenfalls kostenlos, keine Vorwahl) auch ohne vorherige Eingabe des PIN-Codes angerufen werden.

## Wegmarkierungen

Neben einer einheitlichen rot-weiß-roten Markierung besitzen viele Steige auch eigene Nummern. Wo Farbzeichen verblasst oder unleserlich geworden sind, ist auf mögliche Steinmänner-Markierung zu achten.

## Aufstiegshilfen

Mehrere Wanderungen haben Ausgangspunkte, die mit Seilbahnen erreichbar sind. Diese Anlagen sind überwiegend während der sommerlichen Hochsaison in Betrieb, also von Mitte Juni bis Mitte September, größere Anlagen bis Anfang Oktober. In der übrigen Zeit können solche Tourenziele bzw. Ausgangspunkte nur zu Fuß erreicht werden, was z. T. eine erhebliche Mehrleistung bedeutet, sodass zusätzliche Gehzeiten einzuplanen sind. Bei den an Wochenenden gebundenen Öffnungszeiten der Seilbahnen gibt der Wanderführer oft Zeitspannen (z. B. 5./10. Juni bis 15. September) an, während denen die Seilbahnen in Betrieb sind.

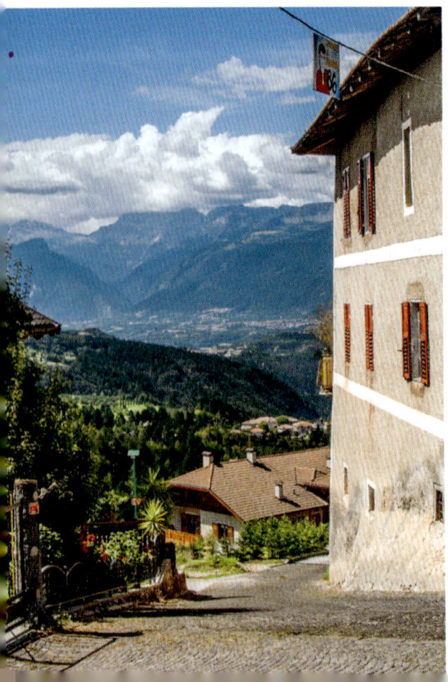

## Öffentliche Verkehrsmittel

Viele Talorte und Ausgangspunkte sind mit öffentlichen Verkehrsmitteln erreichbar. Fahrplanauskünfte gibt es unter folgenden Internetadressen:

- Fahrpläne europaweit: fahrplan-online.de
- Deutschland (Deutsche Bahn): bahn.de
- Österreich (Österreichische Bundesbahnen): fahrplan.oebb.at
- Provinz Bozen (Verkehrsverbund Südtirol): SAD Nahverkehr AG, sii.bz.it sowie sad.it und suedtirolmobil.info
- Provinz Trento (Verkehrsverbund Trentino): Trentino Trasporti, ttspa.it

*Blick aus dem Ortsgebiet von Fondo (Nonsberg) gegen die Brentagruppe.*

## Die Top-Touren der Brenta

**Vom Grostèpass zur Brentèihütte**

Traumhaft schöner Panoramaweg von Hütte zu Hütte, an der Brenta-Westseite entlang (Tour 2, 5 Std.).

**Sentiero Oswaldo Orsi**

Unvergleichlicher Schauweg an der Brenta-Ostseite, eingebettet in eine zweitägige Runde um Cima Brenta und Sfulmini (Tour 11, 2 Tage).

**Via delle Bocchette Centrali**

Einer der attraktivsten und bekanntesten alpinen Klettersteige. Kaum schwierige, aber sehr exponierte Route mitten durch senkrechte Wände. Großartige Landschaftsbilder (Tour 12, 2 Tage).

**Sentiero dei 5 laghi**

Ein wunderbarer Wanderweg gegenüber der Brenta mit einem Überangebot an Fotomotiven. Ein Muss für jeden Besucher (Tour 18, 4.30 Std.).

**Cascate della Vallesinella**

Romantischer Wasserfallweg, der auch in Begleitung mit Kindern lohnt (Tour 23, 4.15 Std.).

**Sentiero Brentari**

Die würdige Fortsetzung der Via delle Bocchette Centrali nach Westen mit dem Landschaftsjuwel der Sella della Tosa. Nur für Geübte (Tour 34, 7.30 Std.).

**Val-delle-Seghe-Runde**

Abenteuerlicher Ringweg, der von der Bergschulter Pradèl aus das unterste »Stockwerk« der Brenta erschließt (Tour 36, 4 Std.).

**Monte Gazza**

Ein Panoramapunkt von Rang mit grandiosem Brentablick. Von Molveno angegangen, eine stramme, aber unschwierige Bergtour (Tour 41, 7 Std.).

**Monte Pèller**

Idealer Aussichtsberg, von der per Seilbahn erreichbaren Pèllerhütte rasch zu besteigen. Nur für trittfeste Geher (Tour 49, 2.30 Std.).

**Sentiero Claudio Costanzi**

Großartige Überschreitung der nördlichen Brentakette. Nur für ausdauernde, geübte Geher (Tour 51, 2 Tage).

*Anreise zu den Talorten:*
Mezzocorona, Trient und Roverto sind von Norden (München, Innsbruck) mit der Bahn über den Brenner sowie von Süden (Rom, Mailand, Venedig, Verona) und Osten (Valsugana) mit Zügen (trenitalia.com) zu erreichen. Von dort geht es mit dem öffentlichen lokalen Bus- und Bahnnetz oder dem privaten Fernbusunternehmen »Flixbus« (flixbus.it) weiter zu den peripharen Ausgangspunkten: Ab Trento mit der Bahn Trento – Cles – Malè (von dort per Buslinie B642 über Dimaro und den Passo Campo Carlo Magno nach Madonna di Campiglio) durch das Val di Non in das Val di Sole, ab Trento per Bus nach Andalo und Molveno (B611), über Tione und durch das Val Rendena nach Pinzolo, Madonna di Campiglio zum Passo Campo Carlo Magno (Bus B201), von Trento über Tione zu den Orten der Valli Giudicarie (B615).

■ trentino-insider.de, trentinotrasporti.it (Diese Adresse funktioniert nur in Italien, ansonsten nur über das virtuelle persönliche Netzwerk vpn abrufbar.)

# Der Umwelt zuliebe ...

Auch beim Wandern hinterlassen wir einen ökologischen Fußabdruck, aber im Einklang mit der Natur unterwegs zu sein, ist gar nicht so schwer!

## VORBEREITUNG UND ANFAHRT

- Sich vorab informieren, worauf in Bezug auf Natur und Umwelt in der jeweiligen Wanderregion besonders zu achten ist.
- Soweit möglich mit Bahn und Bus anreisen, Wander- und Rufbusse nutzen.
- Ist eine Anfahrt mit dem Auto nötig, Fahrgemeinschaften bilden.
- Bei weiten Anfahrten Mehrtagestouren planen oder von einem Quartier vor Ort aus mehrere Touren absolvieren.
- Flugreisen möglichst reduzieren und durch Beiträge zu Klimaschutzprojekten kompensieren.

## KLEIDUNG UND AUSRÜSTUNG

- Beim Kauf von Outdoor-Kleidung auf umweltfreundliche und faire Herstellung achten und Kleidungsstücke möglichst viele Jahre nutzen.
- Ausrüstung kann man eventuell auch gebraucht kaufen oder ausleihen.
- Reparieren statt neu kaufen.

## VERPFLEGUNG

- Beim Einkauf Bio-Ware, regionale und saisonale Erzeugnisse bevorzugen.
- Hütten und Gasthäuser auswählen, die regionale Produkte verwenden.
- Auf Einwegflaschen und Plastikverpackungen verzichten, stattdessen wiederverwendbare Trinkflaschen und Brotzeitboxen benutzen.

## ÜBERNACHTUNG

- Bei lokalen Anbietern buchen, damit Menschen vor Ort profitieren.
- Auf Hütten und in anderen Unterkünften Strom und Wasser sparen.

## UNTERWEGS

- Wege benutzen und Abkürzer vermeiden.
- Sperrungen von Wegen und Schutzgebieten respektieren.
- Keine Blumen pflücken und keine Pflanzen entnehmen.
- Waldbrandgefahr beachten.
- Müll wieder mit nach Hause nehmen und dort entsorgen.
- Toilettengänge in freier Natur möglichst vermeiden.
- Lärm vermeiden.
- Hunde an die Leine nehmen.

ROTHER
BERGVERLAG

*Trentino Guest Card:*
Für Besucher des Trentino empfiehlt sich im übrigen die Verwendung der »Trentino Guest Card« (TGC), mit der alle öffentlichen Verkehrsmittel, einschließlich der Züge, kostenlos genutzt sowie Museen, Schlösser, Naturparks und Attraktionen besucht werden können. Die Karte (gilt für max. 20 Tage) wird allen Gästen kostenlos zur Verfügung gestellt, die in einem der zugelassenen Beherbergungsbetriebe der Region übernachten, unabhängig davon, um welche Beherbergungsart es sich handelt. Bei Online-Buchungen in einem akkreditierten Betrieb per discovertrento.it wird die Karte bei der Buchung per E-Mail zugeschickt. Sie kann aber auch digital auf dem Smartphone über die App »Mio Trentino« (kostenlos im App Store und bei Google Play) aktiviert werden.

## Das Verkehrskonzept im Umkreis von Madonna di Campiglio

Für Brenta-Besucher besteht die Möglichkeit, das Auto in der Garage zu lassen und für die An- oder Rückreise zum Ausgangspunkt öffentliche Shuttledienste in Anspruch zu nehmen:

- **Shuttlebus »Vallesinella Express« von Madonna di Campiglio:** Verkehrt vom Parkplatz Spinale zum Parkplatz an der Malga Vallesinella di sotto (17. Juni bis 17. Sept. 8.30–18.30 Uhr täglich, ausgenommen an Dienstagen im Juli und August 10–15 Uhr, wo die Strecke nur per Fahrad oder zu Fuß bewältigt werden kann). Preis: 2,50 Euro pro Strecke. Für Inhaber eines Spinale-Parktickets am selben Tag und für alle Personen im Auto sowie für Kinder bis 8 Jahren kostenlos. Reservierung entweder online über die Website von Tourismusverband (campigliodolomiti.it) oder Parco Naturale Ademello-Brenta (pnab.it) bzw. an den Fremdenverkehrsbüros in Madonna, Pinzolo, Tione u. a.
- **Shuttlebus »Grostè-Express«:** Verkehrt vom Parkplatz an der Malga Vallesinella di sotto zur Talstation der Grostè-Seilbahn (17. Juni bis 24. Sept. 14.30–18.30 Uhr täglich). Preis: 4 Euro pro Strecke, Kinder bis 8 Jahren kostenlos. Reservierung entweder online über die Website von Tourismusverband (campigliodolomiti.it) oder über die Fremdenverkehrsbüros in Madonna, Pinzolo, Tione u. a.

### Mit Pkw zu den Parkplätzen Spinale (in Madonna di Campiglio) und auf Vallesinella

Beide Parkplätze sind vom 17. Juni bis 17. Sept. 6.30–17.30 Uhr täglich geöffnet, danach bis 15. Okt. an den Wochenenden. Sie können an Ort und Stelle oder besser online (mobilita.campigliodolomiti.it) vor 6 Uhr am selben Tag gebucht werden. Wichtig: Auf der Straße nach Vallesinella gilt vom 17. Juni bis 17. Sept. 10–17.30 Uhr ein Fahrverbot.

- **Parkplatz Vallesinella:** Tagesgebühr Mo. bis Fr. 10 Euro (online 8 Euro), Sa. und So. 12 Euro (online 10 Euro), jeder weitere Tag 3 Euro.

- **Parkplatz (Parkhaus) Spinale-Seilbahn:** Tagesgebühr Mo. bis Fr. 8 Euro (online 6 Euro), Sa. und So. 10 Euro (online 8 Euro), jeder weitere Tag 3 Euro.

## Schutzhütten, Gaststätten, Restaurants, Jausenstationen

In den Kurzinformationen werden bei jeder Tour alle an der Route gelegenen Einkehrmöglichkeiten aufgeführt (mit Hinweisen auf etwaige Ruhetage, die jedoch im Juli und August nicht immer eingehalten werden). Die angegebenen Bewirtschaftungszeiten sind Richtzeiten. Sie können je nach Lage der Wochenenden von Jahr zu Jahr etwas schwanken. Das gilt auch für die Betriebszeiten von Beförderungsmitteln.

## Wetter

Informationen und Vorhersagen für das Bergwetter in den Südalpen können telefonisch oder über das Internet abgefragt werden:

- Tonbanddienst des Amtes für Meteorologie und Lawinenwarnung der Provinz Bozen, Tel. +39 0471 271177, +39 0471 270555, provinz.bz.it/wetter.
- Persönliche Beratungsstelle der Geospere Austria/Meteorologie, Tel. 0900 5665666 (nur aus Österreich, kostenpflichtige Hotline), zamg.ac.at.
- Tägliche Wetterberichte (in italienischer Sprache) vom Institut für Lawinenforschung (Centro Sperimentale Valanghe) in Arabba, Tel. +39 0436 7800071, arpa.veneto.it.

Vorhersagen des Alpenwetters findet man außerdem auf den Internetseiten alpenverein.de und alpenverein.at.

## Telefon

Es gelten folgende Landesvorwahlen: aus Deutschland, Österreich und der Schweiz nach Italien +39. Bei der darauffolgenden Ortsnummer die erste Null nicht weglassen! Handy-Vorwahlen haben in Italien generell keine führende Null. Die Ländervorwahl aus Italien nach Deutschland lautet +49, nach Österreich +43 und in die Schweiz +41. Bei der darauffolgenden Ortsnummer entfällt hier die erste Null.

### Abkürzungen

alb. = albergo
B. = Betten
bez. = bezeichnet, markiert
biv. = bivacco
c. = cima
cas. = casera
forc. = forcella
ganzj. = ganzjährig
Ghf. = Gasthof, Gasthaus
L. = (Matratzen-) Lager
mga. = malga
rif. = rifugio
rist. = ristorante
sent. = sentiero
unbew. = unbewirtschaftet
unbez. = unbezeichnet/unmarkiert

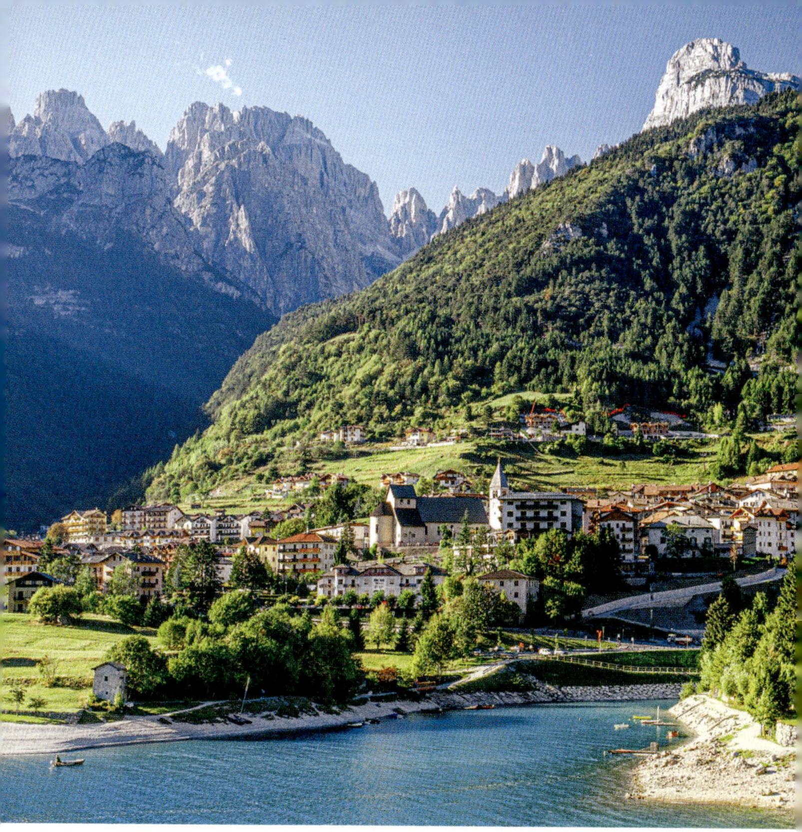

*Beliebter Urlaubsort: Molveno am gleichnamigen See, darüber die Felshäupter der Brenta.*

## Karten

Neben den beigegebenen Karten mit Routeneintragungen werden als ergänzende Orientierungshilfe folgende Karten empfohlen:

- Tabacco-Wanderkarte 1:50.000, Blatt 10
- Kompass-Wanderkarte 1:50.000, Blätter 71, 73
- Kompass-Wanderkarte 1:40.000, Blatt 70
- Alpenvereinskarte 1:25.000, Blatt 51
- Tabacco-Wanderkarte 1:25.000, Blatt 053
- Kompass-Wanderkarte 1:25.000, Blätter 073, 688

## Literatur

- Bontempi Ruggero, Fausto Camerini, Roberto Ciri: Prealpi Bresciane, Idea Montagna Editoria e Alpinismo, Villa di Teolo 2015.
- Enzo Gardumi, Fabrizio Torchio: Dolomiti di Brenta, Casa Editrice Panorama, Trento 2003.
- Mark Zahel: Klettersteige Dolomiten, Rother Bergverlag, München 2023.
- Franz Hauleitner: Dolomiten-Höhenwege 8–10, Rother Bergverlag, München 2020.

## Informationen zu Fremdenverkehrsämtern

Landesfremdenverkehrsämter und Landesinformationsstelle

- I-38122 Trento (»Trentino Marketing«), Via Romagnosi 11, Tel. +39 0461 219300, direzione@trentinomarketing.org.to, trentino.to

Regionale Fremdenverkehrsämter und Auskunftsstellen

- I-38027 Malé (A.P.T. »Val di Sole, Peio e Rabbi«), Viale Marconi 7, Tel. +39 0463 901280, info@valdisole.it, visittrentino.it
- I-38013 Fondo (A.P.T. »Valle di Non«), Via Roma 21, Tel. +39 0463 830133, info@valledinon.it, visittrentino.it
- I-38010 Àndalo (A.P.T. »Dolomiti Paganella«), Piazza Dolomiti 1, Tel. +39 0461 585836, direzioneapt@pec.pecvisitdolomitipaganella.it, visittrentino.it
- I-38084 Madonna di Campiglio (A.P.T. »Madonna di Campiglio«), info@campigliodolomiti.it, campigliodolomiti.it; mit den Büros in Madonna di Campiglio (Via Pradalago 4, Tel. +39 0465 447501), Pinzolo (Piazza S. Giacomo 1, Tel. +39 0465 501007), Tione di Trento (Via D. Chiesa 3, Tel. +39 0465 901217) und Pieve di Bono (Infopoint, Tel. +39 0465 901217)

*Im Anstieg von der Pèllerhütte auf den Monte Pèller (Tour 49).*

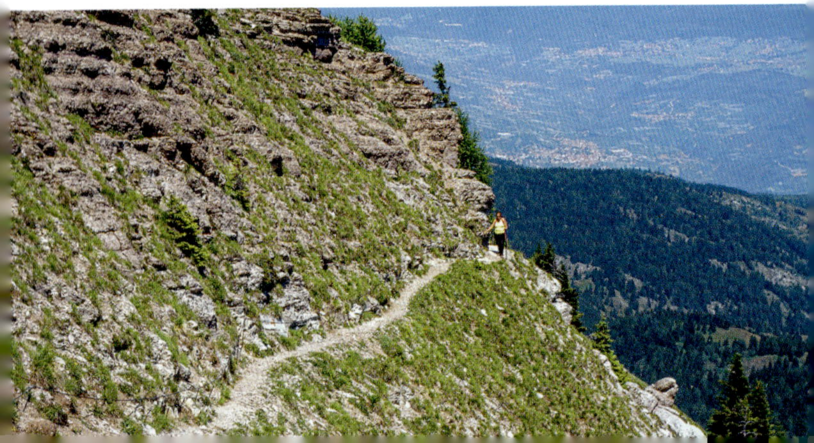

## Wichtige italienische Begriffe

aqua = Wasser
albergo = Gasthof, Hotel
alta, alto = Hohe(r)
Alta Via delle Dolomiti = Dolomiten Höhenweg
altezza = Höhe
attrezzato = gesichert
arrampicare = klettern
bàita = Bar, Unterstand
banca = breites Geröllband
basso / a = tief, niedrig
bivacco = Biwak, -schachtel
bocca = Scharte
bocchetta = kleine Scharte
busa = Bergkessel, Kar
bussola = Kompass
cima = Gipfel, Spitze
cabinovia = Klein- / Stehgondelbahn
cadin = Kar
campanile = Turm
camminata = Fußmarsch
capanna = Hütte
carta geografica = Landkarte
casera = Almhütte
cengia = Band
col = Hügel
corda = Seil
cresta = Grat
croda = steiler Felsgipfel
diritto / a = geradeaus
discesa = Abstieg
dos(so) = Rücken, Hügel
est = Osten
fiume = Fluss
fonte = Quelle
forcella = Joch, Sattel, Scharte
funivia = Seilbahn
ghiacciaio = Gletscher
guglia = Turm, Felsnadel
incidente = Unfall
lago = See
monte = Berg
malga = Alm
nebbia = Nebel
neve = Schnee
nord = Norden
ovest = Westen
passo = Joch, Pass
pericoloso / a = gefährlich
pernottare = nächtigen
pian(o) = Ebene, Fläche
pioggia = Regen
piz, pizzo = Spitze
ponte = Brücke
porta = Felstor, Scharte
pra(to) = Wiese
previsione del tempo = Wetterprognose
punta = Gipfel, Spitze
rifugio = Hütte, Schutzhütte
rio, rivo = Bach
salita = Anstieg
sass(o) = Fels, Felsberg
scarica di sassi = Steinschlag
seggiovia = Sessellift
segnalazione = Markierung
sella = Schulter, Sattel
sentiero = Steig, Weg
serpente = Schlange
soccorso alpino = Bergrettung
sorgente = Quelle
sosta = Rast
spallóne = große Bergschulter
spigolo = Bergkante
sud = Süden
tabià = Heustadel
telecabina = Stehgondelbahn
teleferica = Seilschwebebahn
tempo = Wetter
temporale = Gewitter
torre = Turm, Felsturm
torrente = Bach
val, valle = Tal
valanga = Lawine
van, vant = Bergkessel, Kar
vedretta = kleiner Gletscher
vento = Wind
vetta = Gipfel
via = Weg, Steig
via ferrata = Klettersteig
zaino = Rucksack

# Die Brentagruppe und ihre Randgebiete

## Lage und Umgrenzung

Die aus Dolomitengestein geformte Gebirgsmasse der Brentagruppe ist ein Teilgebiet der Südlichen Kalkalpen. Das in Nord-Südrichtung etwa 45 km lange, in West-Ostrichtung bis zu 25 km breite Massiv bedeckt eine Fläche von rund 740 km². Die Lage der Gruppe westlich des Etschtales, hart am Rande der kristallinen Adamello- und Presanellagruppe, stempelt sie zu einem Außenseiter abseits der eigentlichen Dolomitenregion.
Zwischen Dimaro und Cles bildet das vom Non (Noce) durchflossene Val di Sole die Nordgrenze. Als Westgrenze sind zwischen Dimaro und Tione das Val Meledrio, der Passo Campo Carlo Magno, das Valle di Campiglio und das Valle Rendena zu nennen. Die Südgrenze zwischen Tione und Sarche wird durch das Val Giudicarie Superiore (Sarcafluss), die Südostgrenze zwischen Sarche und Trient durch das Valle dei Laghi und den Sattel von Càdine festgelegt. Zwischen Trient und Mezzolombardo bildet das Etschtal, zwischen Mezzolombardo und Cles das Nonstal (Val di Non) die Ostgrenze.
Eingangspforten sind im Westen die Fremdenverkehrszentren Madonna di Campiglio und Pinzolo, im Osten die Urlaubsorte Àndalo und Molveno. Ebenso bedeutsam, jedoch weniger frequentiert sind die in Apfelplantagen eingebetteten Ortschaften des Nonsberges im Nordosten sowie die an der Brenta-Südseite gelegenen Erholungsorte San Lorenzo in Banale und Stenico.

## Aufbau und touristische Bedeutung

Oberflächlich betrachtet präsentiert sich die Brentagruppe als ein von Nord nach Süd streichender Kamm mit nur geringer Aufsplitterung in einzelne Seitenäste. Die bedeutendste Kerbe in dieser Linie, der Passo del Grostè, trennt die nördliche Brentakette von dem südlich gelegenen Zentralbereich. Er kann vom Passo Campo Carlo Magno per Seilbahn erreicht werden und bildet den wichtigsten Startplatz für Unternehmungen in dem Gebiet. Die nördliche Brentakette steht höhenmäßig, aber auch nach der Besucherfrequenz im Schatten der Zentralgruppe. Der 20 Kilometer lange Kamm hat in der 2937 Meter hohen Pietra Grande seine bedeutendste Erhebung.
Südlich des Grostèpasses entfaltet sich der durch Gletscherkare gegliederte Zentralbereich der Brentagruppe mit den Massiven der Cima Grostè, Cima Falkner, Cima Sella, Cima Brenta, Sfulmini (mit der 300 Meter hohen Felssäule der »Guglia Brenta«), Cima Brenta Alta und der Cima Brenta Bassa. Von ihr verläuft der Hauptkamm westwärts über die Cima Margherita zur Cima Tosa, der mit 3173 Metern höchsten Erhebung der Gruppe. Diese fällt nach Norden im gewaltigen Pfeiler des Crozzón gegen das Val Brenta hin ab. Südlich der Cima Tosa splittet sich der Hauptkamm in mehrere Äste auf, die in über 1500 m hohen Steilflanken gegen das Val Giudicarie Superiore niedersinken.

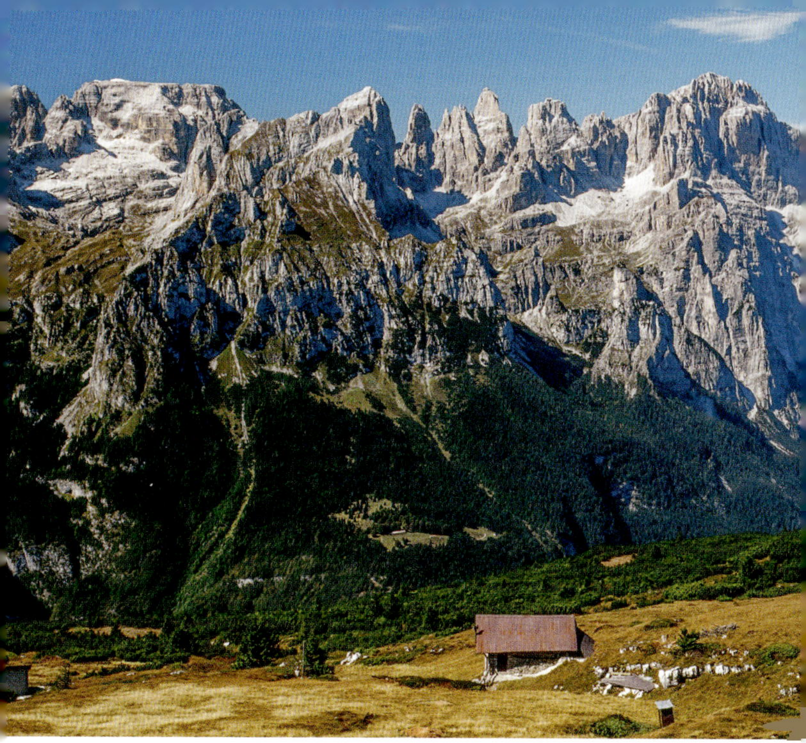

*Die zentrale Brentagruppe mit Cima Tosa, Cima Brenta Alta, Sflumini und Cima Brenta vom Monte Gazza (Tour 41).*

Die Cima Sella entsendet nach Osten einen Seitenkamm, der als markanteste Erhebungen Cima Roma, Cima della Vallazza, Cima Gaiarda und Croz dell'Altissimo aufwirft. An der Cima Gaiarda entwickelt sich nach Norden die durch Val dei Cavai und Val Campa zweigeteilte Campagruppe, in der heute noch einige Exemplare der Spezies Braunbär (orso bruno) hausen. Durch den Sattel von Àndalo getrennt, ragt weiter im Osten die durch Seilbahnen erschlossene Paganella (Skigebiet) auf. Sie fällt in hohen Wänden gegen das Etschtal nieder, während sie sich nach Nordwesten in Gras- und Waldflanken gegen die Orte Molveno, Àndalo und Fai della Paganella abdacht.
Als bedeutendste Täler innerhalb der Gruppe sind das westseitige Val Brenta, das 12 Kilometer lange Val d'Ambiéz an der Südseite, die Talgruft des Val delle Seghe im Osten sowie das Val di Tóvel zwischen Nordkette und Campagruppe zu nennen. Mit dem durch seine einstige Rotfärbung berühmt gewor-

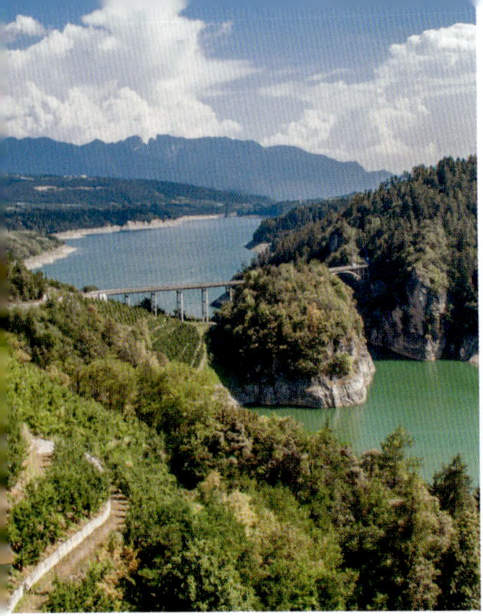

*Der aufgestaute Lago di Santa Giustina bei Cles wird auch als Badesee geschätzt.*

denen See und den paradiesischen Almwiesen von Flavona gehört Letzteres zu den Landschaftsjuwelen der Brenta. Wie überall in den Alpen sind auch hier die Gletscher als Folge des Klimawandels im Schwinden. Gletscherreste, Firnfelder und Eisrinnen gibt es v.a. noch an der West- bzw. Nordwestseite des Zentralmassivs im Umkreis von Cima d'Ambiéz (Vedretta dei Camosci, Vedretta d'Àgola, Vedretta Pratofiorito, Vedretta dei Dodici Apòstoli), Cima Tosa (Gipfeleisfeld) und Cima Brenta (Vedretta dei Sfulmini, Vedretta di Tuckett).
Mit Ausnahme des Nordteils und der Campa im Osten ist die Brentagruppe mit bewirtschafteten Schutzhäusern reichlich bestückt, das Steige- bzw. Wegenetz im Bereich der Zentralgruppe gut instand gehalten. Für Nächtigungen in den zur Sommerzeit oft übervollen Hütten Pèller, Graffer, Casinèi, Tuckett, Alimonta, Brentèi, Pedrotti, Selvata, Croz dell'Altissimo, Al Cacciatore, Agostini und 12 Apòstoli sowie Ghedina empfiehlt sich eine telefonische Voranmeldung.
Was die Brenta ist, ist sie durch ihre Klettersteige, deretwegen vor allem deutschsprachige Besucher nahezu ausschließlich das Gebiet besuchen. Tatsächlich wurde hier auf dem Klettersteig-Sektor, lange bevor der Begriff »Klettersteig« überhaupt geprägt war, Pionierarbeit geleistet. Die hervorragende Eignung der aus horizontal gebändertem Hauptdolomit aufgebauten Massive ließ schon in den Dreißigerjahren des vorigen Jahrhunderts den Plan einer teilweise gesicherten Nord-Süd-Route (»Via delle Bocchette«) durch die Gruppe reifen. Ihr zentraler Teil, die Strecke vom Passo del Grostè zur Bocca di Brenta, verläuft auf schmalen Bändern quer durch senkrechte Wände und über hohe Scharten. Sie wird alljährlich von Tausenden von Klettersteig-Liebhabern begangen. Und das ist genau die Ursache dafür, dass die Gruppe als Betätigungsfeld für den einfachen Geher weiterhin der Entdeckung harrt. Die spektakulären Wanderungen um Pèllerhütte und Val di Tóvel, im weltfernen Gebiet der Campa, im Val delle Seghe und Val d'Ambiéz, an den Gras- und Waldkämmen der Cima La Petta und des Monte Tóv, sie bleiben den in Massen auftretenden Klettersteig-Jüngern vorenthalten.
Neben der Brentagruppe werden in diesen Führer auch die aus Kristallingestein (Tonalit) gebildeten Höhen der Adamello- und Presanellagruppe west-

lich des Rendena-, Campiglio- und Meledriotals beschrieben. Durch das großartige Val Gènova getrennt, bilden die beiden Gruppen ein markantes Gegenstück zu den hellen Kalkformationen der Brenta gegenüber.

## Geologie

Der Sockel der Brentagruppe wird wie jener der Dolomiten aus Bozner Quarzporphyr gebildet, ein Relikt reger vulkanischer Tätigkeit in der Zeit des Perm, also vor etwa 260 Millionen Jahren. In dem danach von Osten her eindringenden Tethys-Meer kam es vor rund 200 Millionen Jahren (Trias) zu reicher Korallen- und Algenbildung, wodurch eine 1500 Meter dicke Schicht karbonatischer Sedimente angehäuft wurde. Aus dieser Zeit stammen die gebirgsformenden Gesteine der Brenta (Schlern- und Hauptdolomit), die später gehoben und gefaltet wurden. Ähnlich wie in den südlichen Dolomiten finden sich auch in der Brenta (z.B. am Pian della Nana) darüberlagernde jüngere Schichten aus der Jura- und Kreidezeit mit reicher Fossilien-Durchsetzung und typischer Rotfärbung.

Im Westen wird die Brentagruppe durch das Val Meledrio, das Valle di Campiglio und das Valle Rendena (»Judikarienlinie«) vom Kristallinbezirk der Adamello-Presanella-Gruppe getrennt. Gegen Ende der alpinen Gebirgsbildung, vor rund 30 Millionen Jahren, trat flüssiges Magma (Adamellopluton) aus dem Erdinnern in das alte Kristallingestein ein und erstarrte dort. Dieser Granitkörper wird nach seinem häufigsten Vorkommen im Umkreis des Tonalepasses »Tonalit« bezeichnet.

Im Gebiet der Brenta haben sich mehrfach gewaltige Bergstürze ereignet. Nachgewiesen ist einer (zwischen 1200 und 1500) aus der Westwand des Monte Corno, der den berühmten Lago di Tóvel gestaut hat. Ein weiterer Bergsturz hat sich 1882 am Crozzón, ein anderer am 18. Juli 1957 oberhalb des Rif. Agostini ereignet, als der am Fuße der Punta dell'Ideale stehende Torre Jandl in sich zusammenbrach und seine Trümmer knapp oberhalb der damals besetzten Hütte zur Ruhe kamen.

## Tierwelt

Von den Tieren kommen in der Brenta Gämse, Reh, Fuchs, Marder, Dachs, Wiesel, Hermelin, Schneehase, Adler, Falke, Habicht, Auerhahn und besonders reichlich das Murmeltier vor. Die Reptilien und Amphibien sind durch Alpen- und Feuersalamander, Alpenmolch, Erdkröte, Grasfrosch, Smaragdeidechse und Blindschleiche vertreten. Von den ungiftigen Schlangen kommen Karbonarnatter, Glattnatter, Würfelnatter, Äskulapnatter und Ringelnatter, von den giftigen Aspisviper und Kreuzotter vor.

Zu den Besonderheiten gehört das Vorkommen der letzten autochthonen Braunbären in den Alpen. Der Bär hatte hier im Gegensatz zu den anderen Alpingebieten immer ein Refugium, war also niemals zur Gänze abgewandert oder abgeschossen worden. Gesicherte Bärenbestände (dem Autor wurde

2008 eine Bärenbegegnung bei Dorsino/San Lorenzo in Banale mitgeteilt) gibt gibt es heute vor allem im Val di Tóvel und im Bereich der Campa zwischen Tuénno und Àndalo, im Umkreis des Val d'Algone, aber auch im Val Gènova (Adamello-Presanella) und in der Gaverdinagruppe (Val-di-Ledro-Alpen). Der mit großem Aufsehen in Bayern erlegte Bär »Bruno« war ein abgewandertes Exemplar aus der Brenta-Population.
In den vergangenen Jahren kam es zu einigen bemerkenswerten Bären-Begegnungen. So wurden 2020 am Monte Peller zwei Männer, Vater und Sohn, von einem Bären verfolgt bzw. angegriffen, allerdings ohne schwerwiegende Folgen. Wesentlich dramatischer verlief 2023 eine Attacke bei Caldes (Val di Sole), wo ein Jogger nahe der Grumalm am Nordabhang des Monte Petter, also unterhalb der Pellerhütte, ums Leben kam. Als Gründe für diese Übergriffe wird von mancher Seite eine Bären-Überpopulation vermutet.

## Pflanzenwelt

Trifft man in tiefen Lagen, an den Ufern des Lago di Toblino oder im Val dei Laghi, südliche Pflanzenvertreter wie Oliven, Edelkastanien, Zypressen und Magnolien, so breiten sich an den Hängen darüber dichte dschungelartige Buschbestände aus, die nach oben in Fichten- und Lärchenwälder übergehen. Oberhalb der Waldgrenze (zwischen 1500 m und 1700 m) finden sich vor allem im Süden ausgedehnte Wiesengebiete.
Dass einige Almen wie jene von Flavona von Menschenhand geschaffen wurden (die alten Lärchenbestände dort wurden für den Bau der Brennerbahn verwendet), tut der Sache keinen Abbruch. Die einzigartige Blumenvielfalt dokumentiert sich in reichen Beständen von Edelweiß, Enzian, Arnika, Primel, Silberwurz, Alpenmohn, Almrosen, Alpenhahnenfuß, Kohlröschen, Frauenschuh und Teufelskralle. Als botanische Kostbarkeit kommen im inneren Val di Tóvel das nordische Eisglöckchen und das Narzissen-Windröschen vor.
Eine weltweit einzigartige Erscheinung war bis 1964 die Rotfärbung des 0,4 km$^2$ großen Lago di Tóvel (auch »Lago Rosso« = Roter See). Das durch eine seltene Algenart (Glenodinium Sanguineum) hervorgerufene Phänomen trat in den Sommermonaten vorwiegend in Ufernähe auf. Als Ursache für das Aussetzen der Erscheinung wird eine Störung der Umweltbedingungen (Abwässer, Luft- und Wasser-Verunreinigungen durch Autos usw.) angenommen. Es wird aber auch die Ansicht vertreten, dass die rückgängige Vieh- und Almwirtschaft und damit das Fehlen organischer Substanzen in den Zuflüssen an dem Ausbleiben des Phänomens schuld sein könnte.

## Naturpark Adamello-Brenta (Parco Naturale Adamello-Brenta)

Zwischen Val di Non im Osten und Val di Fumo im Westen, Val di Sole im Norden und Val Giudicarie Superiore – Val Daone im Süden erstreckt sich das riesige Areal des Parco Naturale Adamello-Brenta. Mit 620 km$^2$ Fläche ist es das größte Naturschutzgebiet der Provinz Trient und der erste Park der

## Sehenswürdigkeiten

### San Romedio

Berühmtes Kloster im Val di Verdes, einem Seitenast des Val di Non, von Sanzeno zu Fuß oder per Zubringerbus zu erreichen. Es handelt sich hier um die architektonisch vielleicht interessanteste Einsiedelei Mitteleuropas. Auf 70 Meter hohem Felsen stehende turmförmige Anlage mit fünf übereinanderliegenden Kapellen, die durch einen 131 stufigen Treppenaufgang verbunden sind. Das Kloster besitzt die ältesten Fresken (8. Jh.) des Trentino. Angrenzend an den Kirchenbau ein 850 $m^2$ großes Bärengehege.

### Stenico

Auf einer Schulter nördlich über der Sarcaschlucht (Val Giudicarie Superiore) gelegener Ort mit mächtigem Schloss, eine der ältesten Festungsanlagen des Trentino (bereits um 1000 erwähnt). Geöffnet 1. April bis 5. Nov. tägl. außer Montag 9.30/10.00–17.00/18.00, sonst Sa. und So. 9.30–17.00 Uhr, Führungen; Tel. +39 0465 771004, europaregion.info, buonconsiglio.it. Zu den Sehenswürdigkeiten gehört auch der Botanische Garten »Rio Bianco« an der Straße nach Ragoli mit großer Karstquelle und Kaskadenwasserfall darunter. Von der Quelle führt ein Lehrpfad (Brettersteg) teils durch Felswände zurück in den Ort.

### Trento (Trient)

Östlich der Brenta im Etschtal gelegene Hauptstadt der gleichnamigen Provinz mit typisch italienischem Stadtbild und zahlreichen Kulturdenkmälern. Sehenswert sind u. a. die Piazza Cesare Battisti (Domplatz) mit schönem Neptunbrunnen, die Via Belenzani mit prächtigen Palästen, der Dom (11. Jh.; Austragungsort des Trientiner Konzils 1545–1563), die Kirche Santa Maria Maggiore (1523), der Palazzo Municipale (16. Jh.) und das Castello del Buon Consiglio.

### Arca di Fraporte

Die Südseite der Brenta birgt im Hintergrund eines urwelthaften Seitentales ein Naturwunder besonderer Art, die Arca di Fraporte. Das ist ein riesenhafter Höhleneingang, dem ein zweiter, durch einen Spalt getrennter, frei stehender Torbogen vorgelagert ist. Ein eineinhalbstündiger Anstieg bringt von Stenico durch das von dschungelartiger Vegetation erfüllte Val Laóne zu dem etwa 50 Meter hohen und 40 Meter breiten Höhlenportal.

### Molveno: Das mittelalterliche Sägewerk »Taialacqua«

Die alte Segheria Molveno an der Mündung »Ischia« des Val delle Seghe in den Molvenosee wurde auf Anregung des damaligen Pfarrers Don Taialacqua um das Jahr 1500 errichtet. Später wurden am Mühlbach (Rio Molini) – eine Ableitung des Torrente Masso – weitere Anlagen gebaut, die es heute allerdings nicht mehr gibt. Erzeugt wurden Bretter mit einer Dicke von 6 bis 10 mm, die sogenannten »Molvene«, die man in der Gegend um Riva del Garda vermarktete. Das alte Sägewerk kann von Mitte Juni bis Mitte September besichtigt werden (nähere Informationen bei der Gemeinde Molveno, comune.molveno.tn.it).

### Pinzolo: Friedhofskirche San Vigilio

Eine der bedeutendsten Kirchen des Trentino im nördlichen Ortsbereich von Pinzolo. Die Kirche wurde 1362 errichtet und 1515 erweitert. An der mittelalterlichen Südfassade befinden sich die von Simone Baschenis (Bergamo) zwischen 1519 und 1539 angefertigten berühmten Fresken »Triumph des Todes«, »Totentanz«, »Sieben Todsünden« und »Auferstehung Christi«. Infos über Führungen beim Verkehrsamt (Pro Loco) in Pinzolo, Tel. +39 0465 501007, prolocopinzolo.it, visittrentino.info.

Welt, welcher das Umweltzertifikat ISO 14001 erhalten hat. Er umfasst einen Großteil der kristallinen Adamello-Presanella-Gruppe und der aus Dolomitenkalk gebildeten Brentagruppe, wobei nur die Talfurche Val Rendena – Valle di Campiglio – Val Meledrio ausgespart bleibt. Der Park wurde 1967 gegründet und 1987 auf die jetzige Größe erweitert.
Parco Naturale Adamello-Brenta (Sitz der Naturparkverwaltung):
I-38080 Strembo, Via Nazionale 24, Tel. +39 0465 806666, pnab.it/de.

## Durchquerungen, Weitwanderwege, Treks

Die Brenta kann auf mehrtägigen Wanderrouten lohnend durchquert werden:
*Nord-Süd-Durchquerung* (Teilstück der Dolomiten-Höhenroute Nr. 10): Großzügige Hüttenwanderung auf markierten Wegen, vereinzelt auch auf gesicherten Steigen. Die einwöchige Tour beginnt in Cles und endet in Tione. Bergsteigerische Übung, Ausdauer und Klettersteig-Erfahrung sind nötig.
Routenverlauf: Cles – Rif. Pèller – Sentiero delle Palete – Rif. Graffer – Rif. Tuckett – Rif. Brentèi – Rif. Pedrotti – Sentiero Palmieri – Forc. Noghera – Rif. Agostini – Via ferrata Castiglioni – Rif. 12 Apòstoli – Malga Movlina – Passo Daone – Preore – Tione.
*Nördliche West-Ost-Route* (Passo Campo Carlo Magno – Àndalo): Kurze, einfache Tour, der Startplatz wird per Aufstiegshilfe erreicht. Trittsicherheit und Ausdauer nötig. Zwischennächtigung an der Malga Spora möglich.
Routenverlauf: Passo Campo Carlo Magno – Passo del Grostè (Seilbahn) – Passo del Turrion – Passo della Gaiarda – Malga Spora – Pegoràr – Àndalo
*Südliche West-Ost-Route* (Pinzolo – Molveno): Anspruchsvolle Tour mit gesicherten Wegabschnitten und Begehung steiler Firnfelder. Der Startplatz des Unternehmens wird per Seilbahn erreicht. Nur für geübte Geher mit Klettersteig-Erfahrung. Pickel und Steigeisen (Grödel) empfohlen. Routenverlauf: Pinzolo – Dos del Sabión (Seilbahn) – Passo Brègn de l'Ors – Rif. 12 Apòstoli – Sentiero dell'Ideale – Bocca d'Ambiéz – (Rif. Agostini) – Sentiero Brentari – Sella della Tosa – Rif. Pedrotti – Rif. Selvata – Malga d'Àndalo – Molveno
*Dolomiti di Brenta Trek:* 2009 geschaffener, 160 km langer Ringweg in 11 Etappen durch die gesamte Brentagruppe mit einheitlicher DBT-Beschilderung; dolomitibrentatrek.it.

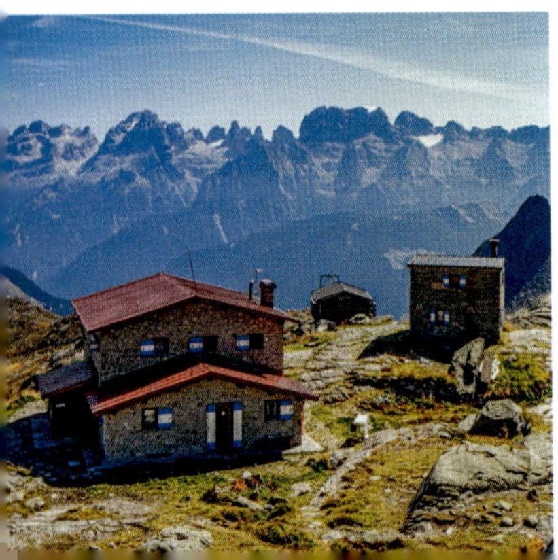

*Das Rifugio Segantini im kristallinen Presanella-Gebiet, dahinter die Kalkriffe der Brenta (Tour 20).*

### Spormaggiore

Museum der Braunbären und der lokalen Fauna des Trentino: Das Museum befindet sich in der Alt-Spaur-Straße. Zwischen 1. Juni und 30. Sept. täglich 9.30 bis 18.30 Uhr, im Mai, Okt. und Nov. an Wochenenden 9.30/10.00–17.00/17.30 Uhr geöffnet.
Area Faunistica Orso Bruno: 1994 geschaffenes 7000 m² großes Areal nordöstlich oberhalb des Ortes mit Gehege und Dokumentation des in diesem Gebiet heimischen alpinen Braunbären. Tel. +39 0461 653622, belpark.it.

### Die Canyons des Val di Non

Die Talschaft Nonsberg bietet zahlreiche Schluchten und Canyons. Durch kühne Steiganlagen zugänglich gemacht, können sie besichtigt werden. Zu ihnen gehören der Canyon von Fondo mit dem Smeraldo-See (frei), der Canyon von Gorzana bei Fondo (frei), der Canyon-Wanderweg Mondino nördlich von Fondo (frei), der Canyon mit dem Wasserfall von Tret (frei), der Canyon des Rio Sass unterhalb von Fondo (nur Führungen: Tel. +39 0463 850000, canyonriosass.it) und der Canyon des Rio Novella bei Cloz und Dambel (nur Führungen: Tel. +39 329 8366160 mobil und +39 0463 432064, parcofluvialenovella.it).

### Malga Bordolona

Ausgezeichnete Milch- und Käseprodukte erhält man an der von Cles durch das Val di Bresimo mit dem Auto erreichbaren Malga Bordolona di sotto (Restaurant, Führungen, 10 km ab Bresimo).

### Terme di Comano

Kurort im Val Giudicarie Superiore an der Sarca unterhalb von Ponte d'Arche. Thermalwasser mit reichem Gehalt an Bikarbonaten und Magnesiumkalken. Konstante Quellentemperatur von 27 °C. Zur Behandlung von Hautproblemen; termecomano.it.

### Sarcaschlucht

Der Fluss Sarca entspringt im Adamellogebiet und speist den größten See Italiens, den Gardasee. In halber Länge durchstößt er die Kalkscholle zwischen der Brenta und den Gardaseebergen (Val-di-Ledro-Alpen). Dabei bildet er eine wilde, durch das Becken bei Ponte d'Arche zweigeteilte Schlucht, die Scaléta flussaufwärts und den Limarò flussabwärts des Ortes. Letzterer gilt als einer der bedeutendsten Canyons der Alpen und steht unter Naturschutz. Führungen von Juni bis September. Auskünfte: Azienda per il turismo Terme Comano-Dolomiti di Brenta, I-38077 Ponte Arche, Via C. Battisti n. 38 d, Tel. +39 0465 702626. termecomano.it.

### Das »Tal der Äpfel«

Die zwischen Brentagruppe, östlicher Ortlergruppe und Mendelkamm eingelagerte Talschaft Nonsberg gehört zu den fruchtbarsten Apfel-Anbaugebieten der Alpen. Nicht nur zur Ernte-, auch zur Blütezeit zwischen Mitte April und Mitte Mai lohnt ein Besuch der Obstgärten des Gebiets.

### Die Pfahlbausiedlung von Fiavè

An der Staatsstraße Nr. 421 von Ponte d'Arche nach Riva del Garda liegt der Ort Fiavè. Südwestlich von ihm befand sich einst der Lago di Carera, ein heute verlandetes Feuchtbiotop und Torfmoor (Naturschutzgebiet). Bei Ausgrabungen wurde eine Pfahlbausiedlung aus der Bronzezeit (2300 v. Chr.) freigelegt. Im Rathaus von Fiavè gibt es ein »Dokumentationszentrum über das Naturschutzgebiet und die archäologischen Stätten«.

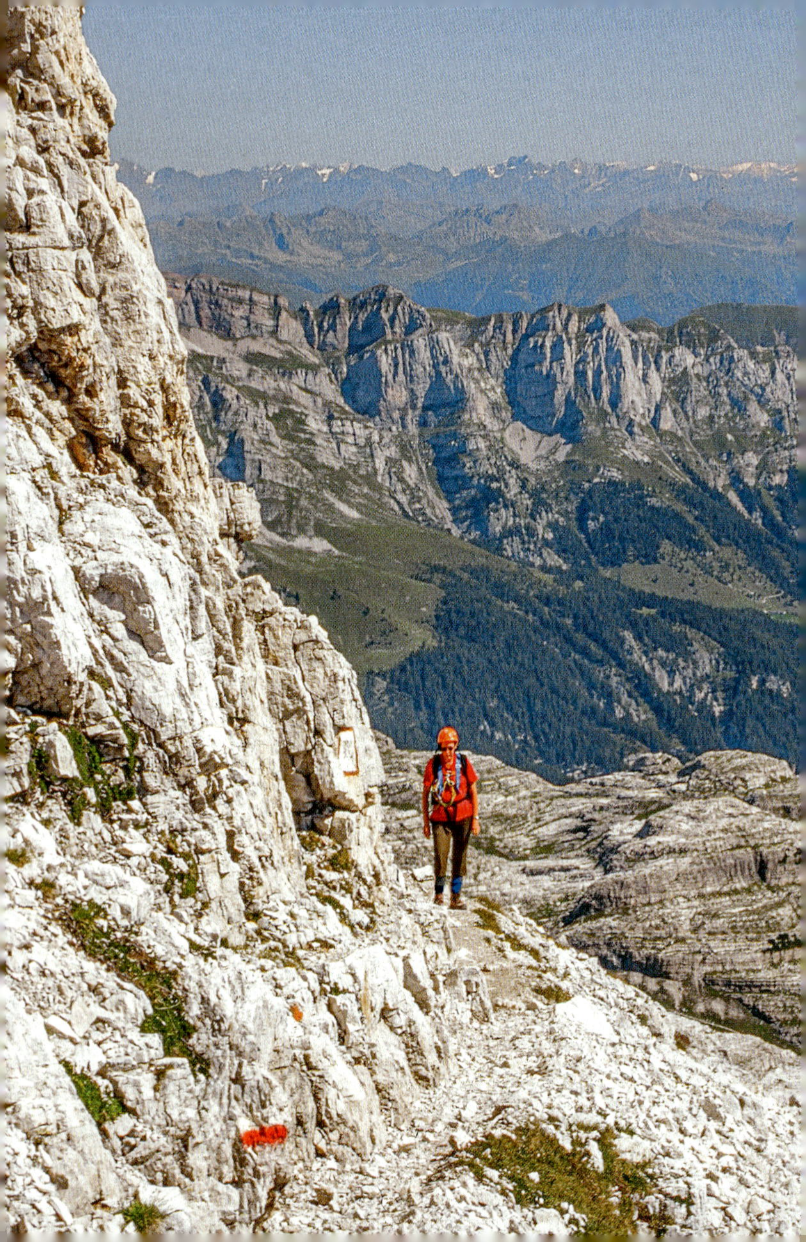

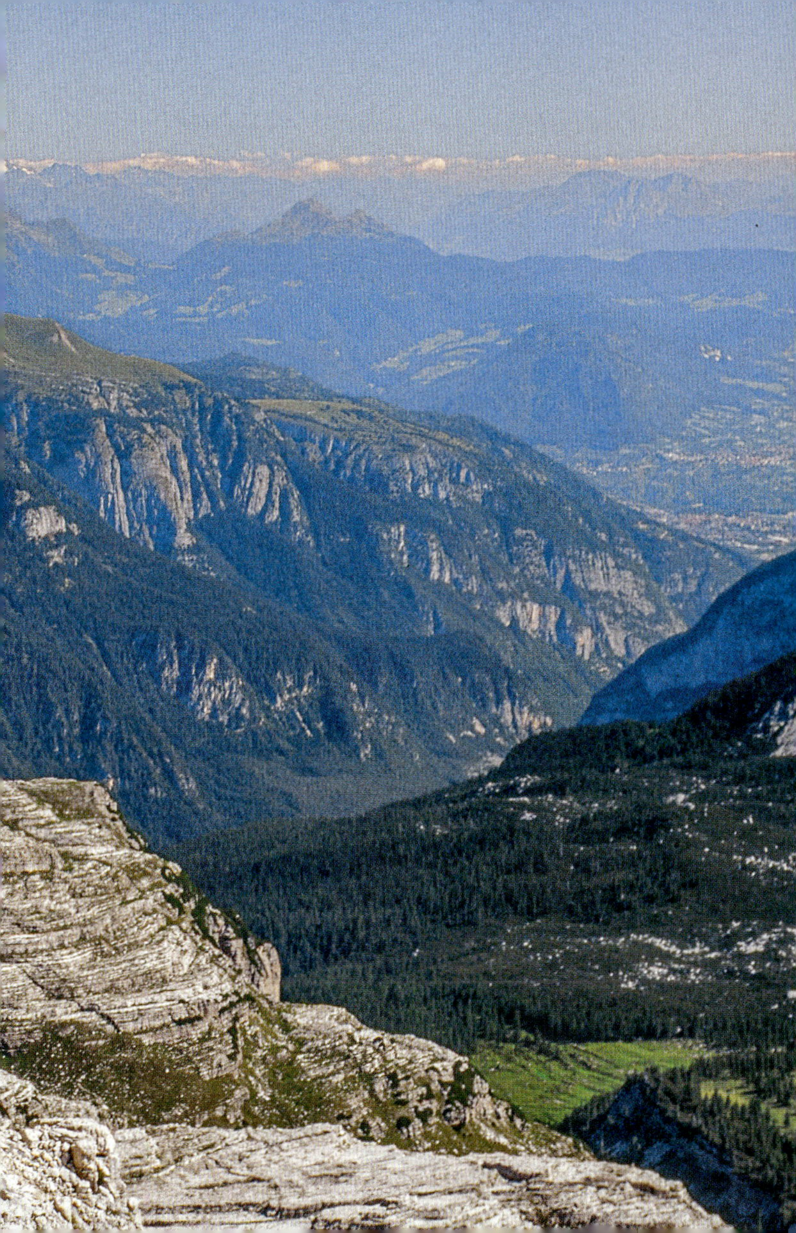

# 1 Vom Grostèpass zur Malga Vagliana

2.45 Std.

## *In einen stillen Winkel der nördlichen Brentagruppe*

*Die Seilbahn auf den Grostèpass ist der wichtigste Zubringer in die Hochregion der Brenta. Wer nicht gleich in die Gruppe eindringen, sondern ihre Felsriesen vorerst aus der Distanz bewundern möchte, folgt von der Passhöhe dem Fahrweg, an der Grafferhütte vorbei, hinab zur Mittelstation. Dort entfliehen wir dem Trubel und erreichen über einen unbenannten Sattel die nördlich gelegene Malga Vagliana, von der wir über die Mondifrà-Alm zum Passo Campo Carlo Magno zurückkehren. Die Wanderung führt in ein abgelegenes Gebiet, das sich wohltuend vom lauten Zentralbereich der Brenta unterscheidet.*

**Ausgangspunkt:** Talstation, 1646 m (Bushalt, kostenpflichtiger Parkplatz), der 2-teiligen Grostèseilbahn (»Cabinovia Grostè«) am Passo Campo Carlo Magno an der Staatsstraße Nr. 239, 1 km nördlich von Madonna di Campiglio, 1514 m, Buslinie B231 (Tione-Passo Campo Carlomagno), Station »Funivia Grostè«. Mittelstation, 2085 m, beim Rist. Boch. Bergstation, 2438 m, knapp westlich unterm Passo del Grostè. Betrieb zwischen 15. Juni und 25. Sept. täglich 8.30–12.30 Uhr und 14.00–17.00 Uhr, Juli und August keine Mittagspause, Frühöffnung um 8.00 Uhr. Info: Tel. +39 0465 447744, funiviecampiglio.it, campigliodolomiti.it/it.

**Anforderungen:** Leichte Wanderung auf teils unbezeichneten Fahr- und Fußwegen.

**Höhenunterschied:** 50 m im Anstieg, 850 m im Abstieg.

**Einkehrmöglichkeiten:** Rif. Stoppani am Grostèpass (24 B., bei Seilbahnbetrieb geöffnet), Rif. Graffer (70 B., 20. Juni bis 20. Sept., Tel. +39 0465 441358, graffer.com), Rist. Boch an der Grostèseilbahn-Mittelstation (keine Übernachtung, bei Seilbahnbetrieb geöffnet), Jausenstation Agriturismo Malga Mondifrà (keine Übernachtung, von Mitte Juni bis 15. Okt. geöffnet).

**Hinweis:** Bei Start an der Mittelstation 45 Min. Zeitersparnis.

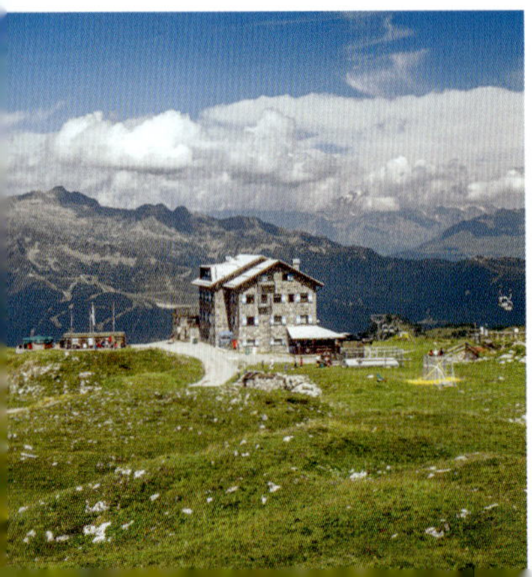

Von der **Grostèseilbahn-Talstation (1)** Auffahrt zur **Grostèlift-Bergstation (2)**. Dort den Fahrweg Nr. 301 entlang der Seilbahn über ein geneigtes Karrenplateau nach Nordwesten hinab zum **Rif. Graffer (3)**, 2261 m. Weiter auf der Schotterstraße (Weg 301) oder auf abkürzendem Fußweg über Wiesen hinunter zum Ristorante Boch an der **Mittelstation (4)**, 2085 m. Auf rot be-

*Das Rif. Graffer auf einer Wiesenschulter nordwestlich unterm Passo del Grostè.*

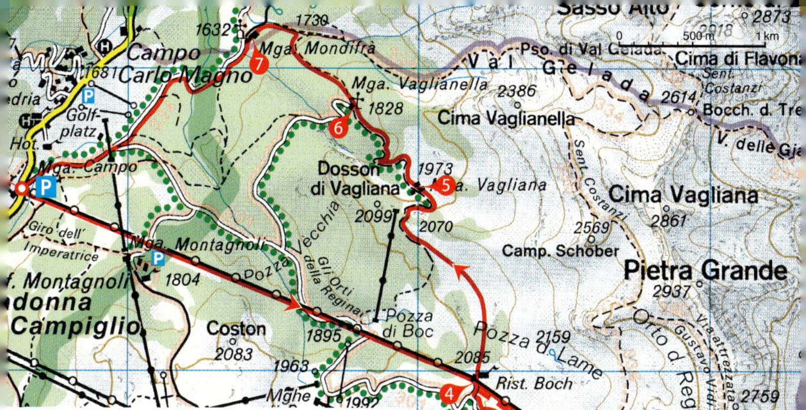
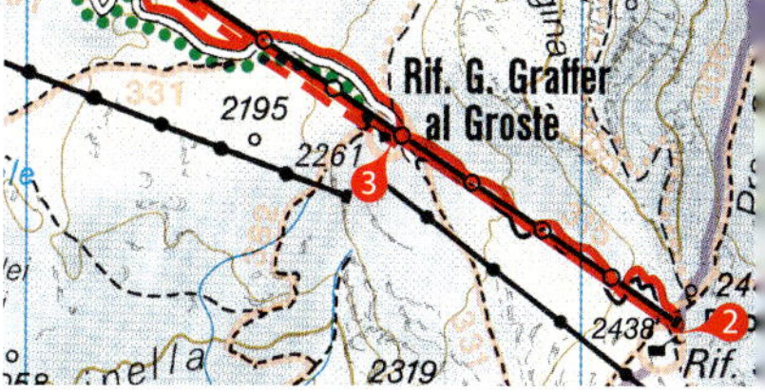


zeichnetem Steig (keine Nummer!) im lichten Lärchenwald nach rechts, dann über Wiesen nordwestwärts sanft bergab in eine Dolinenmulde mit Viehtränke. An Grashängen eben nach Nordwesten zu einem Sessellift und noch vor ihm rechts empor in den Wiesensattel, 2070 m, zwischen Dossón di Vagliana und Pietra Grande. Jenseits in Kehren abwärts zu der in weiter Grasmulde am Westfuß der Cima Vagliana gelegenen **Malga Vagliana (5)**, 1973 m. Das seichte Val Vagliana auf Forststraße durch Lärchenwald in Kehren hinab zur **Malga Vaglianella (6)**, 1828 m, und dort zu Linkskehre. Rechts ab und auf unbezeichnetem Fahrweg nach Nordwesten abwärts, dann in Nordrichtung zur Waldwiese (1730 m; Verzweigung) im Val Gelada. Auf dem Fahrweg Nr. 334 kurz nach Norden zur nächsten Verzweigung. Links den Fußweg Nr. 334 durch den Waldgraben hinunter zu einer Forststraße und auf ihr links zu den Almwiesen der **Malga Mondifrà (7)**, 1632 m. Auf Naturstraße am linken Wiesenrand eben nach Südwesten, dann bergauf zu den Weiden am **Passo Campo Carlo Magno**. Über diese zu einer Anhöhe, 1670 m, und jenseits auf Asphaltstraße hinab zur **Grostèseilbahn-Talstation (1)**.

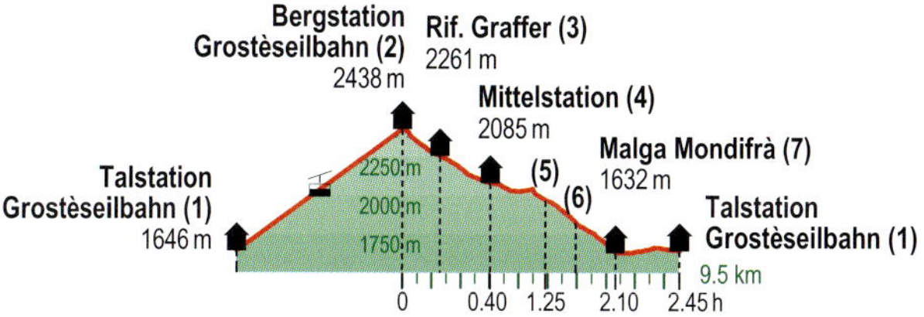

TOP **2** # Vom Grostèpass zur Brentèihütte

5.00 Std.

### *Ein »Muster-Höhenweg« an der Brenta-Westseite*

*Der per Seilbahn erreichbare Grostèpass ist Ausgangspunkt für viele schöne Touren. Jene zu den Schutzhäusern Tuckett und Brentèi gehört zu den beliebtesten Wanderrouten der Alpen, ein göttlicher Höhenweg, unvergesslich für jeden, der auf ihm jemals in die Brentagruppe eindrang. Von faszinierenden Blicken zu den Firnen der Adamello-, Presanella- und Ortlergruppe begleitet, hat er seinen Höhepunkt bald nach dem Fridolinsattel, wo unvermittelt der kolossale Crozzón in Erscheinung tritt.*

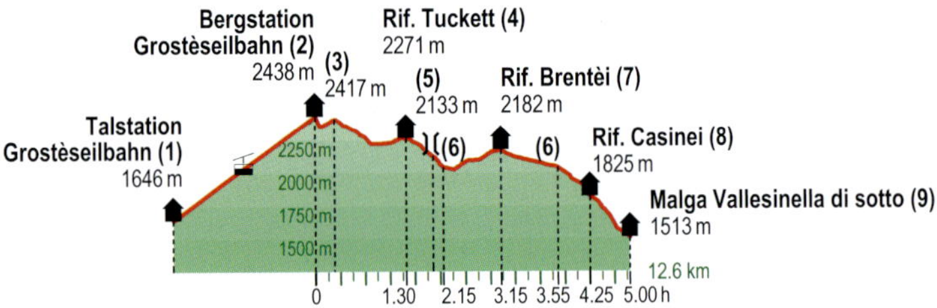


**Ausgangspunkt:** Siehe Tour 1.
**Endpunkt:** Malga Vallesinella di sotto, 1513 m. Mit Taxi (Kleinbusdienst durch den Bewirtschafter des Rist. Vallesinella bei Bedarf zwischen 6.00 und 22.00 Uhr; Tel. +39 0465 442883) über Madonna di Campiglio zur Grostèseilbahn-Talstation oder zu Fuß in 1.15 Std.
**Anforderungen:** Einfache Wanderung auf bezeichneten Wegen.
**Höhenunterschied:** 270 m im Anstieg, 1190 m im Abstieg.
**Einkehrmöglichkeiten:** Rif. Stoppani am Grostèpass (24 B., bei Seilbahnbetrieb geöffnet), Rif. Tuckett (111 L., bew. vom 20. Juni bis 20. Sept., Tel. +39 0465 441226, zur Nebensaison +39 0465 507287, rifugio-tuckett.it), Rif. Brentèi (98 L., bew. vom 20. Juni bis 1. Okt., danach an Wochenenden bis 15. Okt., Tel. +39 345 5332811, rifugiobrentei.it), Rif. Casinèi (30 L., 30 B., bew. von 5./10. Juni bis 5./10. Okt., Tel. +39 0465 442708), Hotel-Ristorante Vallesinella (25 B., bew. vom 1. Juni bis 30. Sept., Tel. +39 0465 875148, vallesinella.it).

Von der **Grostèseilbahn-Talstation (1)** Auffahrt zur **Bergstation (2)**. Dort den Weg Nr. 316 über das Karrenplateau sanft nach Südwesten bergab in eine Mulde (Verzweigung). Den Weg Nr. 316 geradeaus aufwärts in die **Scharte (3)**, 2417 m, am Ansatzpunkt der Corna Rossa mit Linksabzweigung von Weg Nr. 331. Auf dem Weg Nr. 316 in Kehren steil nach Süden hinab zu riesiger Bergsturzzone. Durch sie zwischen hausgroßen Felsblöcken hinab zur geneigten Karrenfläche unterm Castello di Vallesinella. Über diese, dann über Wiesen und Geröll nach Westen bergab, später durch Felsblöcke nach links unter die Nordwand des Torrione di Vallesinella. Am Wandfuß eben nach rechts, dann nach links in die Westseite und dort an begrünten Schutthängen in Südrichtung eben und aufwärts zum **Rifugio Tuckett (4)**, 2271 m, im Vallesinella Alta.

Von der Hütte über Karrenplatten kurz nach Westen hinab zu Verzweigung. Links den Weg Nr. 328 weiter abwärts, dann durch eine Bergsturzzone in Windungen hindurch, schließlich über Wiesen hinunter zur **Sella del Fridolin (5)**, 2133 m, zwischen Cima Brenta und Cima Fridolin. Jenseits durch Latschen und über Karrenplatten westwärts gegen das Val Brenta hinab zum Querweg Nr. 318, **Sentiero Arnaldo Bogani (6)**, am tiefsten Punkt des Übergangs, 2048 m. Auf ihm links haltend durch Wiesen, Latschen und lichten Lärchenbestand an steilen Hängen nach Südosten aufwärts, später um eine Bergkante (Aufblick gegen den Crozzón, Fernschau nach Westen zur Adamello- und Presanellagruppe) herum und im felsig-begrünten Gelände zu schönem, aus dem Fels gesprengtem Felsband. Auf ihm quer durch eine

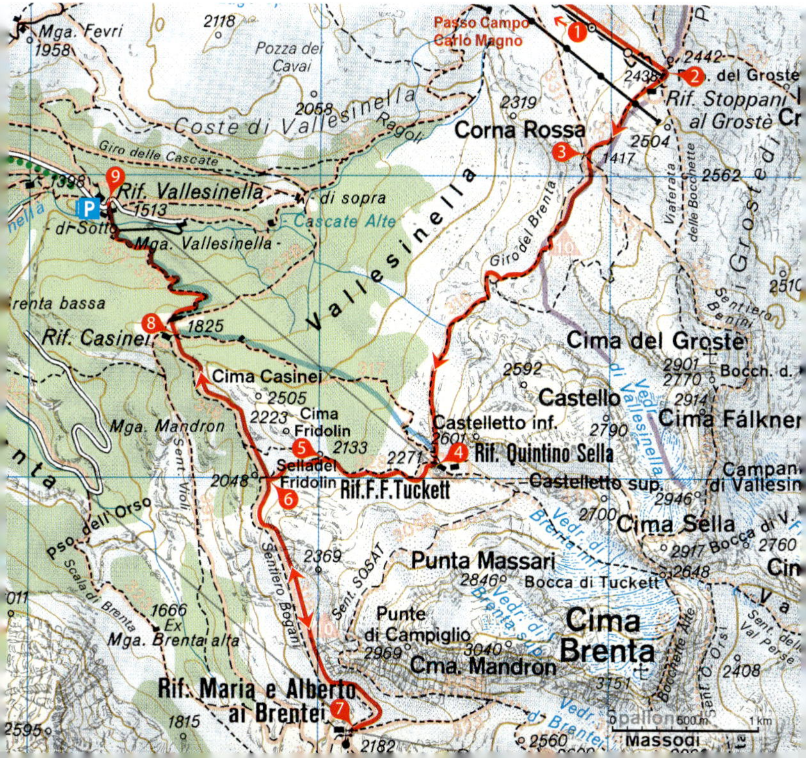

Wand in einen düsteren Spalt, dann durch einen kurzen Tunnel und hinab zur breiten Wegtrasse. Auf ihr an Schutthängen steiler bergauf zu einem Felsblock, dann eben in die geröllige Karmulde des **Vallón Brentèi**. Sie wird im Rechtsbogen ausgegangen und danach das auf begrünter Terrasse über dem Val Brenta Alta stehende **Rifugio Brentèi (7)**, 2182 m, erreicht.

**Abstieg:** Zurück zum tiefsten Punkt des Übergangs **(6)**, 2048 m. Auf dem Boganiweg (Nr. 318) geradeaus in die Hänge der Cima Fridolin und der Cima Casinèi hinein und dort sanft bergab, später um den Nordwestrücken der Cima Casinèi herum in die Nordseite. Hinab zum Querweg Nr. 317 und auf ihm kurz nach links zum **Rifugio Casinèi (8)**, 1825 m. Vom Verzweigungspunkt unterhalb des Hauses den breiten Stufenweg Nr. 317 durch Wald in Kehren nach Nordwesten hinab in das Vallesinella, dort über den Bach und jenseits zur **Malga Vallesinella di sotto (9)**, 1513 m. **Rückfahrt** mit Taxi über Madonna di Campiglio zur **Grostèseilbahn-Talstation**.

*Unterwegs zur Tucketthütte. Aufblick in die Westabstürze der Cima del Grostè und der Cima Falkner am Wegabschnitt vom Grostèpass.*

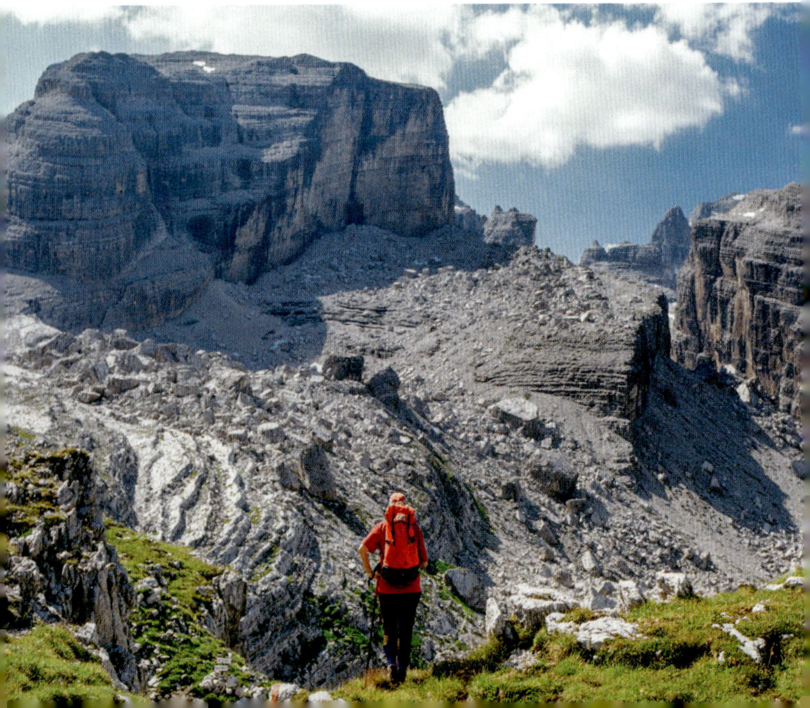

4.30 Std.

# Vom Grostèpass nach Àndalo

3

### *Die kürzeste West-Ost-Route durch die Brenta*

*Unter den Wegen quer durch die Brentagruppe gilt jener vom Passo del Grostè nach Àndalo als der rascheste und einfachste, eine Tour, die dank gut markierter Wege locker an einem Tag zu machen ist, ja bei frühem Aufbruch sogar noch die Bus-/Bahnrückfahrt erlaubt. Unterwegs bietet die bewirtschaftete Malga Spora Verpflegung und Unterkunft. Die wilde Gebirgslandschaft garantiert ein intensives Naturerlebnis und vor allem keine »Massen-Auftriebe« wie an den Highlights der Zentralgruppe.*

**Ausgangspunkt:** Siehe Tour 1.
**Endpunkt:** Àndalo, 1041 m. Rückfahrt mit dem Bus (Fahrzeiten vorher erfragen; Umsteigen in Molveno und Ponte d'Arche) über Tione und Madonna di Campiglio zur Grostèseilbahn-Talstation.
**Anforderungen:** Einfache Wanderung, jedoch Trittsicherheit, Schwindelfreiheit und etwas Ausdauer nötig. Bei Nebel und Nässe abzuraten.
**Höhenunterschied:** 130 m im Anstieg, 1530 m im Abstieg.
**Einkehrmöglichkeiten:** Rif. Stoppani am Grostèpass (24 B., bei Seilbahnbetrieb geöffnet), Malga Spora (22 L., meist vom ersten Wochenende im Juli bis 10. Sept. geöffnet, Tel. +39 0461 653218 und +39 339 2787980).

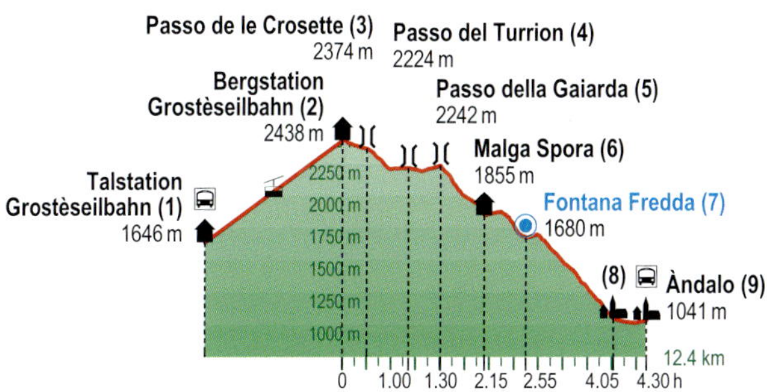


Von der **Grostèseilbahn-Talstation (1)** Auffahrt zur **Bergstation (2)**. Dort kurz nach Nordosten hinauf zum **Passo del Grostè**, 2442 m, und jenseits auf Weg Nr. 301 und 306 bergab zu einer Teilung. Rechts haltend den Weg Nr. 301 über Karrenplatten und Geröll, dann durch grasige Dolinenmulden nach Osten abwärts und kurz bergauf in den **Passo de le Crosette (3)**, 2374 m. Durch eine grüne Mulde, später einen steilen Hang gegen das Valle di Santa Maria Flavona hinunter zu einer Wiesenterrasse. Auf ihr südostwärts hinab zur Linkseinmündung von Weg Nr. 314. Auf dem Weg Nr. 301, die Wiesenmulde des Flavonatales im Linksbogen ausgehend, eben und aufwärts in den **Passo del Turrion (4)**, 2224 m, zwischen Monte Turrion Alto im Süden und dem wie ein Schiffsbug aufragenden Monte Turrion Basso im Norden. Über Wiesen in Ostrichtung aufwärts und um den Monte Turrion Alto nach rechts herum, später an Schutt- und Grashängen nach Süden hinab zur Linkseinmündung von Weg Nr. 371. An den Hängen ostwärts bergauf, zuletzt über Karrenplatten in den **Passo della Gaiarda (5)**, 2242 m, zwischen Crosara del Fibión und Cima della Gaiarda. Jenseits an der linken Seite eines Hochtales unter den Wänden des Monte Fibión über Schutt und durch Latschen nach Südosten abwärts, bis das Hochtal oberhalb einer schluchtartigen Verengung nach rechts traversiert wird. Jenseits die Hangterrasse zu Füßen des Crozzón della Spora nach Süden aufwärts zu einer Anhöhe. Dort links durch eine Rinne, dann durch Wiesen und Latschen steil hinab in den Dolinenkessel um die **Malga Spora (6)**, 1855 m.

Auf dem Karrenweg Nr. 301 vorerst über die flache Weide, dann durch lichten Latschen- und Zirbenbestand nach Osten aufwärts, schließlich im kupierten Gelände eben zu einer Verzweigung (rechts zur Bocchetta del Gallino). Den Weg 301 eben fort und abwärts zur Teilung, 1830 m, an der Mündung des Val dei Cavai. Über Wiesen nach rechts (Südosten) hinab zu einer dritten Verzweigung, dort den Weg Nr. 301 geradeaus zu neuerlicher Teilung (rechts zur Bocchetta del Gallino), danach in Kehren steil bergab zur Linksabzweigung von Weg Nr. 302 gegen Spor-

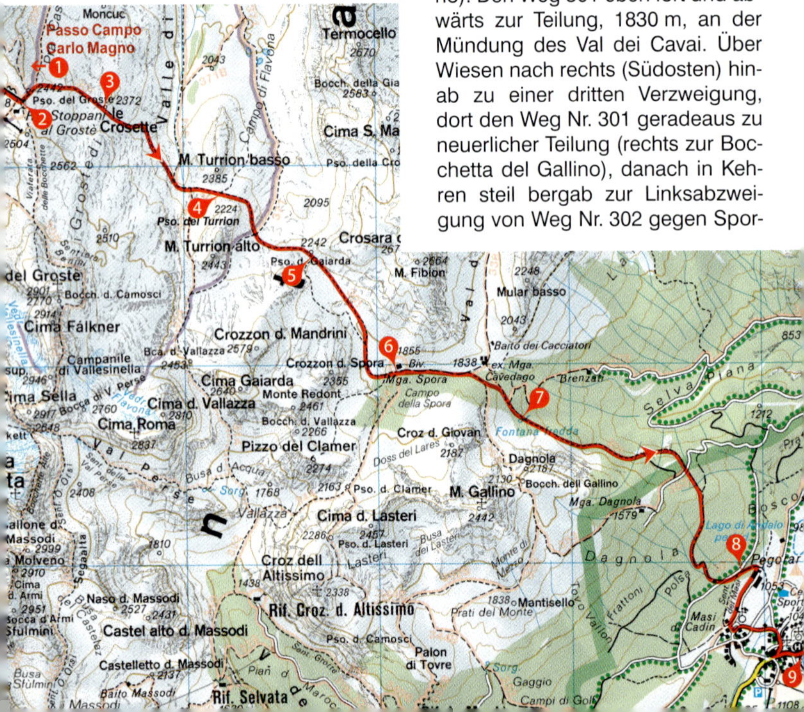

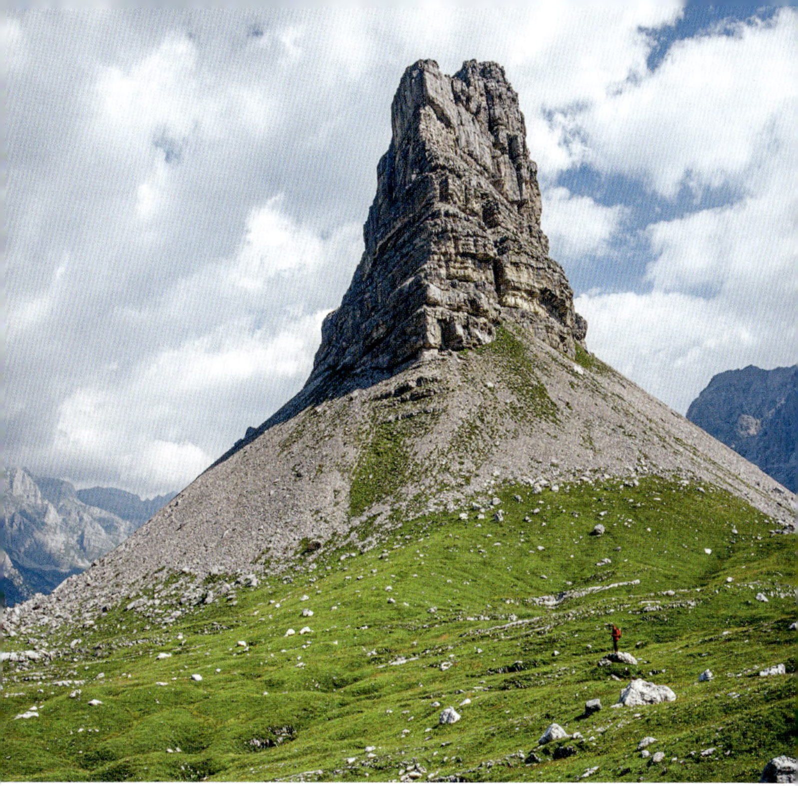

*Aufblick vom Passo del Turrion nach Norden gegen den turmförmigen Monte Turrion Basso.*

maggiore. Den Weg 301 durch Wald auf und ab nach rechts (Südosten) zur Quelle »**Fontana Fredda**« **(7)**, 1680 m, und unter die gewaltige Nordwand des Monte Dagnòla. Am Wandfuß eben und abwärts, dann auf dem Band »**Sega Grande**« (Drahtseile), eine senkrechte Wand querend, wieder in den Wald und dort zu einer Forststraße. Auf ihr nach Osten hinab zur Rechtsabzweigung des Karrenweges Nr. 301. Diesen vorerst in Kehren, dann in langer Hangquerung nach Süden bergab, zuletzt ostwärts hinunter nach **Pegoràr (8)**, 1053 m. Die Ortsstraße nach rechts (Süden) abwärts in die Via Crosare und diese links zur Busstation an der Piazza Dolomiti im Zentrum von **Àndalo (9)**, 1041 m. **Rückfahrt** mit dem Bus über Tione und Madonna di Campiglio zur **Grostèseilbahn-Talstation**.

# 4 Sentiero Gustavo Vidi

4.30 Std.

### *Eine Klettersteig-Kostprobe aus dem Tourengebiet der Pietra Grande*

*Ein Steig, über dessen Zweckmäßigkeit man diskutieren kann, ist der Sentiero Gustavo Vidi an der Pietra Grande. Als Anlage stellt er eine anspruchsvolle Alternative zum Costanziweg (Tour 51) dar. Die Route startet an dem per Seilbahn erreichbaren Grostèpass. Nach einem kurzen Ausflug in die Ostseite wechselt man an der Südschulter über in die Westflanke des Berges, die auf Felsbändern aussichtsreich gequert wird. Kaum schwierig und nur sporadisch gesichert, liegen die Vorzüge der Route eindeutig im Landschaftlichen, in den Ausblicken, die man zu den Dolomiten, auf die Felshäupter der Brenta, zu den Gletschern der Adamello-, Presanella- und Ortlergruppe genießen kann.*

**Ausgangspunkt:** Siehe Tour 1.
**Anforderungen:** Anspruchsvolle Tour mit gesicherten Felspassagen. Kein ausgesprochener Klettersteig, trotzdem wird die Verwendung von Klettersteig-Set und Helm (Steinschlaggefahr) empfohlen. Nur bei sicherem Wetter!
**Höhenunterschied:** 350 m im Anstieg, 1040 m im Abstieg.

**Einkehrmöglichkeiten:** Rif. Stoppani am Grostèpass (24 B., bei Seilbahnbetrieb geöffnet), Rif. Graffer (70 B., 20. Juni bis 20. Sept., Tel. +39 0465 441358, graffer.com), Rist. Boch an der Mittelstation (keine Übernachtung, bei Seilbahnbetrieb geöffnet).
**Hinweis:** Bei Talfahrt mit der Seilbahn ab Mittelstation 45 Min. Zeitersparnis.

*Unterwegs auf dem Sentiero Gustavo Vidi. Im Süden Cima del Grostè und Cima Brenta.*

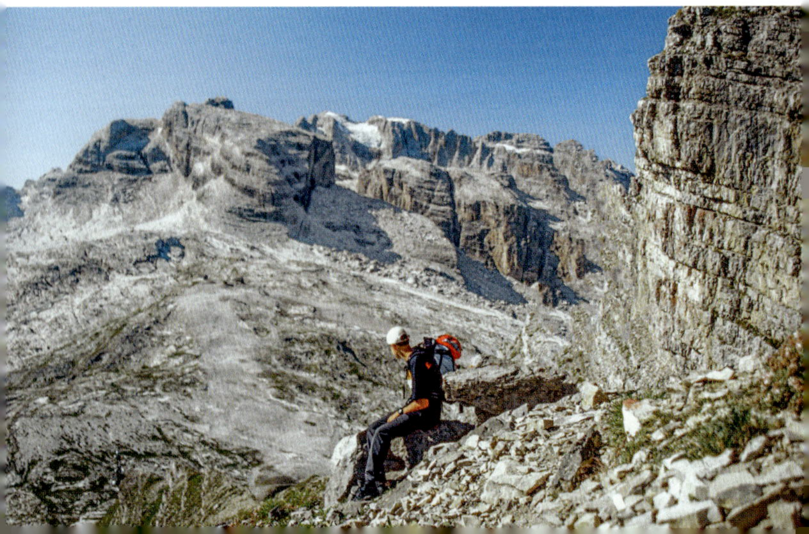

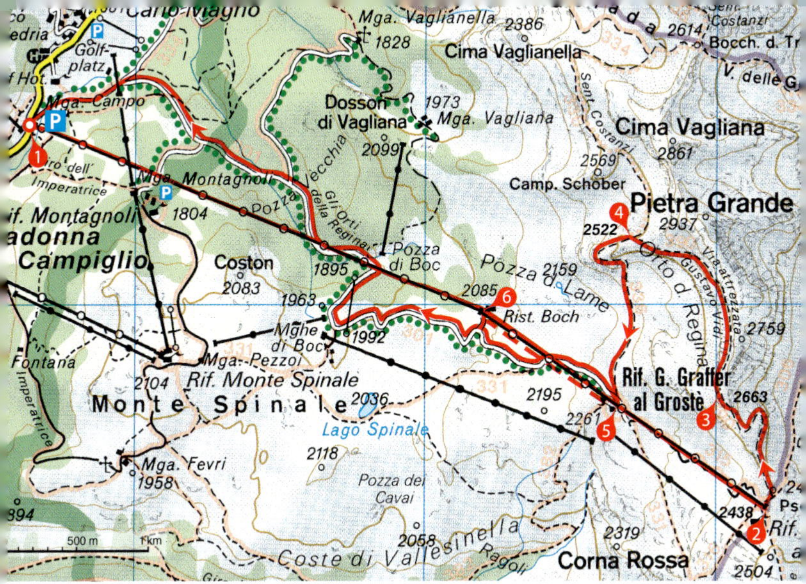


Von der **Grostèseilbahn-Talstation (1)** Auffahrt zur **Bergstation (2)**. Dort kurz nach Nordosten hinauf in den **Passo del Grostè**, 2442 m. Den Steig Nr. 390 nach links in die Ostseite der Pietra Grande. Dort an Geröllhängen teils in Kehren nach Norden empor in eine begrünte Schuttrinne. Links von ihr über Felsstufen steil hoch, später über die Rinne nach rechts auf ein überdachtes Band. Auf diesem (Steig) durch die Ostwand eines Felspfeilers, dann um eine Kante herum nach links in die schrofige Nordseite. Dort, einem Rücken folgend, über Felsabsätze und im begrünten Gelände empor zur Pfeilerspitze am Südgrat der Pietra Grande. Über den luftigen, aber gut gangbaren Grat (Drahtseile) auf Steig hoch, später im gestuften Felsgelände und durch einen Spalt (Drahtseile) empor zur **Südschulter (3)**, 2663 m, mit großartiger Rundsicht.

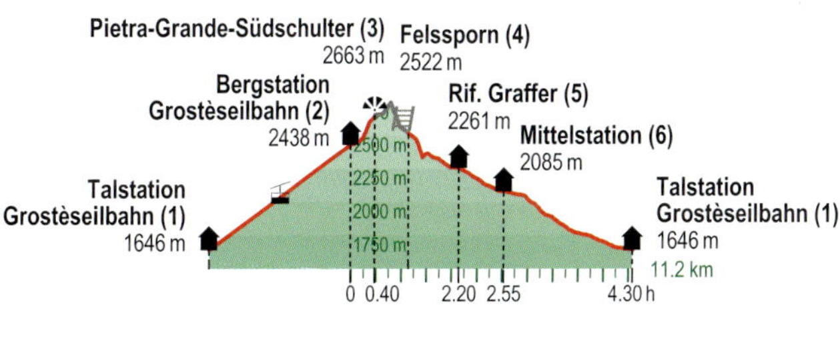

Nach rechts in die Westseite des Berges. Dort auf abschüssigem Schuttband (Steig) sanft abwärts, später an Leitern (Drahtseil) 50 Höhenmeter steil nach rechts empor auf ein Felsband. Dieses kurz nach links, dann über eine Leiter 4 m abwärts in eine gestufte Felsrinne (Drahtseile). Durch sie steil bergab, später rechts aus ihr heraus und nach Querung einer Schuttrinne kurz hinauf zu einer Bank unter überhängender Wand. Nun auf Schuttbändern quer durch die Westflanke der Pietra Grande zum markanten **Felssporn (4)**, 2522 m, der die beiden Karmulden der »**Orti della Regina**« (Gärten der Königin) trennt. Nun auf dem Querweg Nr. 336 **(»Sentiero Claudio Costanzi«)** links haltend über den gerölligen Westrücken des Sporns in steilen Kehren abwärts und nach links in die Südseite. Dort auf Felsband (Blumen!) ostwärts in eine Schuttrinne. An ihrer rechten Seite über Felsabsätze steil nach Süden hinunter, später an begrünten Schutthängen zu einer Naturstraße und auf ihr zum **Rifugio Graffer (5)**, 2261 m. Nun die Schotterstraße mit Weg Nr. 301 (abkürzender Fußweg entlang der Seilbahn) abwärts zum Ristorante Bloch an der **Grostèseilbahn-Mittelstation (6)**, 2085 m, und die Straße weiter zur **Talstation (1)**.

*Blick vom Sentiero Gustavo Vidi nach Westen zur Cima Presanella.*

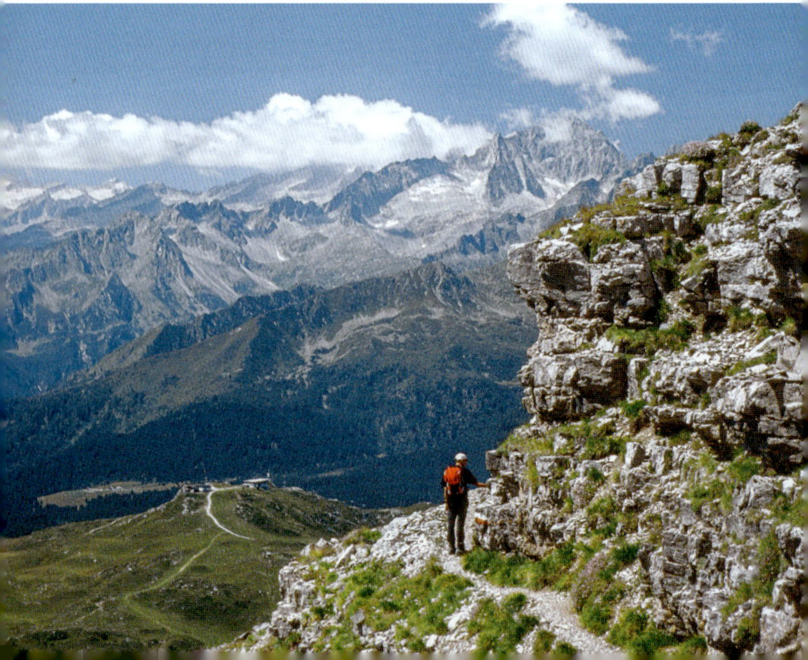

5.45 Std.

# Sentiero Alfredo Benini: Vom Grostèpass zur Tucketthütte

5

**»Einschulungskurs« zu den großen Brenta-Klettersteigen**

*Der Beniniweg vom Passo del Grostè zur Bocca di Tuckett bzw. zur Tucketthütte bildet den nördlichsten Abschnitt und die Einleitung zur berühmten Klettersteig-Anlage der »Via delle Bocchette«. Die abschnittsweise durch Drahtseile und Eisenklammern gesicherte hochalpine Route führt auf teils luftigen Bändern durch die ostseitigen Wandabbrüche des Grostè-Falkner-Massivs und vermittelt eine imponierende Schau auf die immer näher rückenden Kolosse der zentralen Brentagruppe.*

**Ausgangspunkt:** Siehe Tour 1.
**Endpunkt:** Malga Vallesinella di sotto, 1513 m. Mit Taxi (Kleinbusdienst durch den Bewirtschafter des Rist. Vallesinella bei Bedarf zwischen 6.00 und 22.00 Uhr; Tel. +39 0465 442883) über Madonna di Campiglio zur Grostèseilbahn-Talstation.
**Anforderungen:** Anspruchsvolle, teilweise gesicherte Tour für schwindelfreie und trittfeste Geher mit Klettersteig-Erfahrung. Verwendung von Klettersteig-Set und Steinschlaghelm empfohlen. Nur bei sicherem Wetter!
**Höhenunterschied:** 550 m im Anstieg, 1450 m im Abstieg.
**Einkehrmöglichkeiten:** Rif. Stoppani am Grostèpass (24 B., bei Seilbahnbetrieb geöffnet), Rif. Tuckett (111 L., bew. vom 20. Juni bis 20. Sept., rifugio-tuckett.it, Tel. +39 0465 441226, zur Nebensaison +39 0465 507287), Rif. Casinèi (30 L., 30 B., bew. von 5./10. Juni bis 5./10. Okt.), Hotel-Ristorante Vallesinella (25 B., bew. vom 1. Juni bis 30. Sept., Tel. +39 0465 875148, vallesinella.it).
**Variante:** Man kann bei etwa gleichem Zeitaufwand (1.30 Std.) von der Tucketthütte auf Weg Nr. 316 wieder zum Grostèpass (Seilbahn) zurückkehren.

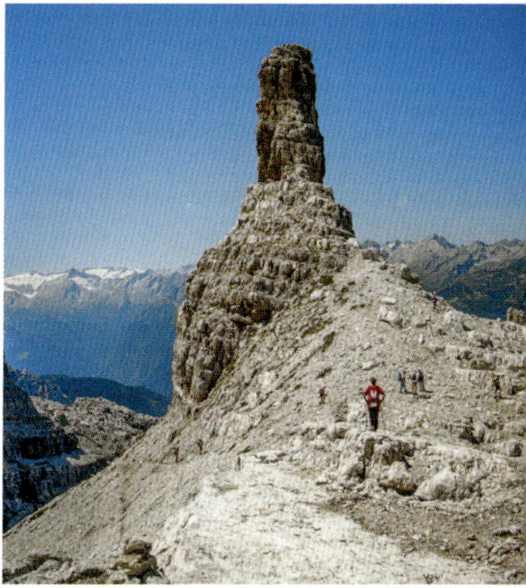

*Der Gipfelturm des Castelletto Superiore mit Adamello und Presanella dahinter.*

Von der **Grostèseilbahn-Talstation (1)** Auffahrt zur **Bergstation (2)**. Dort auf dem Weg Nr. 305 (»**Sentiero Alfredo Benini**«) den Nordrücken der Cima del Grostè über Karrenplatten nach Süden aufwärts zur Bergstation der »Seggiovia Express Grostè« (Winterbetrieb), danach zu einer Anhöhe und jenseits in eine Senke mit Verzweigung. Geradeaus auf dem Weg Nr. 305, an der Rechtsabzweigung zur Cima del Grostè vorbei, unter den Nordabstür-

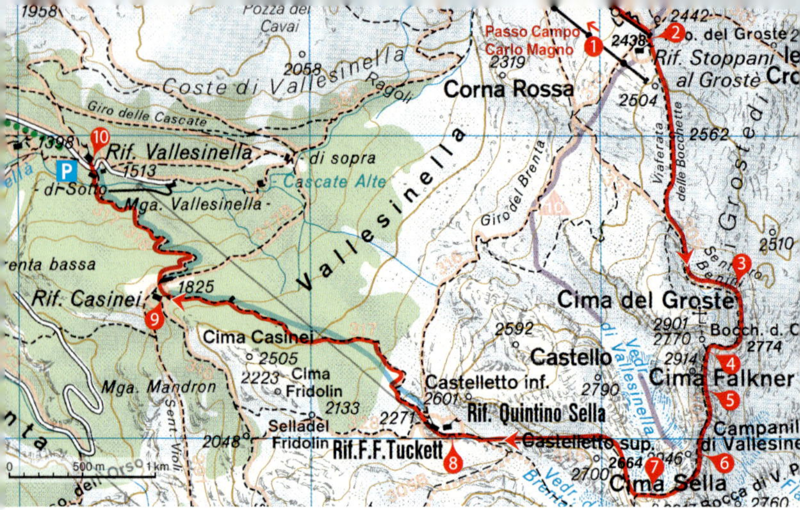


zen des Berges über Geröll und plattigen Fels schräg nach links empor an die **Nordostecke (3)**, wo das große Ostwandband ansetzt. Auf dem Schuttband (anfangs Drahtseil) aufwärts an die Südostecke der Cima del Grostè. Über Geröll- und teils gesicherte Felsbänder quer durch die Südwand nach rechts (Westen) hinab zum Felsüberhang »Bivacco di Martini« und, eine Rinne querend, in die **Bocchetta dei Camosci (4)**, 2774 m.
Auf gesicherten Bändern, mehrere Schluchten querend, durch die Ostwände des Campanile dei Camosci und der Cima Falkner, empor zur **Südostschulter (5)** des Berges, 2910 m (höchster Punkt des Übergangs; Prachtblick nach Süden zur Cima Brenta). Über eine gegliederte Wand (Drahtseile, Eisenklammer, Leitern) 140 m nach Süden hinab zu den Schutthängen östlich unterm Campanile di Vallesinella. An deren Oberrand auf Felsbändern, einige Schluchten ausgehend, aufwärts zur Schulter, 2885 m, südlich des

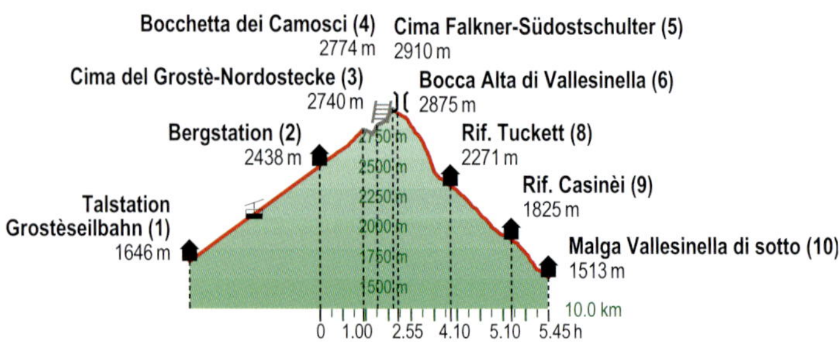

Campanile, danach über Felsbänder hinab zur **Bocca Alta di Vallesinella (6)**, 2875 m. Dort über Firnfelder – die Reste des Vedretta di Vallesinella Superiore – nach rechts (Westen) abwärts, später entlang der Markierung (Vorsicht bei Nebel) über Schrofen und Geröll weiter bergab, zuletzt auf Steig nach links hinaus an den Nordwestrücken der Cima Sella und diesen ein Stück abwärts zum Weg Nr. 315 **(»Sentiero Dallagiacoma«)**. Auf ihm über Karrenplatten nach rechts (Nordwesten) hinunter in den **Sattel (7)**, 2664 m, zwischen Cima Sella und dem turmförmigen Castelletto Superiore (Achtung: Nicht der Wegspur durch die Südseite des Castelletto in Westrichtung abwärts folgen!)

Jenseits (nordwärts) hinab in das Hochtal zwischen Castello Superiore und Castello di Vallesinella. An seiner rechten Seite an den Schrofenhängen nach Westen abwärts zu einem Band. Auf diesem (Drahtseil) 50 m eben dahin, später über Felsstufen und Geröll nach links hinab zum Steilabfall gegen das **Vallesinella Alta**. Über den Schrofenhang (Drahtseile) in Kehren abwärts, später einen Moränenrücken hinunter zum Querweg Nr. 303 und diesen nach rechts zum **Rifugio Tuckett (8)**, 2271 m. Kurz nach Westen hinab zu Verzweigung. Rechts den Weg Nr. 317 entlang der Materialseilbahn vorerst über Karrenplatten, dann durch eine Bergsturzzone nach Nordwesten hinunter zur Waldgrenze. An der bewaldeten Nordflanke der Cima Fridolin in langer Hangquerung nach Westen abwärts zu einer Wiesenterrasse (Rückblick zur Felssäule des Castelletto Inferiore). Wieder in den Wald und dort, an der Linksabzweigung von Weg 318 vorbei, eben zum **Rifugio Casinèi (9)**, 1825 m, am Nordwestrücken der Cima Casinèi. Vom Verzweigungspunkt unterhalb des Hauses den breiten Stufenweg Nr. 317 durch Wald in Kehren nach Nordwesten hinab in das Vallesinella, dort über den Bach und jenseits zur **Malga Vallesinella di sotto (10)**.

**Rückfahrt** mit dem Taxi über Madonna di Campiglio zur **Grostèseilbahn-Talstation**.

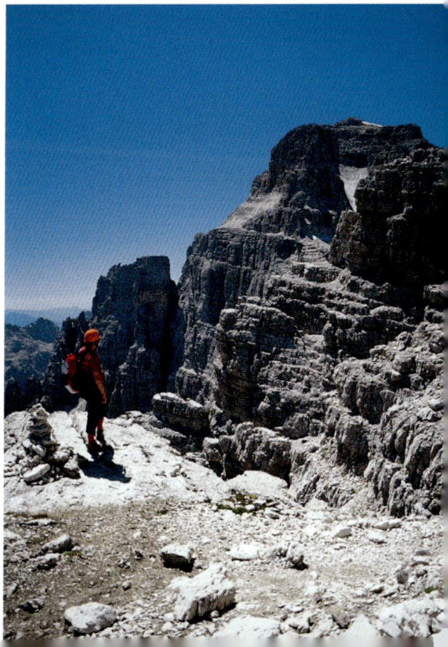

*Rast an der Südostschulter der Cima del Grostè. Im Süden die Cima Brenta.*

# 6 Vom Monte Spinale nach Madonna I.

1.30 Std.

## *Ein Panoramaweg, von dem schon Kaiserin Sissi schwärmte*

*Der per Gondelbahn erreichbare Monte Spinale ist der wahre und eigentliche »Hausberg« von Madonna di Campiglio. Am Gipfel angelangt, kann man zwischen Wanderungen gegen den Brenta-Zentralbereich und Abstiegen nach Madonna di Campiglio wählen. Unter diesen empfiehlt sich bei Zeitmangel der kurze »Giro dell'Imperatrice« (Kaiserinnenrunde), von dem schon Kaiserin Elisabeth (Sissi) schwärmte, als sie mit ihrem Gatten Kaiser Franz Joseph I. Ende des 19. Jahrhunderts in Madonna weilte. Auf ihm werden im oberen Wegabschnitt prächtige Ausblicke zu den Felsriesen der zentralen Brentagruppe geboten.*

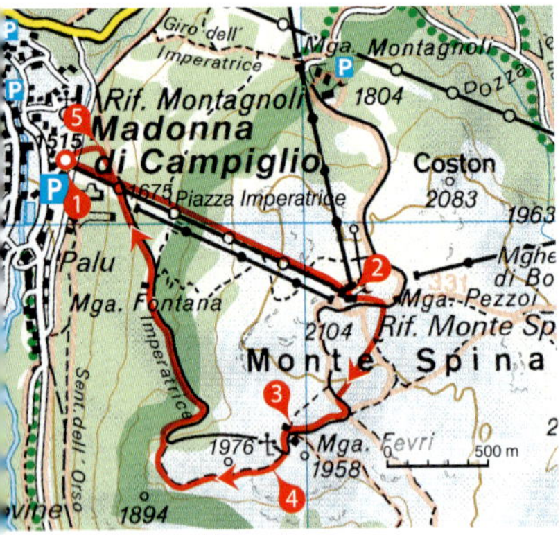


**Ausgangspunkt:** Talstation, 1515 m (Parkhaus), der Spinale-Seilbahn (»Cabinovia Spinale«) östlich des Zentrums von Madonna di Campiglio, am Fuß des Monte Spinale. Bergstation am Gipfel des Berges, 2104 m. Betrieb zw. 20./25. Juni und 15./20. Sept. tägl. 8.30–12.50 und 14.00–17.20 Uhr, im August keine Mittagspause. Info: Tel. +39 0465 447744, funiviecampiglio.it.
**Anforderungen:** Bequeme Wanderung auf markierten Fuß- und Fahrwegen. Auch mit Kindern gut geeignet.
**Höhenunterschied:** 10 m im Anstieg, 600 m im Abstieg.
**Einkehrmöglichkeiten:** Rif. Chalet Fiat am Monte Spinale (18 B., mit der Spinale-Seilbahn geöffnet).

Von der **Talstation** der Spinale-Seilbahn in **Madonna di Campiglio (1)** Auffahrt zum **Monte Spinale (2)**. Dort den Fahrweg Nr. 331 über den grasigen Ostrücken hinab zu einem Flachstück (Wasser-Sammelbecken) mit Verzweigung. Rechts auf bezeichnetem Steig (»**Giro dell'Imperatrice**«, keine Nummer) an den grasigen Abhängen des Monte Spinale eben nach Süden, später sanft bergab und nach rechts in die Südseite. Dort über schöne Almwiesen (Blick zur zentralen Brentagruppe sowie zu

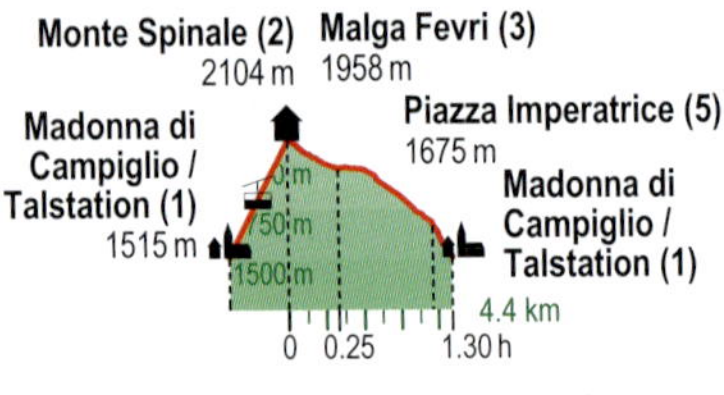

den Gletscherbergen der Presanella und des Adamello) nach Südwesten abwärts zu querendem Fahrweg. Auf ihm in Südrichtung zu einem Verzweigungspunkt und rechts haltend zu der in einer Grasmulde gelegenen **Malga Fevri (3)**, 1958 m. Den Fahrweg in Südrichtung hinab zum tiefsten Punkt der Mulde, dort links ab und auf bezeichnetem Steig nach Süden empor zu grasiger **Anhöhe (4)**, 1965 m; Kruzifix. Jenseits hinab zur Abbruchkante gegen das Vallesinella und dort nach rechts in die Südseite des P. 1976 m. An den felsdurchsetzten Grashängen nach Westen, später durch lichten Fichtenbewuchs abwärts und im Rechtsbogen um den P. 1976 herum zu einer Naturstraße in der Westseite des Berges. Die Straße durch Wald nach Norden abwärts und unter dem Spinalelift durch, dann steiler bergab zum Aussichtspunkt »**Piazza Imperatrice**« **(5)**, 1675 m; Bänke, Brunnen; Tiefblick auf Madonna di Campiglio). Links ab und über Holztreppen, dann auf Fußweg in Kehren nach Westen hinunter zu einer Asphaltstraße. Auf ihr links haltend zur Pistenunterführung, danach auf Fußweg nach rechts hinab zur **Talstation** der Spinale-Seilbahn in **Madonna di Campiglio (1)**.

*Abstieg vom Monte Spinale zur Malga Fevri. Im Südosten Cima Tosa und Crozzon di Brenta.*

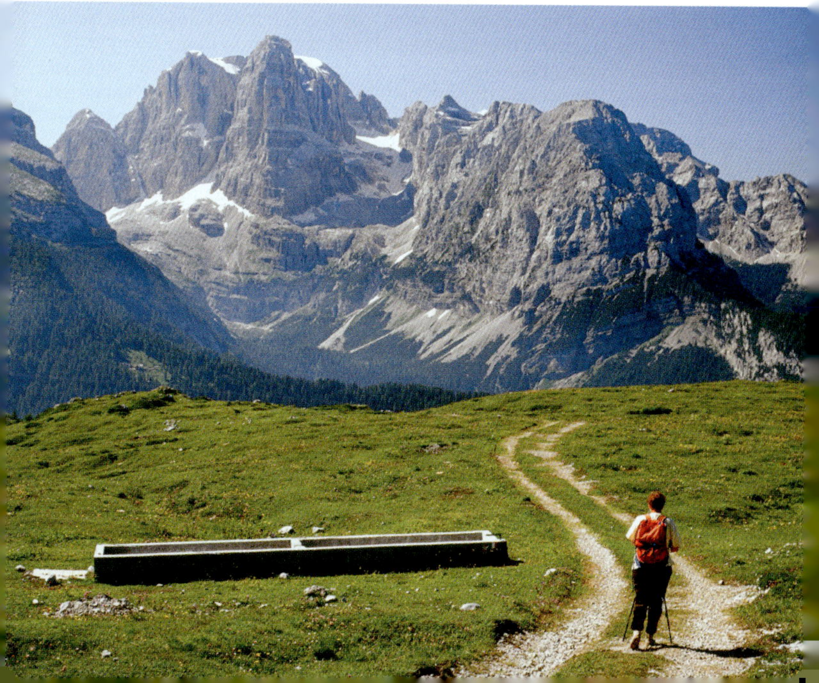

# 7 Vom Monte Spinale nach Madonna II.

3.30 Std.

### Lange Abstiegsrunde für Landschaftsfanatiker und Schaulustige

*Statt des Direktabstiegs (Tour 6) nach Madonna di Campiglio kann man auch durch das Vallesinellatal dorthin gelangen. Dabei kommt man am malerischen Lago Spinale vorbei und wandert unter den Wänden der Corna Rossa zur Malga Vallesinella di sopra hinab, wo sich mehrere Alternativen anbieten. Die kürzeste, der »Sentiero dell'Orso« (Weg des Bären), führt oberhalb der Vallesinella-Straße nach Madonna zurück.*

**Ausgangspunkt:** Siehe Tour 6.
**Anforderungen:** Einfache Wanderung auf markierten Wegen.
**Höhenunterschied:** 50 m im Anstieg, 640 m im Abstieg.
**Einkehrmöglichkeiten:** Rif. Chalet Fiat am Monte Spinale (18 B., mit der Spinale-Seilbahn geöffnet).

Von der **Talstation** der Spinale-Seilbahn in **Madonna di Campiglio (1)** Auffahrt zum **Monte Spinale (2)**. Dort den Fahrweg Nr. 331 über den grasigen Ostrücken des Berges hinab zu einem Flachstück mit Verzweigung. Den Weg Nr. 331 geradeaus weiter abwärts, dann in der linken Seite (Nordseite) des Rückens zu dem in einer Wiesenmulde gelegenen **Lago Spinale (3)**, 2036 m. Durch eine Felszone schräg nach links (Nordosten) hoch zu einer Verzweigung. Rechts den rot und gelb bezeichneten Steig (keine Nummer) nach Südosten empor an einen Wiesenrücken (Rundblick!) und über ihn weiter zur Schulter, 2080 m, nördlich des Dos dei Vaccheri. Jenseits vorerst nach Osten, dann südostwärts durch eine Grasmulde bergab, schließlich an Wiesenhängen zum **Querweg Nr. 382 (4)**. Diesen in Südrichtung abwärts, später durch Wald nach links (Osten) unter die wuchtige Corna Rossa. Nun in langer Hangquerung an der rechten Seite des Vallesinella durch Wald nach Südwesten abwärts zu großer Wiese mit Verzweigung und

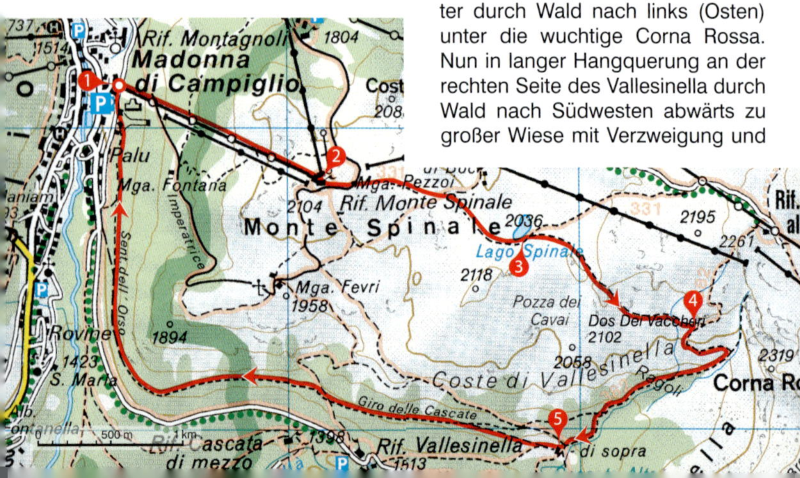

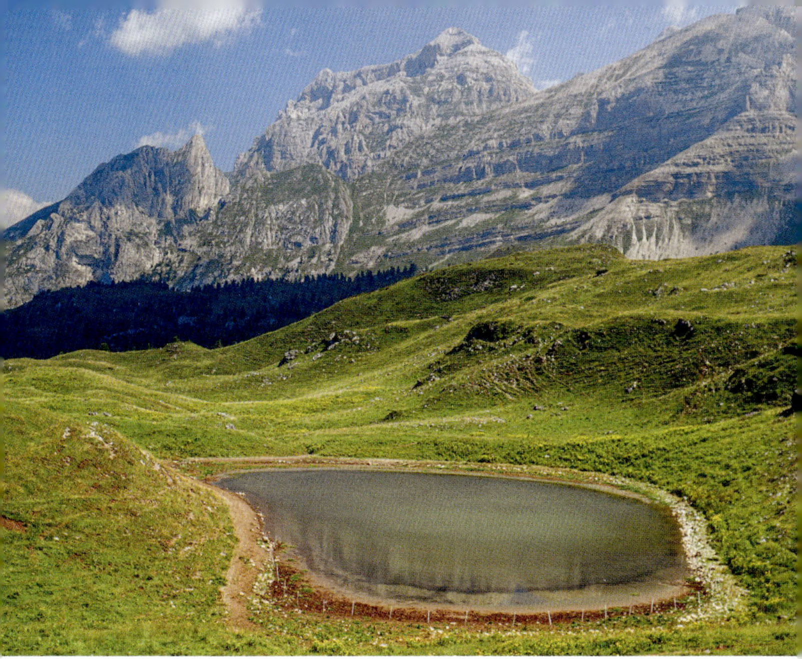

*Der Lago Spinale, darüber Mondifra Alto und Sasso Alto (nördliche Brentakette).*

dort kurz nach links hinab zur **Malga Vallesinella di sopra (5)**, 1687 m; stets geöffneter Aufenthaltsraum mit Tisch, Bank, Kamin und Brunnen). Auf dem Weg Nr. 382 eben nach Westen zum Waldrand mit Verzweigung dreier Wege. Geradeaus auf dem breiten »**Sentiero dell'Orso**«, an den bewaldeten Südhängen des Monte Spinale entlang, erst leicht bergauf, dann bei sanftem Gefälle zu einer Verzweigung unter überhängender Felswand (Marienbild). Geradeaus weiter zu einer Lichtung mit Einblick in das Val Brenta, danach um eine Bergkante nach rechts herum in die Westseite des Monte Spinale. Dort in Nordrichtung sanft abwärts und bei Verzweigung geradeaus zu querender Asphaltstraße. Auf dieser rechts haltend zur **Talstation** der Spinale-Seilbahn in **Madonna di Campiglio (1)**.

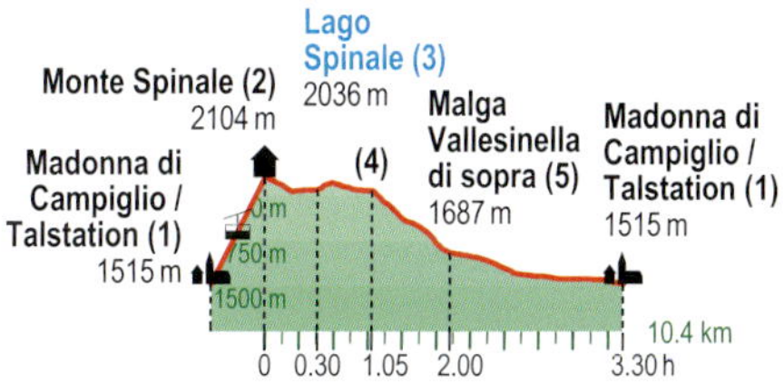

# 8 Von Vallesinella di sotto zur Tucketthütte (»Fridolin-Runde«)

**4.00 Std.**

## *Ein Hüttenweg mit landschaftlichen Qualitäten*

*Eine touristische Drehscheibe an der Westseite der Brenta ist die per Pedes, Auto oder Taxi erreichbare Malga Vallesinella di sotto. Dort starten die Zugangswege zu den Rifugi Tuckett, Brentèi, Alimonta und Pedrotti, auf denen trotz der Seilbahnen auf Monte Spinale und Passo del Grostè immer noch viele Besucher in das Herz der Brenta eindringen. Zwischendurch wird an der Casinèihütte Halt gemacht, wo sich die Routen trennen. Im Anstieg zur Tucketthütte enthüllt sich dann die ganze Pracht der Brentaberge, doch warten im Abstieg über den Boganiweg noch weitere landschaftliche Sensationen.*

**Ausgangspunkt:** Großparkplatz an der der Malga Vallesinella di sotto, 1513 m (Restaurant). Asphaltierte Zufahrt von Madonna di Campiglio, 3,5 km, 1 Std.

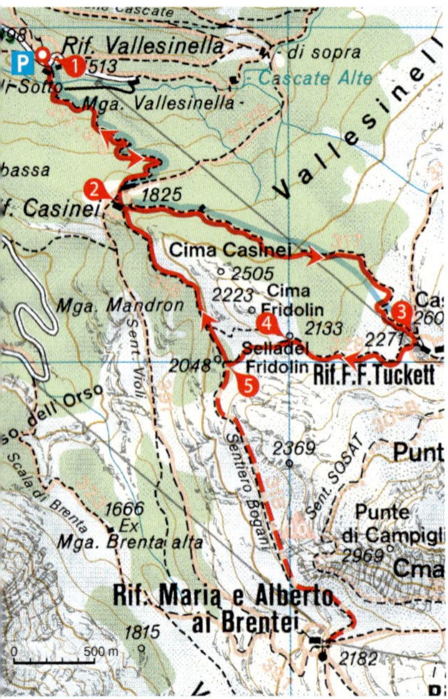


Vom 17. Juni bis 17. Sept. 8.30–18.30 Uhr, empfohlene Anreise mit dem täglich verkehrenden Shuttlebus »Vallesinella Express« vom Parkplatz (Parkhaus) an der Talstation der Spinale-Seilbahn in Madonna di Campiglio (Ausnahme: an Dienstagen 10–15 Uhr kein Service!). Preis: 2,50 Euro pro Strecke, Kinder bis 8 Jahren kostenlos. Vorherige Buchung online (campigliodolomiti.it, pnab.it) oder bei den Fremdenverkehrsbüros in Madonna, Pinzolo, Tione usw. Anreise mit dem eigenen Pkw (17. Juni bis 17. Sept. sowie an den Wochenenden bis 15. Okt. Fahrverbot 10–17.30 Uhr). Parkplatzreservierung 6.30–17.30 entweder vor Ort, besser aber online (mobilita.campigliodolomiti.it) vor 6 Uhr am selben Tag.

**Anforderungen:** Unschwierige Wanderung auf markierten Wegen.

**Höhenunterschied:** 760 m.

**Einkehrmöglichkeiten:** Hotel-Ristorante Vallesinella (25 B., bew. vom 1. Juni bis 30. Sept., Tel. +39 0465 875148, vallesinella.it, Rif. Casinèi (30 L., 30 B., bew. von 5./10. Juni bis 5./10. Okt.), Rif. Tuckett (120 L., bew. vom 20. Juni bis 20. Sept., rifugio-tuckett.it, Tel. +39 0465 441226, zur Nebensaison Tel. +39 0465 507287).

**Variante:** Es lohnt sich, dem oberen Boganiweg bis zur Brentèihütte zu folgen. Zusätzl. Zeitaufwand: 1.45 Std.

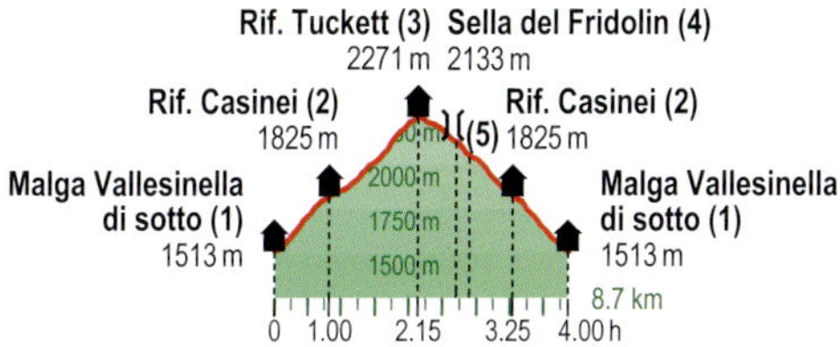


Von der **Malga Vallesinella di sotto (1)** den Weg Nr. 317 kurz nach Süden hinab in die Talsohle des Vallesinella (Bach) und jenseits den breiten Stufenweg durch Wald in Kehren nach Südosten empor zu dem am Nordwestrücken der Cima Casinèi gelegenen **Rifugio Casinèi (2)**, 1825 m. Auf dem Weg Nr. 317, an der Rechtsabzweigung von Weg Nr. 318 vorbei, im Wald eben nach Osten zur Wiesenterrasse (Aufblick gegen den turmförmigen Castelletto Inferiore!) unterhalb der Cima Casinèi. Über diese, danach quer durch die bewaldete Nordseite der Cima Fridolin empor zur Waldgrenze. Nun über eine angegrünte Bergsturzzone nach Südosten hoch, später über Karrenplatten entlang der Materialseilbahn zu einer Verzweigung (rechts zur Brentèihütte) und gerade fort zum nahen **Rifugio Tuckett (3)**, 2271 m, am Eingang in das Vallesinella Alta.

Zurück zur Verzweigung westlich unterhalb der Hütte. Links den Weg Nr. 328 in Westrichtung weiter abwärts, dann durch eine Bergsturzzone, schließlich über Wiesen hinunter zur **Sella del Fridolin (4)**, 2133 m, zwischen Cima Brenta und Cima Fridolin. Jenseits durch Latschen und über Karrenplatten westwärts gegen das Val Brenta hinab zum **Querweg Nr. 318 (5)**, **»Sentiero Arnaldo Bogani«**, 2048 m. Diesen rechts haltend an den Hängen der Cima Fridolin und der Cima Casinèi (Rückblick gegen den Crozzón, Fernschau zur Adamello-Presanella-Gruppe) durch Lärchen, Latschen und Wiesen abwärts an den Nordwestrücken der Cima Casinèi. Nach rechts in die Nordseite, dort in Kehren hinab zum Querweg Nr. 317. Auf ihm nach links zum **Rif. Casinèi (2)**, 1825 m, und weiter zur **Malga Vallesinella di sotto (1)**.

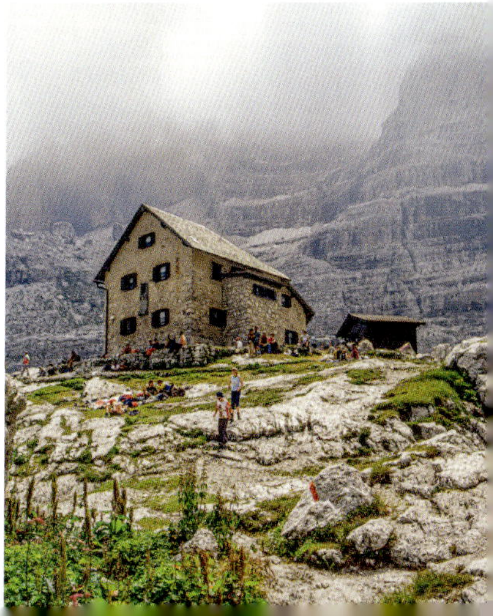

*Aufblick zur Tucketthütte mit dem Massiv der Cima Brenta dahinter.*

9

# Von Vallesinella di sotto zur Brentèi- und Alimontahütte

6.30 Std.

## *Im Banne kolossaler Felsräume*

*Wer von der Malga Vallesinella di sotto gegen die Hochregion der Brenta ansteigt, erreicht am Rifugio Casinèi einen wichtigen Verzweigungspunkt. Will man zu den Hütten Brentèi, Alimonta oder Pedrotti, so ist der viel begangene Sentiero Arnaldo Bogani die erste Wahl. Hoch über dem Brentatal und angesichts des gewaltigen Crozzón führt der klar vorgezeichnete Weg an den Flanken der Cima Fridolin und der Cima Brenta zur Höhe. Von der Brentèihütte geht es weiter zu der eine Etage höher gelegenen Alimontahütte, Stützpunkt an der berühmten Via delle Bocchette (siehe auch Tour 12).*

**Ausgangspunkt:** Siehe Tour 8.
**Anforderungen:** Einfache, aber etwas anstrengende Wanderung.
**Höhenunterschied:** 1090 m.
**Einkehrmöglichkeiten:** Hotel-Ristorante Vallesinella (25 B., bew. vom 1. Juni bis 30. Sept., Tel. +39 0465 875148, vallesinella.it, Rif. Casinèi (30 L., 30 B., bew. von 5./10. Juni bis 5./10. Okt.), Rif. Brentèi (98 L., bew. vom 20. Juni bis 1. Okt., danach an Wochenenden bis 15. Okt., rifugiobrentei.it, Tel. +39 345 5332811), Rif. Alimonta (34 B., 59 L., bew. vom 20. Juni bis 20. Sept., Tel. +39 0465 440366, rifugioalimonta.it).
**Variante:** Ab Alimontahütte ist Geübten die Begehung der ausgesetzten, aber nicht sonderlich schwierigen »Via delle Bocchette Centrali« (nur mit Klettersteig-Set) zu empfehlen.

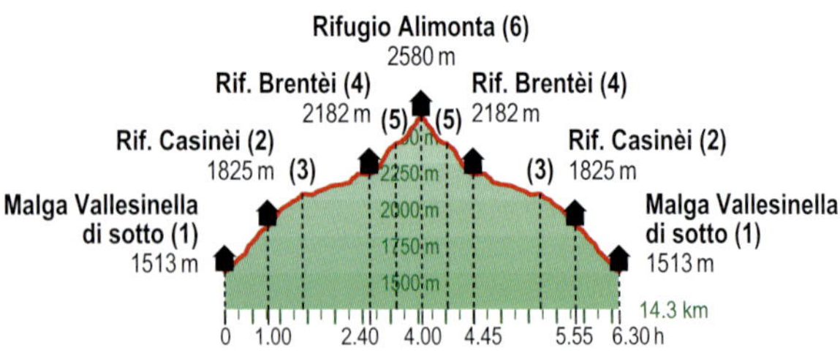


Von der **Malga Vallesinella di sotto (1)** wie bei Tour 10 zum **Rifugio Brentèi (4)**, 2182 m. Auf dem Weg Nr. 318 (»Sentiero Arnaldo Bogani«) 100 m retour in die flache geröllige Karmulde des **Vallón Brentèi** (Hubschrauber-Landeplatz). Rechts ab und den Weg Nr. 323 durch das Hochtal nach Osten aufwärts, später die Schutthänge an der linken Talseite teils in Kehren hoch zu einer Quellfassung. Nach rechts in das Zentrum des Tales, dort in Kehren empor zu einer Verengung und nach links unter die Wände der Cima Mandrón (Massiv der Cima Brenta) mit **Linksabzweigung (5)** des »Sentiero SOSAT«. Prächtiger Tiefblick zur Brentèihütte mit Crozzón und

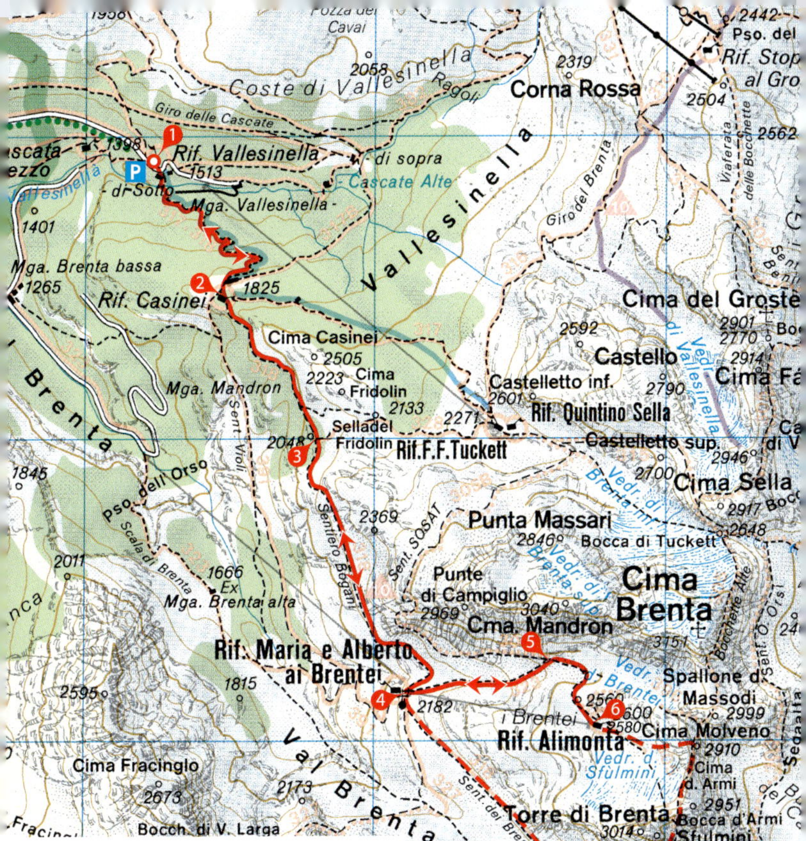


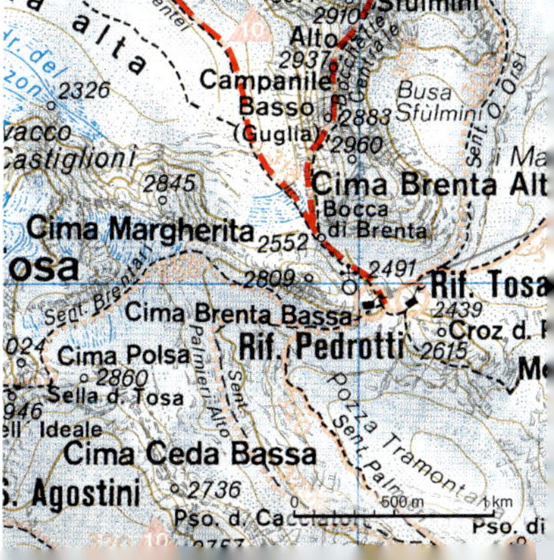


Cima Tosa links darüber. Auf dem Weg Nr. 323 über Schutt und Blockwerk durch die Engstelle (Aufblick gegen den gespaltenen Turm »I Gemelli«) steil nach Osten hoch, danach mäßig steil weiter, bis der Steig das Vallón Brentèi nach rechts verlässt. Über Felsstufen in Kehren nach Süden hinauf zur Linksabzweigung von Weg Nr. 396 (»Sentiero Oliva Detassis«). Gerade fort, später über einen Geröllrücken nach links (Osten) aufwärts, schließlich an Schutthängen und über Karrenplatten in Südostrichtung empor zum **Rifugio Alimonta (6)**, 2580 m, auf einer Karrenfläche unter den Südwänden des Cima-Molveno-Massivs gelegen. Aufblick gegen den wuchtigen Torre di Brenta im Südosten sowie imponierende Schau nach Südwesten auf Cima Tosa und Crozzón di Brenta. Im Westen, jenseits des Rendenatales, die Gletscherberge der Adamello- und Presanellagruppe. **Abstieg** auf derselben Route.

*Das in einem großartigen Felskar gelegene Rifugio Alimonta.*

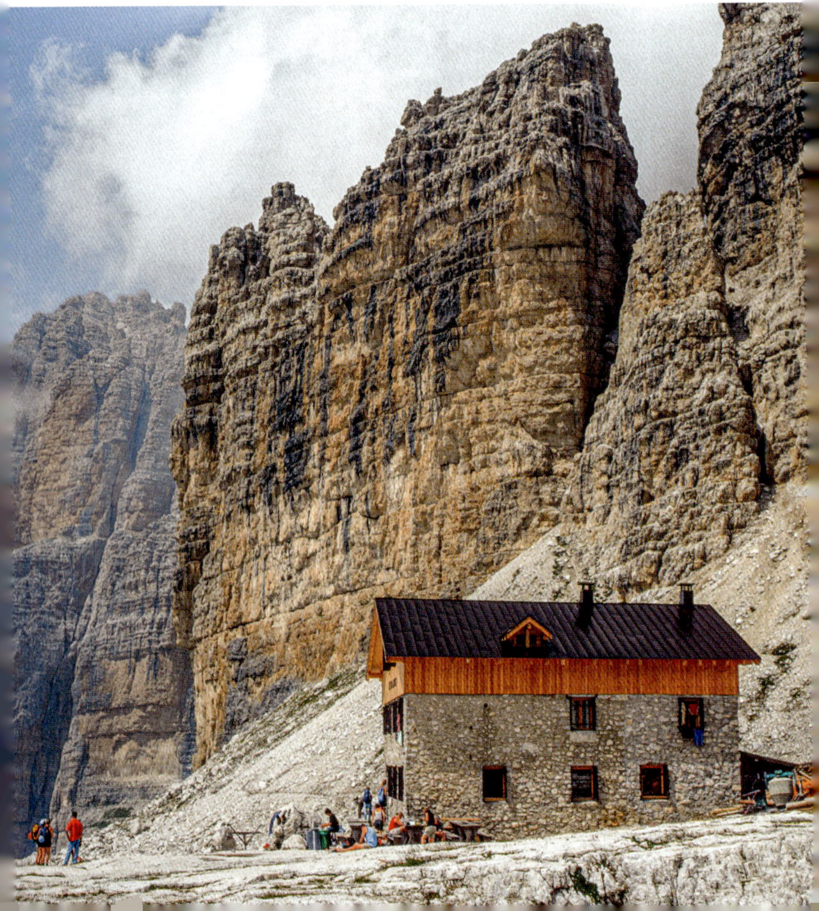

7.45 Std.

# Von Vallesinella di sotto zur Brentèi- und Pedrottihütte

10

***In das Herz der Brentagruppe***

*Um eine Vorstellung von den gewaltigen Bergräumen der Brenta zu bekommen, gibt es keine bessere Empfehlung als diese tagfüllende Tour in das Herz der Brentagruppe. Von der Malga Vallesinella di sotto folgt man dem schönen Boganiweg am Rande des Val Brenta empor zu den fantastischen Felskulissen im Umkreis der Brentèi- und Pedrottihütte. Unterwegs ergeben sich immer wieder Ausblicke zu den Gletscherbergen der Presanella- und Adamellogruppe, deren ausladende Formationen im starken Kontrast zur schroffen Dolomit-Landschaft stehen.*

**Ausgangspunkt:** Siehe Tour 8.
**Anforderungen:** Lange, anstrengende Tour für trittsichere Geher. Im Steilanstieg zur Bocca di Brenta bei Schneelage u. U. Steigeisen bzw. Grödel nötig.
**Höhenunterschied:** 1130 m.
**Einkehrmöglichkeiten:** Hotel-Ristorante Vallesinella (25 B., bew. vom 1. Juni bis 30. Sept., Tel. +39 0465 875148, vallesinella.it), Rif. Casinèi (30 L., 30 B., bew. von 5./10. Juni bis 5./10. Okt., Tel. +39 0465 442708), Rif. Brentèi (98 L., bew. vom 20. Juni bis 1. Okt., danach an Wochenenden bis 15. Okt., rifugiobrentei.it, Tel. +39 345 5332811), Rif. Pedrotti (160 L., bew. vom 20. Juni bis 20. Sept., rifugiotosapedrotti.it, Tel. +39 0461 948115).
**Variante:** Die Wanderung lässt sich mit Anstieg über die Tucketthütte gut erweitern. Zusätzlich 1.30 Std.

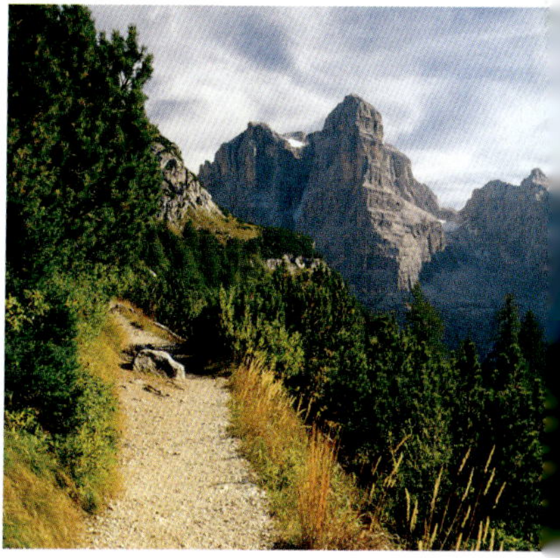

*Auf dem Boganiweg wandert man Cima Tosa und Crozzón di Brenta entgegen.*

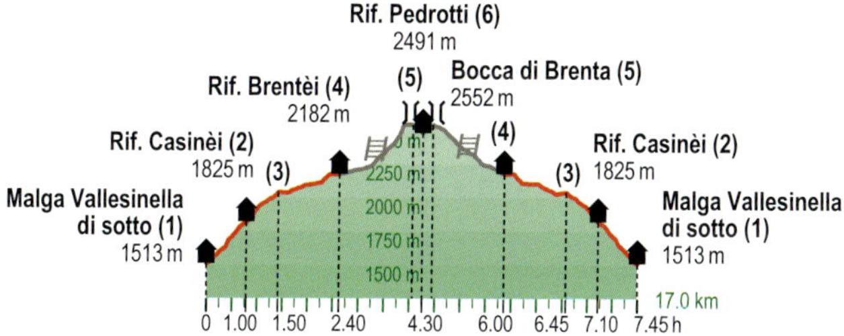

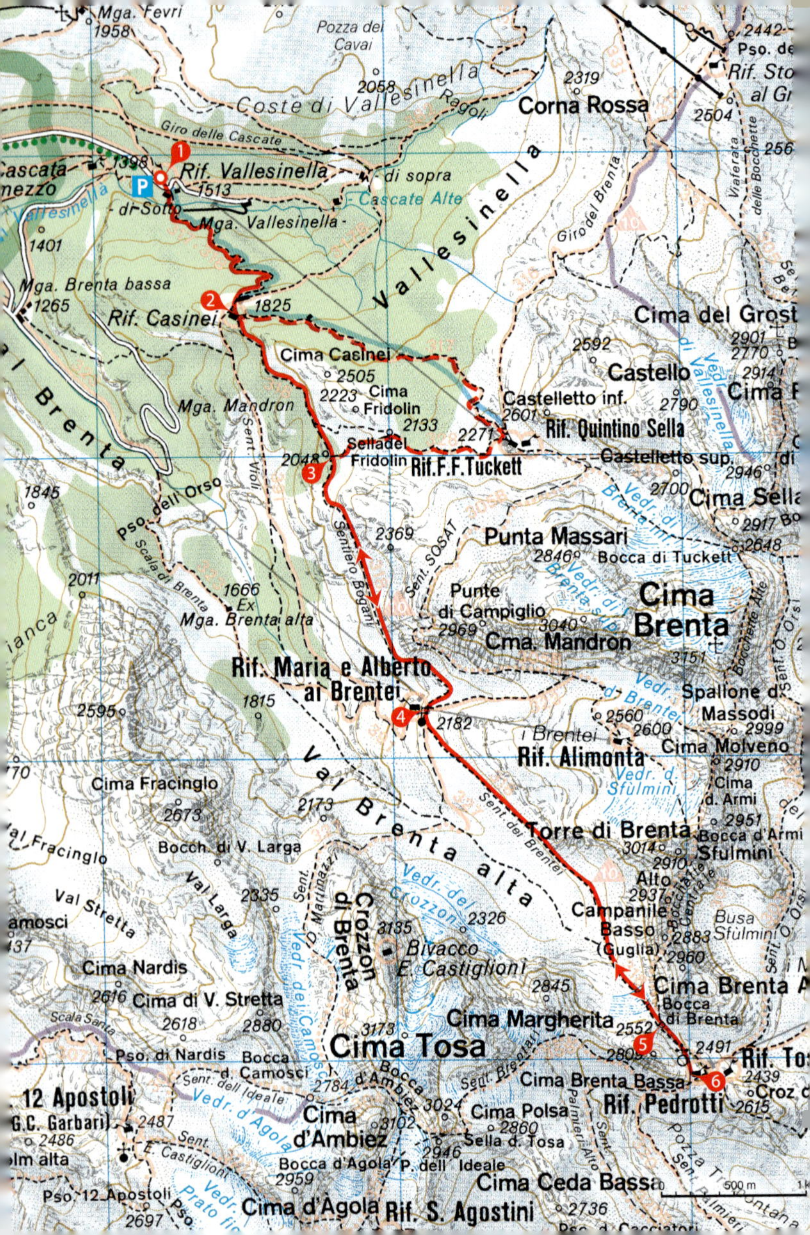

Mga. Fevri
1958
Pozza del Cavai
2058
Coste di Vallesinella
Ragoli
2319
Corna Rossa
2442
Pso. de
Rif. Sto
al Gr
2504
Giro delle Cascate
Rif. Vallesinella
1398
1513
Cascata
mezzo
di sopra
Cascate Alte
di Sotto
Mga. Vallesinella
Vallesinella
1401
Mga. Brenta bassa
1265
Rif. Casinei
1825
Vallesinella
Giro del Brenta
Viaferrata delle Bocchette
Cima del Grost
2592
2901
2770
2914
Castello
Cima
Cima Casinei
2505
2223
Cima Fridolin
2133
Castelletto inf.
2601
2790
Rif. Quintino Sella
Mga. Mandron
Sent. Violi
Val Brenta
2271
Sella del Fridolin
Rif.F.F.Tuckett
Castelletto sup.
2048
2946
Vedr. di Brenta inf.
2700
Cima Sella
1845
Pso. dell' Orso
Sentiero Bogani
2369
Sent. SOSAT
Punta Massari
2917
2648
2846
Bocca di Tuckett
Vedr. di Brenta sup.
Cima Brenta
Scala di Brenta
2011
1666
Ex Mga. Brenta alta
Punte di Campiglio
2969
3040
Cma. Mandron
3151
Bocchette Alte
Sent. O. Orsi
Rif. Maria e Alberto ai Brentei
Vedr. d. Brentei
Spallone d. Massodi
2595
1815
2182
2560
2600
2999
i Brentei
Rif. Alimonta
Cima Molveno
2910
Vedr. d. Sfulmini
Cima d. Armi
Cima Fracinglo
Val Brenta alta
2173
Sent. dei Brentei
2951
2673
Torre di Brenta
Bocca d'Armi
3014
Sfulmini
Val Fracinglo
Bocch. di V. Larga
2910
Alto
Val Larga
2335
Sent. O. Martinazzi
Crozzon di Brenta
Vedr. del Crozzon
2937
Campanile Basso (Guglia)
Bocchette Centrale
Busa Sfulmini
Val Stretta
3135
2326
2883
2960
Bivacco E. Castiglioni
Cima Nardis
Vedr. dei Camosci
2845
Cima Brenta A
Bocca di Brenta
2616
Cima di V. Stretta
2618
2880
Cima Margherita
2552
3173
Scala Santa
Cima Tosa
2491
2809
Rif. To
Pso. di Nardis
Bocca d. Camosci
Bocca d'Ambiez
Sent. Brentari
Cima Brenta Bassa
2439
Croz
Sent. dell' Ideale
2784
12 Apostoli
(G.C. Garbari)
2487
Cima d'Ambiez
3024
Rif. Pedrotti
2615
Vedr. d'Agola
Cima Polsa
2860
2486
Sent. E. Castiglioni
3102
Sella d. Tosa
Palmieri
Sent. Alto
Pozza Tramontana
Sent. Palmieri
Bocca d'Agola
P. dell' Ideale
2946
2959
Cima Ceda Bassa
Vedr. Prato fio
Pso. 12 Apostoli
Cima d'Agola
Rif. S. Agostini
2736
2697
500 m
1 km

Von der **Malga Vallesinella di sotto (1)** den Weg Nr. 317 nach Süden hinab in die Talsohle des **Vallesinella** (Bach) und jenseits den breiten Stufenweg durch Wald in Kehren nach Südosten empor zu dem am Nordwestrücken der Cima Casinèi gelegenen **Rifugio Casinèi (2)**, 1825 m. Auf dem Weg Nr. 317 kurz nach Osten zur Rechtsabzweigung von Weg Nr. 318 (»**Sentiero Arnaldo Bogani**«). Diesen durch Wald in Kehren nach Südosten empor an den Rücken der Cima Casinèi und um ihn nach links herum in die gegen das **Val Brenta** schauende Südwestseite des Berges. Dort durch Wald und über Wiesen (Aufblick gegen den Crozzón!) aufwärts zur **Linksabzweigung (3)** von Weg Nr. 328. Den Weg Nr. 318 an den steilen Hängen weiter bergauf, später um eine Bergkante herum zu schönem, aus dem Fels gesprengtem Felsband. Auf ihm quer durch eine Wand in einen düsteren Spalt, dann durch einen kurzen Tunnel und hinab zur breiten Wegtrasse. Auf ihr an den Schutthängen steiler hoch zu einem Felsblock, dann eben in die geröllige Karmulde des **Vallón Brentèi**. Sie wird im Rechtsbogen ausgegangen und danach das auf begrünter Terrasse über dem Val Brenta Alta stehende **Rifugio Brentèi (4)**, 2182 m, erreicht.

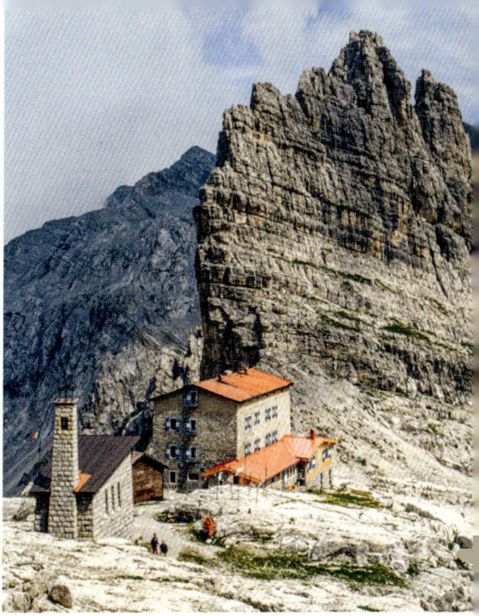

*Die Pedrottihütte am Passo del Rifugio, darüber der Croz del Rifugio.*

Den Weg Nr. 318 kurz nach Süden hinauf zur Kapelle (Gedenkstätte an verunglückte Bergsteiger), danach an der linken Seite des **Val Brenta Alta** über begrünte Schutthänge nach Südosten empor zu einem Felsband unter überhängender Wand. An den Geröllhängen weiter in die oberste Talmulde und dort über eine gegliederte Wand an Felsbändern (Drahtseile; Vorsicht bei Vereisung!) in Kehren hoch, zuletzt durch Blockwerk (oft Schneereste) weniger steil in die **Bocca di Brenta (5)**, 2552 m, zwischen Cima Brenta Alta links und Cima Brenta Bassa rechts.

*Anmerkung: Die oben erwähnte »gegliederte Wand« können Geübte auch links durch eine sehr steile Schneerinne (bei Hartfirn Pickel und Steigeisen nötig!) umgehen.*

Jenseits durch eine Geröllrinne abwärts, dann auf dem Felsband rechts der Rinne quer durch die Cima-Brenta-Bassa-Ostwand bergab, zuletzt kurz hinauf zum **Rifugio Pedrotti (6)**, 2491 m, am Sattel **(Passo del Rifugio)** zwischen Cima Brenta Bassa und Croz del Rifugio. **Abstieg** auf derselben Route.

TOP **11**

# Sentiero Osvaldo Orsi (Um Cima Brenta und Sfulmini)

**2 Tage**

## Spektakulärer Höhenpfad für Verwöhnte

*Zu den großartigsten Übergängen nicht nur der Brentagruppe gehört der berühmte Orsiweg (»Sentiero Osvaldo Orsi«). Er verbindet den Bergraum um die Tucketthütte mit jenem der Pedrottihütte, führt an der Ostseite des Zentralmassivs durch fantastische Felskare und auch an einem der kühnsten Felstürme der Alpen, dem 300 Meter hohen Campanile Basso (»Guglia«) vorbei. Mit Rückweg durch das Val Brenta ergibt das eine klassische Runde, die auch verwöhnte Naturen befriedigt.*

**Ausgangspunkt:** Siehe Tour 8.
**Anforderungen:** Anstrengende Tour für trainierte Geher. Bei guten Verhältnissen unschwierig. Am Vedretta di Brenta Inferiore ist bei Hartfirn/Blankeis (Pickel, Steigeisen, Grödel angenehm) Vorsicht geboten.
**Höhenunterschied:** 1640 m.
**Einkehrmöglichkeiten:** Hotel-Ristorante Vallesinella (25 B., bew. vom 1. Juni bis 30. Sept., Tel. +39 0465 875148, vallesinella.it), Rif. Casinèi (30 L., 30 B., bew. von 5./10. Juni bis 5./10. Okt., Tel. +39 0465 442708), Rif. Tuckett (120 L., bew. vom 20. Juni bis 20. Sept., Tel. +39 0465 441226, zur Nebensaison +39 0465 507287, rifugio-tuckett.it), Rif. Brentèi (98 L., bew. vom 20. Juni bis 1. Okt., danach an Wochenenden bis 15. Okt., Tel. +39 345 5332811, rifugiobrentei.it), Rif. Pedrotti (160 L., bew. vom 20. Juni bis 20. Sept., rifugiotosapedrotti.it, Tel. +39 0461 948115).

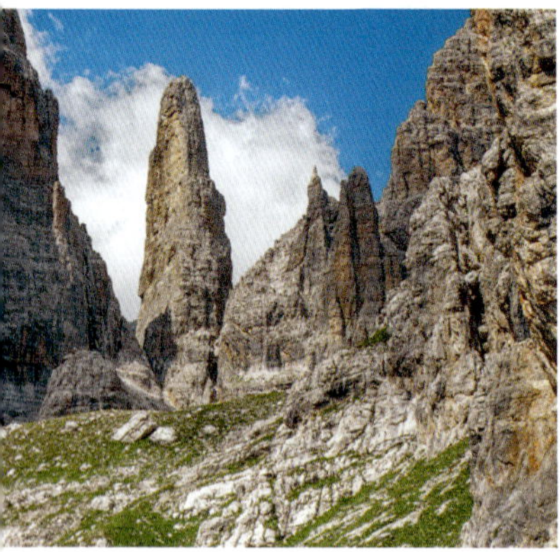

*Die berühmte 300 Meter hohe Riesensäule der Campanile Basso (auch »Guglia Brenta«), Schaustück am Orsiweg.*

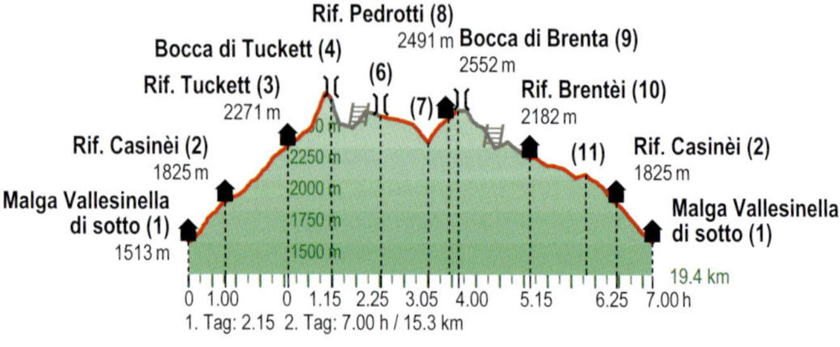

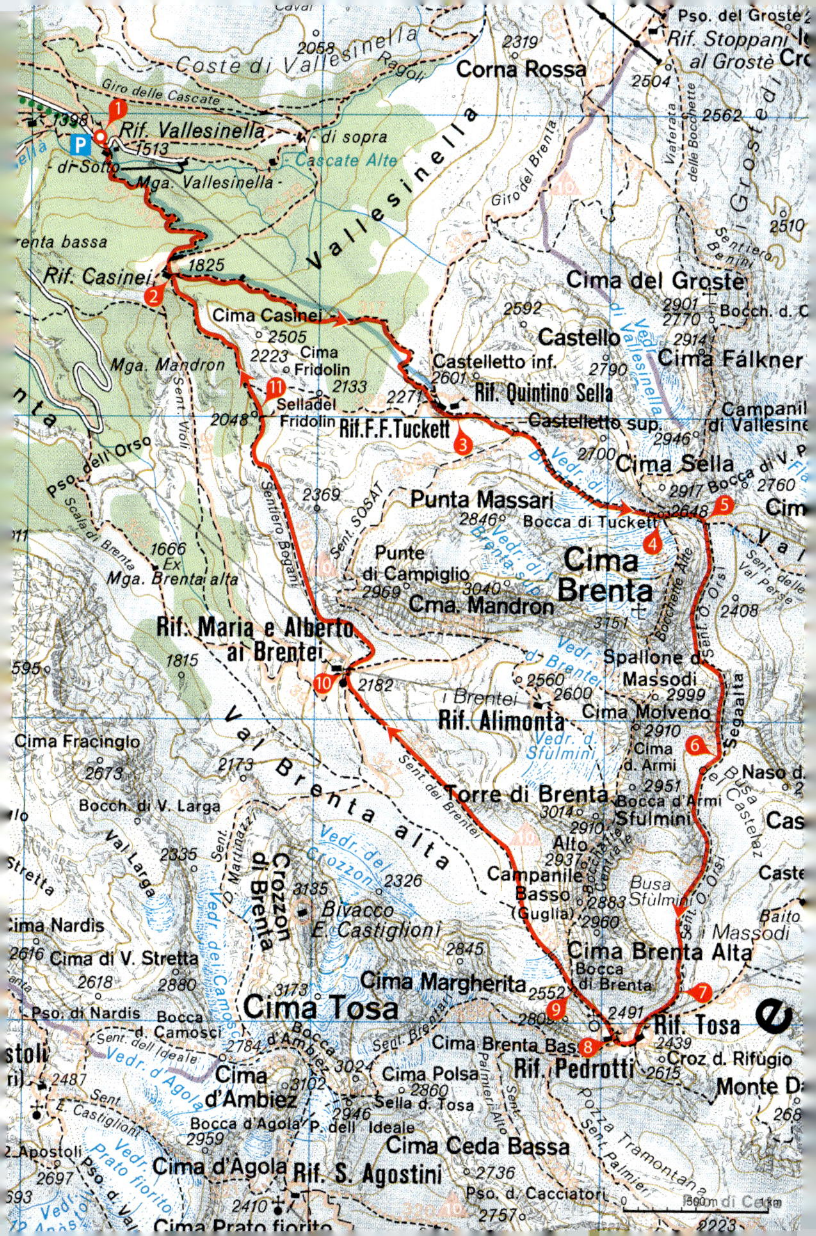

Pso. del Groste
Rif. Stoppani al Grostè
Coste di Vallesinella
Ragoli
2058
2319
Corna Rossa
2504
Giro delle Cascate
Rif. Vallesinella
1398
1513
di sopra
di Sotto
Cascate Alte
Mga. Vallesinella
Vallesinella
2562
Viaferata delle Bocchette
Giro del Brenta
2510
Sentiero Benini
Brenta bassa
Rif. Casinei
1825
Cima del Grosté
2592
2901
2770
Bocch. d. C
Cima Casinei
Castello
2914
2505
Cima Fálkner
Mga. Mandron
2223
Cima Fridolin
Castelletto inf.
2790
Vedr. di Vallesinella
2601
2133
2271
Rif. Quintino Sella
Campanil di Vallesine
Sella del Fridolin
2048
Rif. F.F. Tuckett
Castelletto sup.
2946
Sent. Violi
Pso. dell' Orso
2700
Cima Sella
2917
Bocca di V.
2760
2369
Sent. SOSAT
Punta Massari
2848
Bocca di Tuckett
Scala di Brenta
Sentiero Bogani
2846
Vedr. di Brenta sup.
Cima Brenta
1666
Ex Mga. Brenta alta
Punte di Campiglio
2969
3040
Cma. Mandron
Sent. delle Val perse
2408
3151
Bocchette Alte
Sent. O. Orsi
Rif. Maria e Alberto ai Brentei
1815
Vedr. d. Brentei
Spallone d. Massodi
595
2182
2560
2600
2999
i Brentei
Cima Molveno
Rif. Alimonta
2910
Cima Fracinglo
Vedr. d. Sfùlmini
Cima d. Armi
Segaalta
2673
2173
Sent. dei Brentei
Naso d.
Bocch. di V. Larga
Val Brenta alta
Torre di Brenta
2951
Bocca d'Armi
Busa del Castelaz
3014
Sfulmini
2910
Val Larga
2335
Alto
2937
Bocchette Centrali
Sent. D. Martinazzi
Vedr. del Crozzon
Campanile Basso (Guglia)
Busa Sfùlmini
V. Stretta
Crozzon di Brenta
3135
2326
2883
2960
Bivacco E. Castiglioni
Sent. O. Orsi
Baito
i Massodi
Cima Nardis
2845
Cima Brenta Alta
2616
Cima di V. Stretta
Bocca di Brenta
2618
2880
Vedr. dei Camosci
3173
Cima Margherita
2552
Pso. di Nardis
Cima Tosa
2491
Rif. Tosa
Bocca d. Camosci
Bocca d'Ambiez
Sent. Brentari
2439
Sent. dell'Ideale
2784
3024
Cima Brenta Bassa
Rif. Pedrotti
Croz d. Rifùgio
Vedr. d'Agola
Cima d'Ambiez
3102
Cima Polsa
2860
2615
Monte D
2487
Sent. E. Castiglioni
2946
Sella d. Tosa
Sent. Palmieri Alto
Bocca d'Agola
P. dell Ideale
Pozza Tramontana
Sent. Palmieri
2959
Cima Ceda Bassa
Apostoli
2697
Vedr. Prato fiorito
Cima d'Agola
Rif. S. Agostini
2736
Pso. d. Cacciatori
2410
2757
Cima Prato fiorito
0
500 m
1 km
1
2
3
4
5
6
7
8
9
10
11

Von der **Malga Vallesinella di sotto (1)** wie bei Tour 8 zum **Rifugio Tuckett (3)**, 2271 m. Den Weg Nr. 303 an den Schutthängen zur Linken des **Vallesinella Alta** aufwärts zur Abzweigung des »Sentiero Dallagiacoma« und des »Sentiero SOSAT«, dann über eine Schotterterrasse zum **Vedretta di Brenta Inferiore**. Über das steile Firnfeld empor in die **Bocca di Tuckett (4)**, 2648 m, zwischen Cima Brenta und Cima Sella. Jenseits an der linken Seite einer steilen Blockrinne (Drahtseile; Vorsicht bei Schneelage) gegen das **Val Perse** hinunter zu **Verzweigung** bei großem Felsblock **(5)**. Den Weg Nr. 303 **(»Sentiero Osvaldo Orsi«)** nach rechts unter die kolossale Ostwand der Cima Brenta, dort an den Schutthängen in Südrichtung eben und aufwärts unter das Massiv der Cima Baratieri und nach links an einen Felssporn. Über diesen hoch, dann durch schrofiges Gelände (Drahtseile) zum Band der »**Sega Alta**«. Auf diesem eben nach rechts in die Schlucht vor der Punta Mezzena, dann quer durch eine senkrechte Wand (Drahtseil) nach links hinaus an eine Bergkante, um diese nach rechts herum und südwärts in den **Sattel (6)**, 2510 m, zwischen dem Massiv der Punta Jolanda rechts und dem Naso dei Massòdi links. Jenseits nach rechts hinab in das Kar der **Busa degli Armi**, dort an den Schutthängen entlang zu einer Schulter mit Felsblöcken, danach in die **Busa degli Sfulmini** (auch Busa dei Massòdi). Das Kar wird im Westen von einem der kühnsten Felstürme der Alpen, der im Kamm der Sfulmini aufragenden 300 m hohen Riesensäule des **Campanile Basso** (auch »Guglia Brenta«) überragt, rechts flankiert vom Campanile Alto, links von der Cima Brenta Alta.
Unter den Wänden der Cima Brenta Alta gegen das **Val dei Massòdi** bis auf etwa 2300 m **(7)** hinunter, dann über Felsabsätze und an Schutthängen empor in die Talsohle. Nach links unter den Wandvorbau des Croz del Rifugio, dort über Schrofen auf eine Rampe und zum Querweg Nr. 319 empor. Diesen nach rechts (Westen) zu dem auf einem Absatz stehenden **Rifugio Tosa** (2439 m; Dependance für das Rifugio Pedrotti) und weiter zum **Rifugio Pedrotti (8)**, 2491 m, am **Passo del Rifugio** zwischen Cima Brenta Bassa und Croz del Rifugio.
**Abstieg**: Den Weg Nr. 318 nach Norden hinab auf ein breites Felsband. Auf diesem quer durch die Ostwand der Cima Brenta Bassa aufwärts, dann kurz durch eine Geröllrinne in die **Bocca di Brenta (9)**, 2552 m, zwischen Cima Brenta Alta und Cima Brenta Bassa. Jenseits durch Blockwerk (oft Schneefelder) gegen **Val Brenta Alta** hinab zu einem Felsabbruch. Auf Bändern (Drahtseile; Vorsicht bei Vereisung!) über die gegliederte Wand in Kehren hinunter, dann auf bez. Fußweg an den Schutthängen zur Rechten des Val Brenta hinab auf ein schönes Felsband unter der überhängenden Wand. Danach an den Geröllhängen weiter abwärts zu dem auf einer Terrasse über dem Brentatal stehenden **Rifugio Brentèi (10)**, 2182 m. Den Weg Nr. 318 **(»Sentiero Arnaldo Bogani«)**, die Karmulde des Vallón Brentèi ausgehend, eben nach Nordwesten unter die Cima Brenta. Nun an den Schutthängen an

der rechten Seite des Val Brenta bald steiler bergab, dann ein Felsband hoch und durch einen kurzen Tunnel wieder in gemäßigtes Terrain. An den Hängen weiter abwärts zur **Rechtsabzweigung**, 2048 m, von Weg Nr. 328 **(11)**. Weiter wie bei Tour 2 zur **Malga Vallesinella di sotto (1)**.

*Die Brentèihütte, überragt von der Cima Tosa und dem imposanten Crozzon di Brenta rechts.*

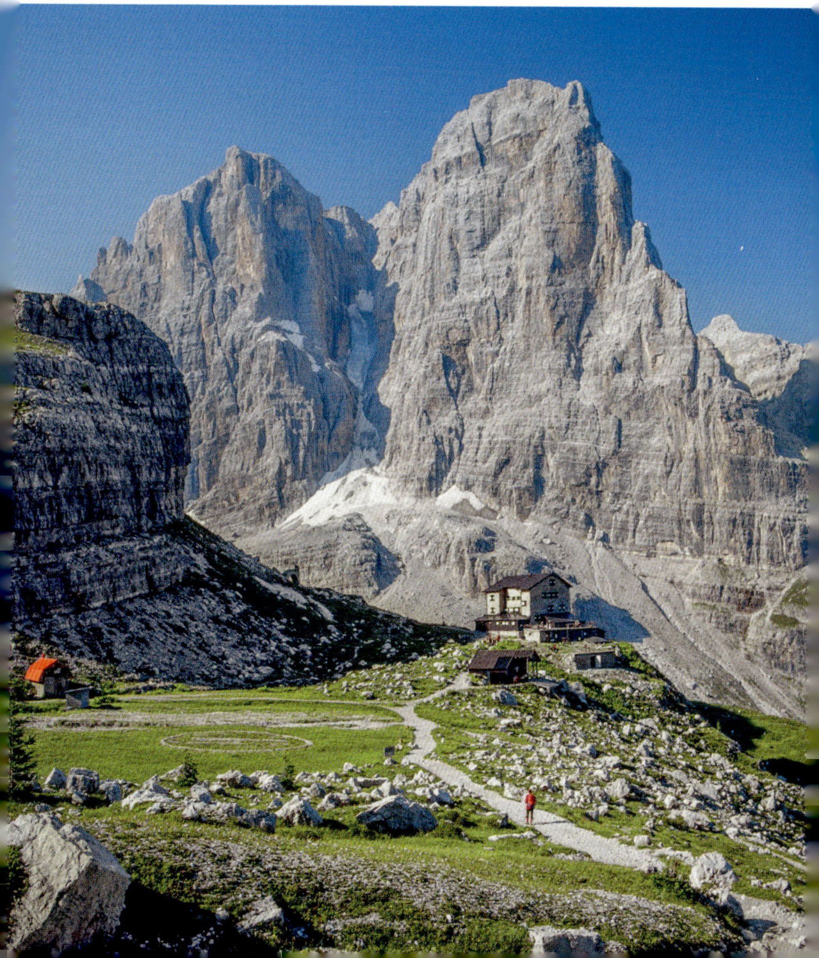

TOP 12

# Via delle Bocchette Centrali: Von der Alimonta- zur Pedrottihütte

2 Tage

**Nach wie vor Highlight unter den Brenta-Eisenwegen**

*Keine Frage, dass an dieser Stelle auch das Zentralstück des berühmten Bocchetteweges gewürdigt werden muss. Von der Alimontahütte folgt er gesicherten Bändern quer durch die Wände der Sfulmini und der Cima Brenta Alta, an der Riesennadel des Campanile Basso (»Guglia Brenta«) vorbei, zur Pedrottihütte. Die Route wurde in den Jahren zwischen 1936 und 1957 errichtet. Nach den technischen Anforderungen wird sie heutzutage von vielen belächelt, doch in landschaftlicher Hinsicht kommt ihr kaum eine andere gleich. Der Bocchetteweg ist in erster Linie ein Schauweg. Dass man auf ihm das Gruseln lernen kann, liegt weniger an den Schwindel erregenden Tiefblicken als an den oft beängstigenden Besuchermassen …*

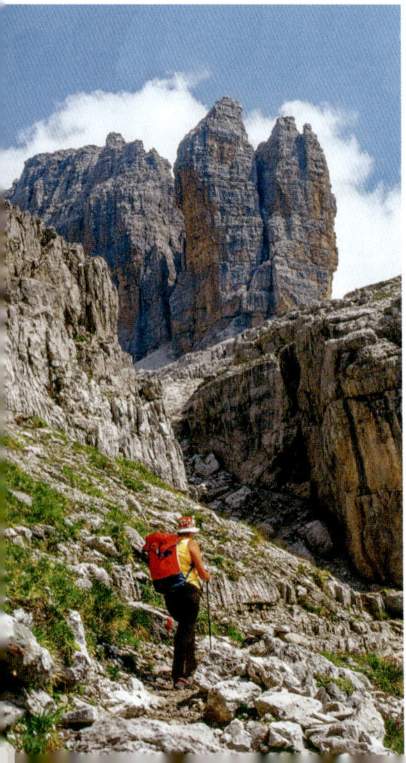

**Ausgangspunkt:** S. Tour 8.
**Anforderungen:** Durch Drahtseile, Eisenleitern und Klammern gesicherter hochalpiner Übergang mit exponierten Passagen. Nur für trittfeste, schwindelfreie Geher mit Klettersteig-Erfahrung (Klettersteig-Set und Steinschlaghelm dringend empfohlen!). Am Sfulminigletscher sowie im Abstieg von der Bocca di Brenta (Hartfirn) können Steigeisen bzw. Grödel nötig sein. Nach Schneefällen bzw. bei Vereisung abzuraten!
**Höhenunterschied:** 1510 m.
**Einkehrmöglichkeiten:** Hotel-Ristorante Vallesinella (25 B., bew. vom 1. Juni bis 30. Sept., Tel. +39 0465 875148, vallesinella.it), Rif. Casinèi (30 L., 30 B., bew. von 5./10. Juni bis 5./10. Okt., Tel. +39 0465 442708), Rif. Brentèi (98 L., bew. vom 20. Juni bis 1. Okt., danach an Wochenenden bis 15. Okt., Tel. +39 345 5332811, rifugiobrentei.it), Rif. Alimonta (34 B., 59 L., bew. vom 20. Juni bis 20. Sept., Tel. +39 0465 440366, rifugioalimonta.it), Rif. Pedrotti (160 L., bew. vom 20. Juni bis 20. Sept., rifugiotosapedrotti.it, Tel. +39 0461 948115).

*Wuchtige Felslandschaft im Anstieg von der Brentèi- zur Alimontahütte.*

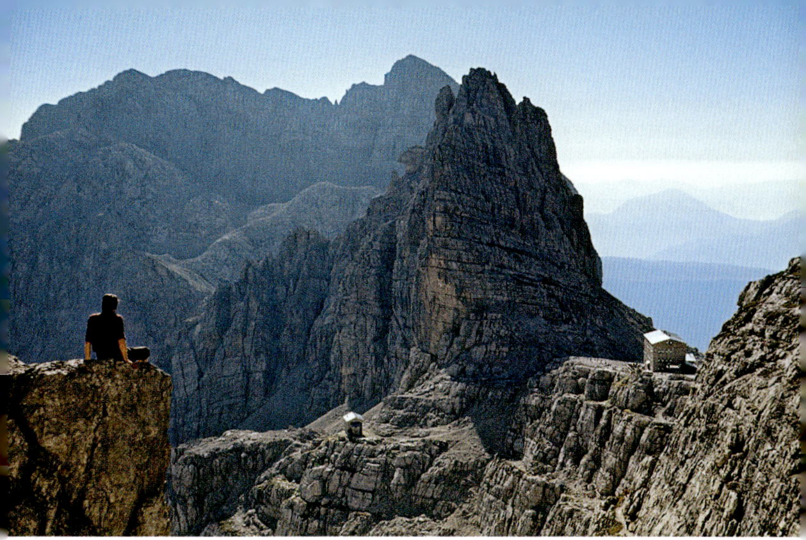

*Die Hütten Tosa und Pedrotti mit Monte Dàino und Croz del Rifugio von Nordwesten.*

Von **Malga Vallesinella di sotto (1)** wie bei Tour 9 zum **Rifugio Alimonta (6)**, 2580 m. Auf dem Weg Nr. 323 über Karrenplatten eben nach Osten, dann über Geröll zur Linken des **Vedretta Settentrionale degli Sfulmini** südostwärts gegen die Bocchetta di Molveno hinauf zu einer Verzweigung. Rechts den Weg Nr. 305 **(»Via delle Bocchette Centrali«)** über das Firnfeld des Sfulminigletschers in Südrichtung aufwärts, dann eben in die **Bocca degli Armi (7)**, 2747 m, zwischen Cima degli Armi und Torre di Brenta. An Leitern und Drahtseilen rechts über einen steilen Felsaufschwung gegen den Torre di Brenta auf eine gratartige Schulter empor, wo sich der Steig in die

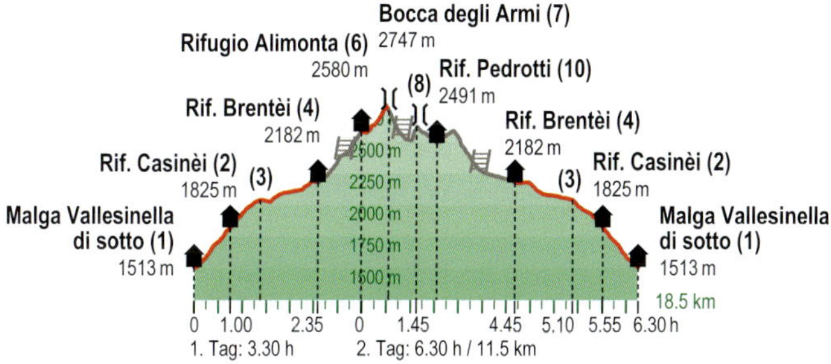

Ostseite des Berges wendet. Auf einem aus der lotrechten Wand gesprengten Horizontalband (Drahtseile) in luftiger Querung nach Süden zu einer Schulter, danach auf teils gesicherten Bändern durch die Ostwände der vier Sfulmini-Türme in die Schuttrinne unterhalb der Bocchetta Bassa degli Sfulmini. Quer durch die Nordostwand des Campanile Alto zur Südostschulter des Berges und dort in die **Bocchetta della Sentinella**, 2770 m, zwischen Campanile Alto und dem Felszacken der »Sentinella« mit Blick gegen den Felsmonolith des **Campanile Basso (»Guglia«)**.
Unterhalb des Campanile Basso über Felsstufen und Geröll nach Süden abwärts, zuletzt kurz nach rechts empor in die **Bocchetta del Campanile Basso (8)**, 2620 m, zwischen dem Turm und der Cima Brenta Alta. Jenseits an der Brenta-Alta-Nordwand (Drahtseile, Leitern, Klammern), eine Rinne querend, gegen das Val Brenta Alta hinunter, dann nach links in die Westwand des Berges. Dort auf teils überdachtem Band (Drahtseil; Blick in die Wände der Cima Tosa und des Crozzón!), an zwei Unterbrechungen vorbei, nach Süden, zuletzt an Leitern nach rechts hinab zum Wandfuß. Über Blockwerk (meist Schneereste) kurz nach Süden empor in die **Bocca di Brenta (9)**, 2552 m, zwischen Cima Brenta Alta und Cima Brenta Bassa. Jenseits durch eine Geröllrinne abwärts, dann auf dem Felsband rechts der Rinne quer durch die Cima-Brenta-Bassa-Ostwand zum **Rifugio Pedrotti (10)**, 2491 m, am Sattel (Passo del Rifugio) zwischen Cima Brenta Bassa und Croz del Rifugio.
**Abstieg**: Wie bei Tour 11 zurück zur **Malga Vallesinella di sotto**.

*Am Sfulminigletscher mit Blick nach Westen zur Cima Presanella.*

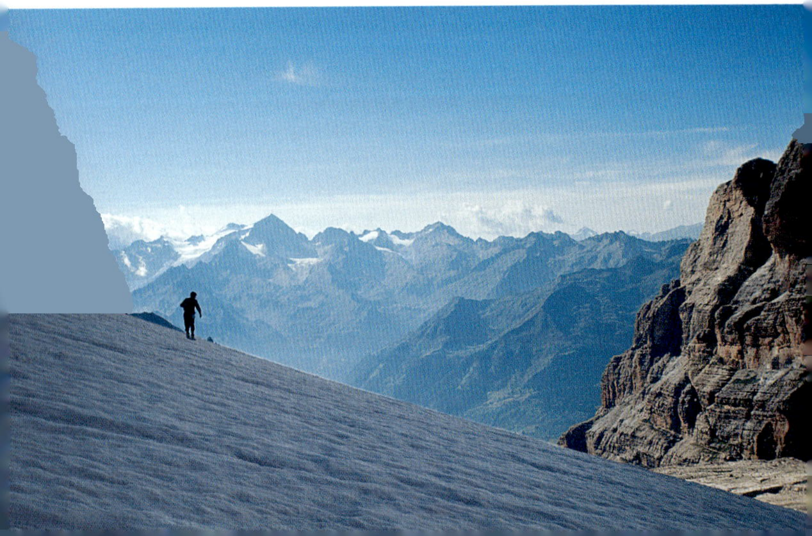

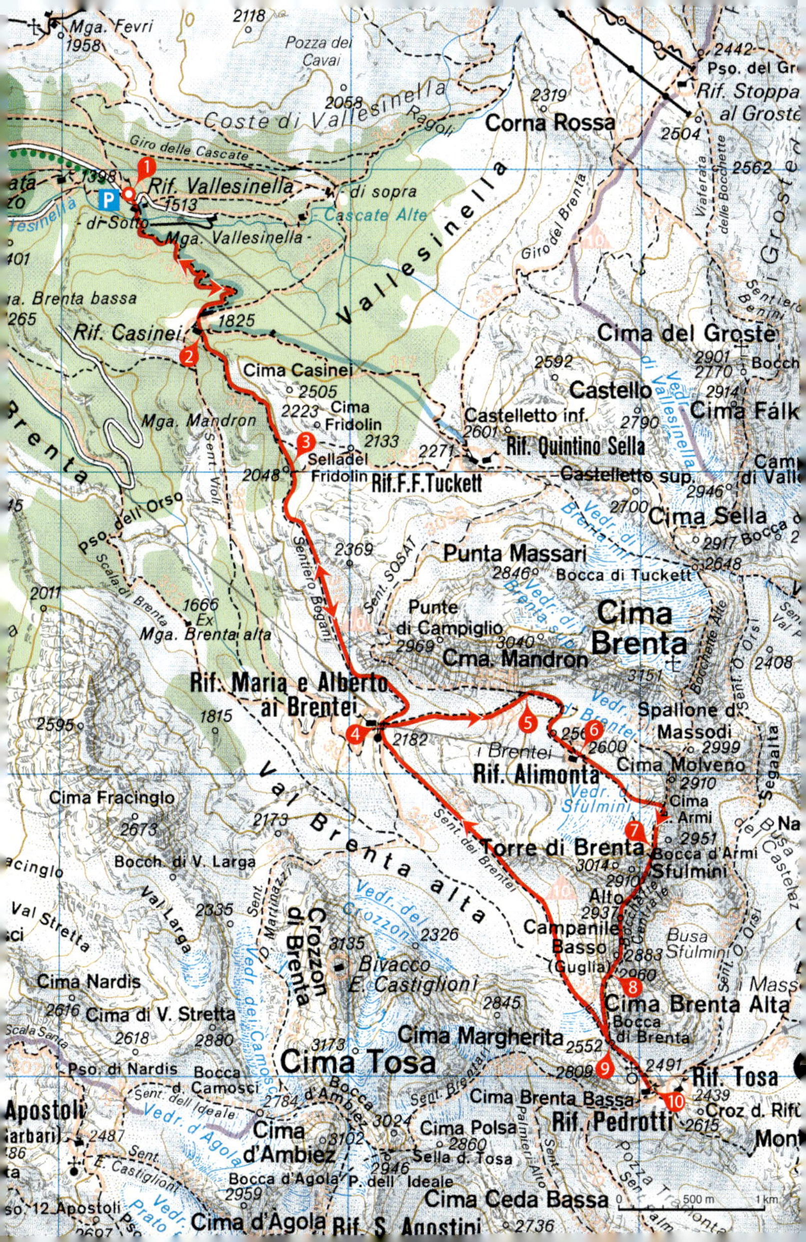
Mga. Fevri
1958
2118
Pozza dei Cavai
2058
Coste di Vallesinella
Ragoli
2319
Corna Rossa
2442
Pso. del Gr
Rif. Stoppani al Grostè
2504
2562
Giro delle Cascate
1398
Rif. Vallesinella
1513
di sopra
Cascate Alte
di Sotto
Mga. Vallesinella
Vallesinella
Viaferrata delle Bocchette
Giro del Brenta
401
Mga. Brenta bassa
265
Rif. Casinei
1825
Cima del Groste
2901
2770
2592
Cima Casinei
2505
2223
Cima Fridolin
2133
Castello
2914
Cima Falk
Castelletto inf.
2601
2790
Mga. Mandron
Brenta
Rif. Quintino Sella
2271
Selladel Fridolin
2048
Rif. F.F. Tuckett
Castelletto sup.
Vedr. di Vallesinella
2946
2700
Cima Sella
Pso. dell' Orso
Sent. Violi
2369
Sentiero Bogani
Sent. SOSAT
Punta Massari
2917
2648
2846
Bocca di Tuckett
Scala di Brenta
2011
1666
Ex Mga. Brenta alta
Punte di Campiglio
2969
3040
Cma. Mandron
Cima Brenta
2408
3151
Rif. Maria e Alberto ai Brentei
Spallone d Massodi
1815
2595
2182
2999
i Brentei
2600
Rif. Alimonta
Cima Molveno
2910
Cima Fracinglo
2173
Val Brenta alta
Vedr. d. Sfulmini
Cima Armi
2673
Sent. dei Brentei
2951
Bocch. di V. Larga
Torre di Brenta
Bocca d'Armi
3014
Sfulmini
Val Larga
Val Stretta
2335
2910
Alto
2937
Vedr. del Crozzon
Crozzon di Brenta
2326
Campanile Basso (Guglia)
Busa Sfulmini
3135
2883
Bivacco E. Castiglioni
2960
Cima Nardis
2845
Cima Brenta Alta
2616
Cima di V. Stretta
Bocca di Brenta
Cima Margherita
2552
2618
2880
3173
Cima Tosa
2809
2491
Rif. Tosa
Pso. di Nardis
Bocca d. Camosci
2784
Bocca d'Ambiez
Cima Brenta Bassa
2439
Croz d. Rifu
Sent. dell' Ideale
Vedr. d'Agola
Cima d'Ambiez
3024
Cima Polsa
Rif. Pedrotti
2615
2487
3102
2860
Sella d. Tosa
2946
Bocca d'Agola
P. dell' Ideale
2959
Cima Ceda Bassa
Apostoli
Pso. 12 Apostoli
Cima d'Agola
Rif. S. Agostini
2736
0
500 m
1 km

# 13 *Um die Cima Tosa*

2 Tage

### *Hochalpine Runde um den Zentralstock der Brenta*

*Unter den großen Ringwegen der zentralen Brentagruppe zeichnet sich die Tosa-Runde insofern aus, dass auf ihr Klettersteige weitgehend vermieden werden und auch gesicherte Passagen nur sporadisch vorkommen. Dennoch handelt es sich um eine ernste, zweitägige hochalpine Tour, die Übung im kombinierten Gelände voraussetzt. Bei Vereisung und an hart gefrorenen Firnfeldern können Pickel und Steigeisen bzw. Grödel notwendig sein. Geboten wird eine faszinierende Wanderung mit beklemmend wilden Felsszenerien.*

**Ausgangspunkt:** Siehe Tour 8.
**Anforderungen:** Anspruchsvolle Tour für geübte Bergsteiger bei sicherem Wetter. Pickel und Steigeisen u. U. nötig.
**Höhenunterschied:** 2060 m.
**Einkehrmöglichkeiten:** Hotel-Ristorante Vallesinella (25 B., bew. vom 1. Juni bis 30. Sept., Tel. +39 0465 875148, vallesinella.it), Rif. Casinèi (30 L., 30 B., bew. von 5./10. Juni bis 5./10. Okt., Tel. +39 0465 442708.), Rif. Brentèi (98 L., bew. vom 20. Juni bis 1. Okt., danach an Wochenenden bis 15. Okt., Tel. +39 345 5332811, rifugiobrentei.it), Rif. Pedrotti (160 L., bew. vom 20. Juni bis 20. Sept., rifugiotosapedrotti.it, Tel. +39 0461 948115), Rif. Agostini (56 L., 14 Notlager; bew. vom 20. Juni bis 20. Sept., Tel. +39 0465 734138, rifugioagostini.com), Rif. 12 Apòstoli (40 B., bew. vom 20. Juni bis 20. Sept., rifugiododiciapostoli.com, Tel. +39 0465 501309).
**Variante:** Von der Bocca dei Camosci auf Weg Nr. 304 westwärts zum Rif. 12 Apòstoli. Zusätzlich (hin und retour) 1.30 Std.

Von der **Malga Vallesinella di sotto (1)** wie bei Tour 10 zum **Rif. Pedrotti (6)**, 2491 m. Den Weg Nr. 304 und 320 über Karrenplatten eben nach Westen und um die Cima Brenta Bassa nach rechts herum in den Dolinenkessel der **Pozza Tramontana** mit Verzweigung **(7)**. Links den Weg Nr. 320 (»**Sentiero Palmieri**«) über Geröll nach Südwesten abwärts, später über Karren-

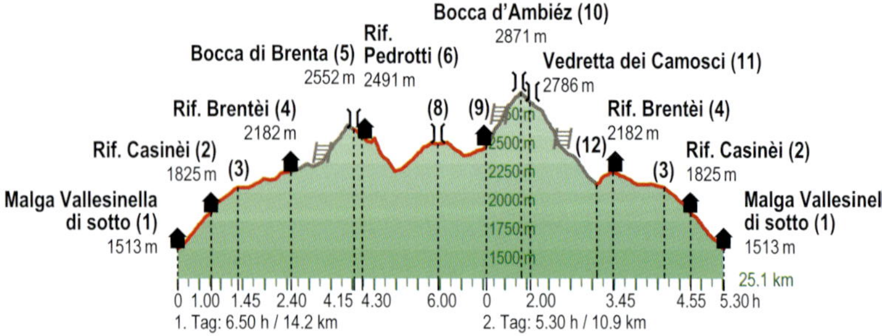

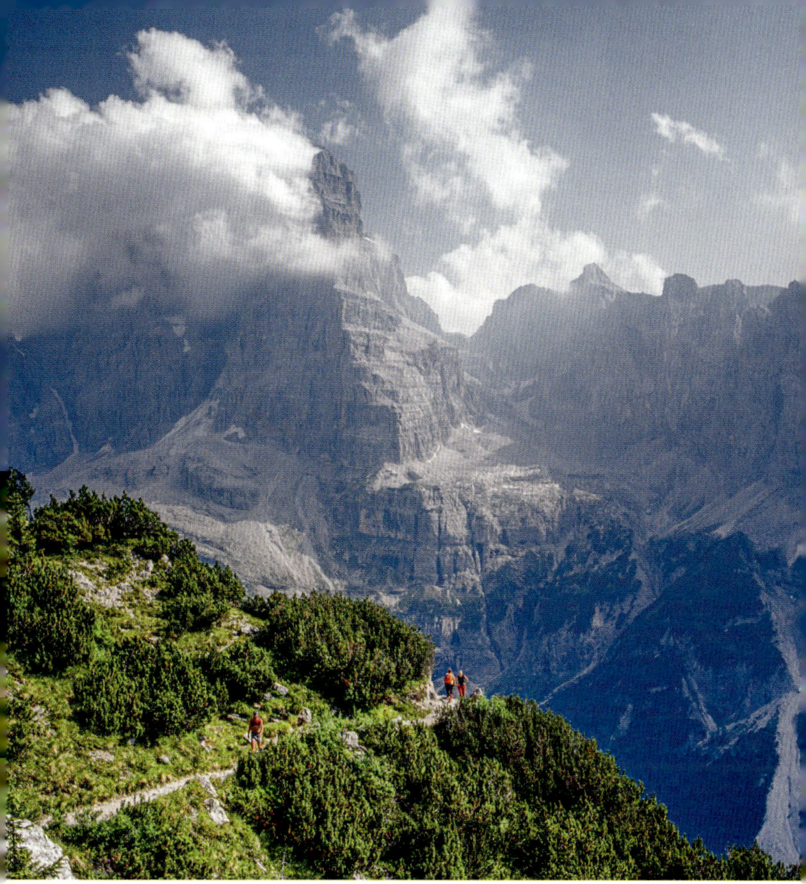

*Der kolossale Crozzon di Brenta von Norden (vom Sentiero Bogani).*

platten eben an die gegenüberliegende Seite des Kessels. Dort an den Abhängen der Cima Ceda nach links (Südosten) hinab zum tiefsten Punkt des Übergangs, 2230 m. Vorerst eben, dann an steilen Schrofenhängen (Vorsicht!) aufwärts zu breiter Geröllrampe. Über sie steil empor an den Ostrücken der Cima Ceda (eindrucksvoller Rückblick auf die Umrahmung der Pozza Tramontana). Nach rechts in die Südostseite der Cima Ceda und dort nach Südwesten hinauf in die **Forcolotta di Noghera (8)**, 2423 m. Von der Scharte fallen zwei Steilrinnen nach Westen gegen **Val d'Ambiéz** ab. In der

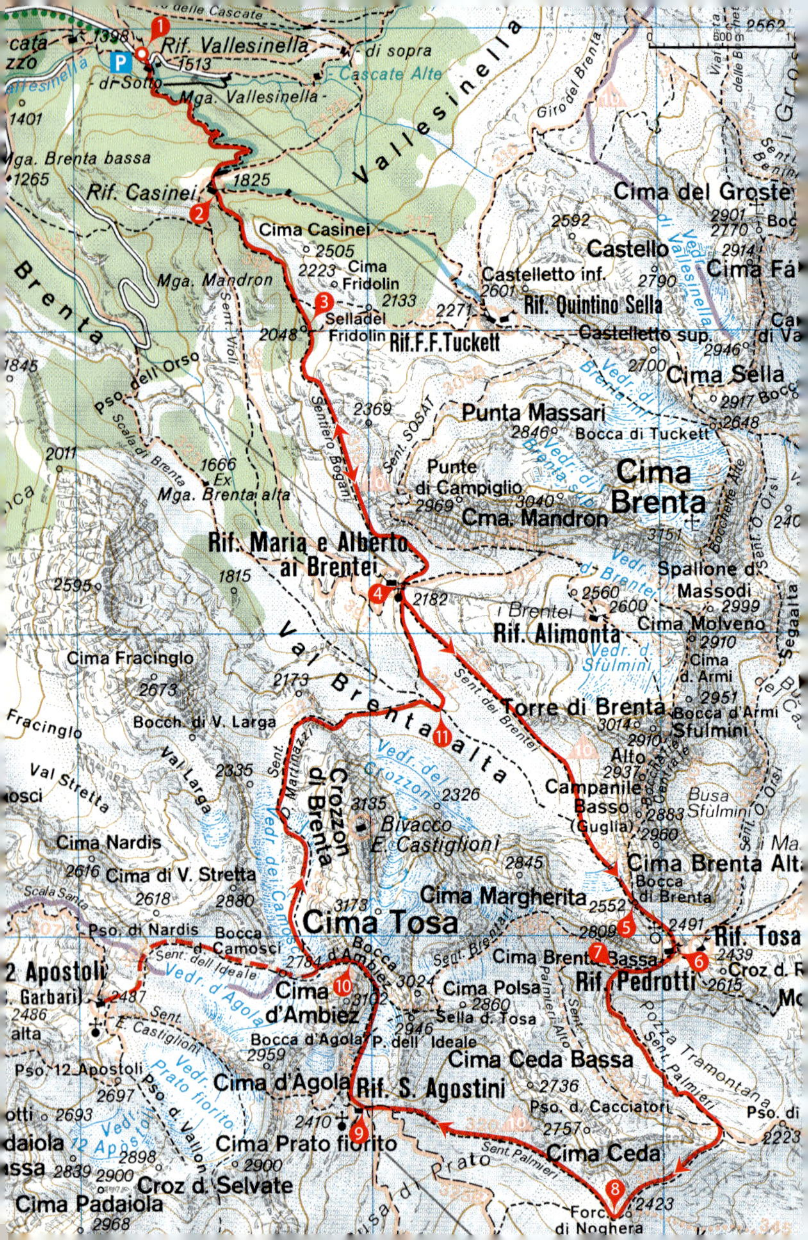
Rif. Vallesinella
Cascate Alte
Mga. Vallesinella
Vallesinella
Rif. Casinei
1825
Mga. Brenta bassa
Cima Casinei
2505
Cima Fridolin
Mga. Mandron
Sella del Fridolin
Rif. F.F. Tuckett
Rif. Quintino Sella
Castelletto inf.
Castelletto sup.
Castello
Cima del Groste
Cima Sella
Punta Massari
Bocca di Tuckett
Punte di Campiglio
Cma. Mandron
Cima Brenta
Pso. dell'Orso
Scala di Brenta
Ex Mga. Brenta alta
Sentiero Bogani
Sent. SOSAT
Rif. Maria e Alberto ai Brentei
2182
Rif. Alimonta
Spallone d. Massodi
Cima Molveno
Cima d. Armi
Val Brenta alta
Cima Fracinglo
Bocch. di V. Larga
Val Larga
Val Stretta
Sent. dei Brentei
Torre di Brenta
Bocca d'Armi
Sfulmini
Campanile Basso (Guglia)
Crozzon di Brenta
Vedr. del Crozzon
Bivacco E. Castiglioni
Sent. O. Martinazzi
Vedr. dei Camosci
Cima Brenta Alta
Bocca di Brenta
Cima Nardis
Cima di V. Stretta
Cima Margherita
Cima Tosa
Rif. Tosa
Pso. di Nardis
Bocca d. Camosci
Bocca d'Ambiez
Cima Brenta Bassa
Rif. Pedrotti
12 Apostoli
Sent. dell'Ideale
Vedr. d'Agola
Cima d'Ambiez
Cima Polsa
Sella d. Tosa
Bocca d'Agola
P. dell' Ideale
Cima Ceda Bassa
Pozza Tramontana
Sent. Palmieri
Pso. 12 Apostoli
Vedr. Prato fiorito
Pso. d. Vallon
Cima d'Agola
Rif. S. Agostini
Pso. d. Cacciatori
Cima Prato fiorito
Cima Ceda
Croz d. Selvate
Cima Padaiola
Forcolotta di Noghera

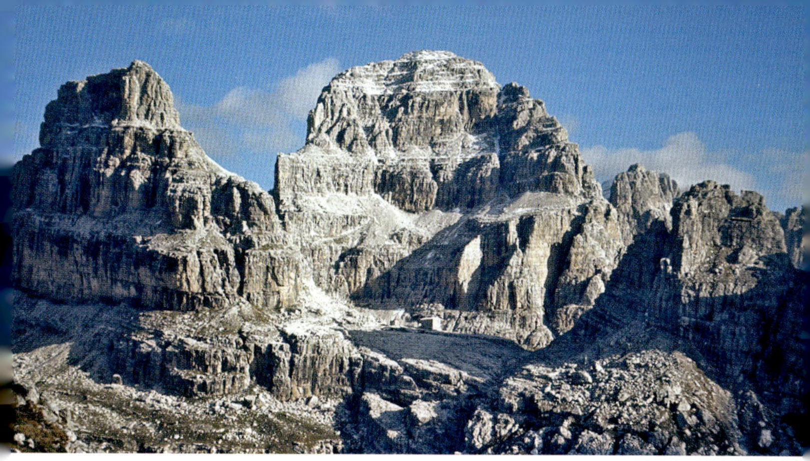

*Blick vom Palmieriweg nach Norden auf Cima Brenta Bassa und Cima Brenta Alta, darunter die Pedrottihütte.*

rechten Rinne kurz abwärts, dann rechts aus ihr heraus und in langer Querung der Schutthänge westwärts zu der vom Vedretta d'Ambiéz herabreichenden Moräne. Auf dem querenden Güterweg kurz hoch zum **Rif. Agostini (9)**, 2410 m.

Den Weg Nr. 321 und 358 an der linken Seite der Ambiéz-Moräne in steilen Kehren nach Norden hoch zu einer Teilung. Auf dem Weg Nr. 358 die Schutthalde weiter aufwärts, dann über Felsabsätze (Drahtseil) empor zum **Vedretta d'Ambiéz**, wo sich der »Sentiero Brentari« (Nr. 304) nach rechts wendet. Auf dem **Sentiero dell'Ideale** (Nr. 304) geradeaus über den Gletscher in die von der Bocca d'Ambiéz herabreichende Firnrinne. Über die Randspalte (oft Schneebrücke), dann an der linken Seite der steilen Rinne (Drahtseil) oder über die Felsen (Schwierigkeitsgrad I) links von ihr empor in die **Bocca d'Ambiéz (10)**, 2871 m. Nach rechts unter die Wände der Cima Tosa. Dort über die Felsen zur Rechten der nach Westen abfallenden steilen Firnrinne an Drahtseilen abwärts. Weiter unten über den steilen Auslauf der Rinne (bei Vereisung Pickel und Steigeisen nötig) auf das Firnfeld des **Vedretta dei Camosci (11)**. Über dieses auf dem Weg Nr. 327 (»**Sentiero Martinazzi**«) in Nordrichtung abwärts, danach über Felsstufen und eine abgesicherte 70 m hohe Wand (Klettersteig) steiler bergab, schließlich über ein Firnfeld in das **Val dei Camosci**. Am Westwandfuß des Crozzón über Geröll nordwärts weiter bergab, später um seine Nordkante nach rechts herum unter die Ostwand. Über begrünte Schutthänge steil hinunter in die Talsohle des **Val Brenta Alta (12)** und jenseits empor zum **Rifugio Brentèi (4)**, 2182 m. Weiter auf bekanntem Weg zur **Malga Vallesinella di sotto (1)**.

# 14 Pradalago: Über den Lago di Nambino nach Madonna

**1.45 Std.**

### *Abwärts-Spaziergang vor der Brenta-Idealkulisse*

*Die Kristallinberge der Adamello- und Presanellagruppe westlich des Rendenatales glänzen allesamt mit faszinierenden Ausblicken auf die gegenüber grandios aufgereihten Kalkmassive der Brenta. Die Schulter von Pradalago nordwestlich über Madonna di Campiglio ist eine solche Schauloge. Durch eine Seilbahn erschlossen, dient sie als Startplatz für herrliche Streifzüge in alle Richtungen. Der hier gewürdigte Talabstieg nach Madonna, am Kleinod des Lago di Nambino vorbei, ist als Eingehtour für Gebiets-Neulinge gerade das Richtige.*

**Ausgangspunkt:** Talstation, 1540 m (kostenpflichtige Parkplätze), der Fortini-Pradalago-Seilbahn (»Cabinovia Fortini-Pradalago«) im nördlichen Ortsbereich von Madonna di Campiglio. Bergstation, 2119 m, auf der begrünten Ostschulter des Monte Zelèdria. Betrieb vom 15./20. Juni bis 25. Sept. durchgehend, danach bis 15. Okt. an den Wochenenden 8.30–12.50 und 14–17/17.20 Uhr, Juli und August keine Mittagspause; funiviecampiglio.it.
**Anforderungen:** Kurze, einfache Wanderung bergab auf bez. Wegen.
**Höhenunterschied:** 580 m im Abstieg.
**Einkehrmöglichkeiten:** Rif. Viviani Pradalago (25 B., bew. vom 20. Juni bis 20. Sept., rifugioviviani.it, Tel. +39 0465 441200), Rif. Lago Nambino (22 B., bew. vom 10./15. Juni bis 25./30. Sept., davor und danach am Wochende).

Von der **Talstation (1)** der **Fortini-Pradalago-Seilbahn** Auffahrt zur **Bergstation (2)**. Dort auf Fahrweg nach Norden hinab zum **Lago di Pradalago** mit dem **Rifugio Viviani Pradalago (3)**, 2085 m, Verzweigung. Rechts den Fahrweg Nr. 265 über Wiesen nach Osten abwärts zu einer Schulter, 2025 m, mit neuerlicher Teilung. Rechts den bez. Steig Nr. 266 am rechten Rand einer Wiese (Skipiste) nach Süden hinab zum Sessellift »Busa dei Mughi« (Winterbetrieb) und weiter abwärts, bis der Weg nach rechts in die bewaldete Südflanke des Monte Zelèdria einschwenkt. Dort steil nach Süden hinunter zu breitem Weg, diesen in längerer Hangquerung nach rechts (Südwesten) abwärts zum nächsten Querweg (Nr. 264 und 266) und auf ihm rechts haltend zu einer Verzweigung. Geradeaus weiter zur östlichen Uferwiese des **Lago di Nambino** und über den Seeabfluss, dann, den Rio Nambino überschreitend, nach rechts zu dem am Südufer ste-

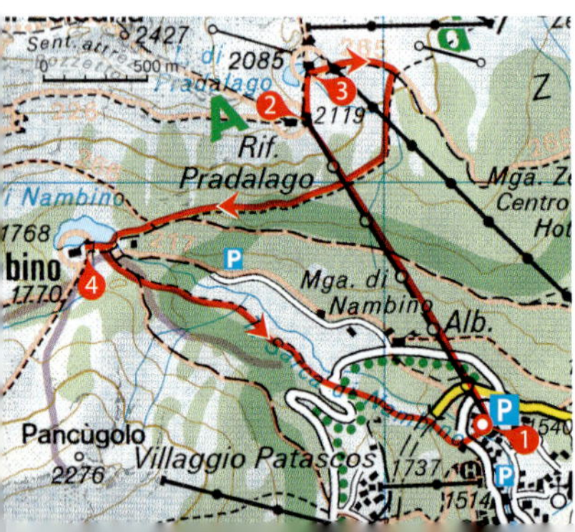

henden **Rifugio Lago Nambino (4)**, 1768 m. Prachtblick gegen die nördliche Brentakette.
Auf breitem Fußweg am südlichen Seeufer nach Osten zur Teilung am Waldrand und rechts haltend nach 100 m zur nächsten Verzweigung. Links auf bez. Waldweg (keine Nummer; der Torrente Sarca di Nambino bleibt links) in Kehren nach Südosten abwärts, später über Wiesen zu querender Asphaltstraße, 1635 m, die traversiert wird. Jenseits auf dem Fahrweg weiter zur Sarcabrücke, wo von rechts die Skipiste von Patascos her einmündet. Mit ihr (Naturstraße) in Südostrichtung abwärts und über den nördlichen Tunnelausgang der Umfahrungsstraße. Gleich nach ihm links die Piste hinunter und über den Torrente Sarca di Nambino (Brücke), dann nach rechts zur Staatsstraße Nr. 239, die traversiert wird. Jenseits im Ortsbereich von **Madonna di Campiglio** durch die Via Piandalago hinab zur **Talstation (1)** der **Fortini-Pradalago-Seilbahn**.

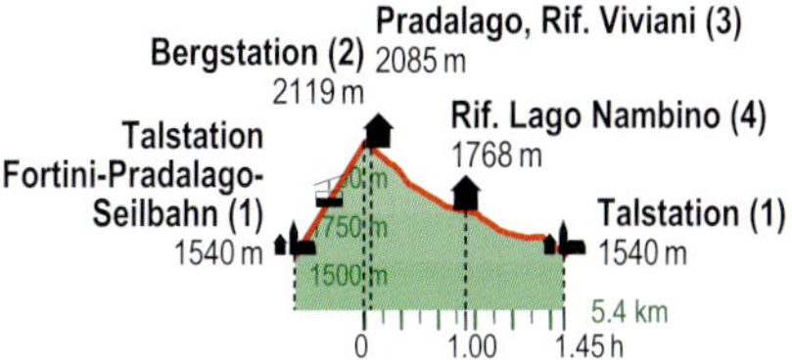


*Madonna di Campiglio mit zentraler Brentagruppe von der Schulter Pradalago.*

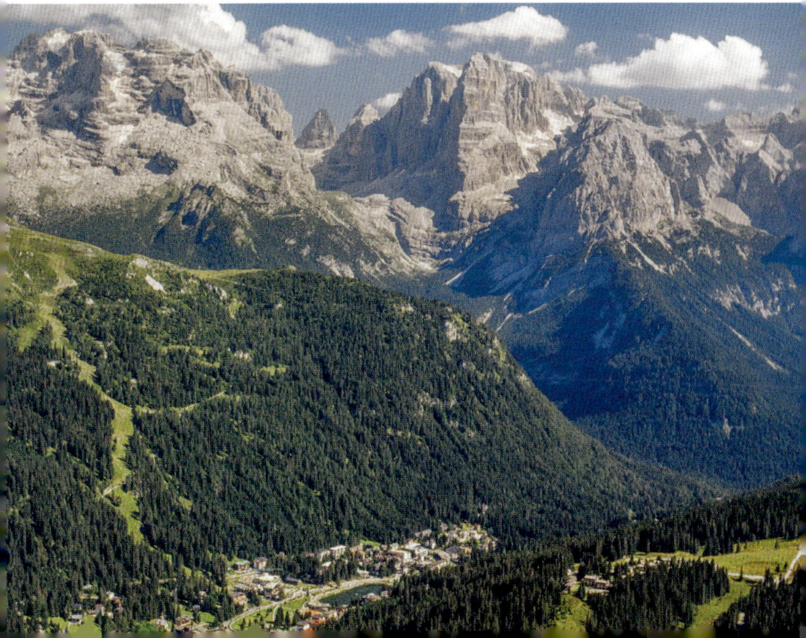

# 15 Pradalago: Über den Lago delle Malghette nach Madonna

**2.30 Std.**

***Eine Schauwanderung für die Genießer im Lande!***

*Die seengeschmückte Bergschulter Pradalago – von Madonna di Campiglio per Seilbahn zu erreichen – erweist sich als guter Startplatz für Unternehmungen in der kristallinen Presanellagruppe. Für Talabstiege kommen der Weg über den Lago di Nambino sowie die etwas längere Route über den Lago Malghette in Frage. In Anbetracht der Kürze dieser Tour hat man genügend Zeit, die gegenüber aufgereihten Felskolosse der Brenta zu bestaunen, zu fotografieren und in den vorhandenen Restaurants einzukehren.*

**Ausgangspunkt:** Siehe Tour 14.
**Anforderungen:** Einfache, kurze Wanderung auf markierten Wegen.
**Höhenunterschied:** 590 m im Abstieg.
**Einkehrmöglichkeiten:** Rif. Viviani Pradalago (25 B., bew. vom 20. Juni bis 20. Sept., rifugioviviani.it, Tel. +39 0465 441200), Rif. Lago delle Malghette (20 B., bew. vom 20. Juni bis 20./25.Sept., Tel. +39 393 882 2695, malghette.it). Mehrere Hotels und Restaurants am Passo Campo Carlo Magno.
**Hinweis:** Vom Passo Campo Carlo Magno kann man auch mit dem Bus (unwesentlich kürzer, da meist Wartezeit) nach Madonna di Campiglio fahren.

*Am Lago delle Malghette. Im Westen dahinter die Wände der nördlichen Brentakette.*

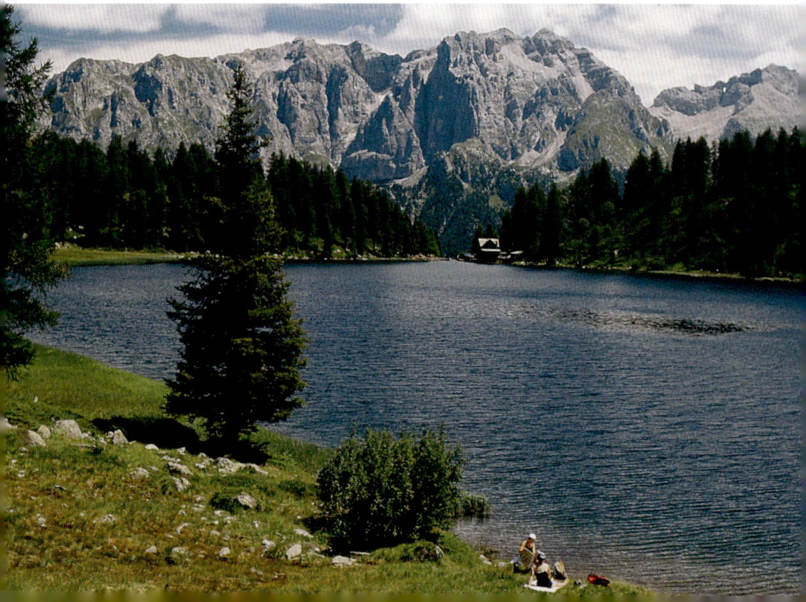

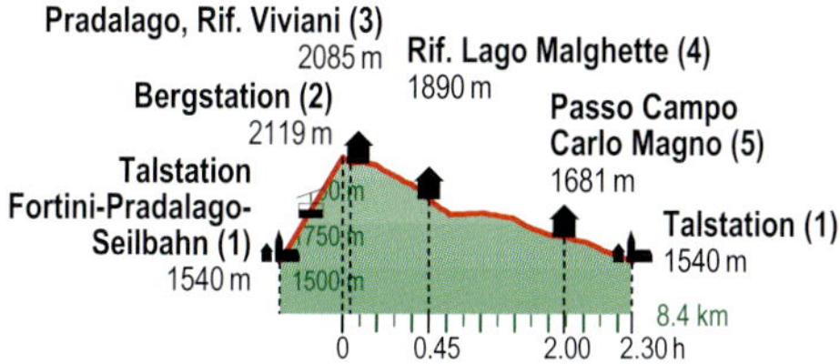


Von der **Talstation (1)** der **Fortini-Pradalago-Seilbahn** Auffahrt zur **Bergstation (2)**. Dort auf Fahrweg nach Norden hinab zum **Lago di Pradalago** mit dem **Rifugio Viviani Pradalago (3)**, 2085 m, Verzweigung). Auf dem Weg Nr. 265 über die Wiesen der Pradalago-Hochfläche nordwärts eben fort, später durch Buschwerk und lichten Lärchenbewuchs in Nordostrichtung sanft abwärts in die steilen Waldflanken des Genèvria-Rückens hinein. Dort auf und ab weiter, danach über leichte Felsstufen mäßig steil bergab an einen Waldrücken und über ihn hinunter zum **Rif. Lago Malghette (4)** 1890 m (schöne Holzkapelle), am Ostufer des gleichnamigen Sees. Imponierende Schau nach Osten zu den Felshäuptern der nördlichen Brentakette mit der gebänderten Pietra Grande rechts. Von der Hütte auf dem Weg Nr. 201 neben dem Seeabfluss (Rio Meledrio) in Windungen nach Südosten hinab in das Val Malghette, 1790 m. Dort auf breitem Fußweg knapp rechts der Talsohle im bewaldeten Gelände sanft bergab zu einer Forststraße. Auf ihr nahezu eben weiter, später im Rechtsbogen um den Sasso dell'Ora herum, danach in Südrichtung sanft abwärts zum Straßenende. Halb links auf gutem Fußweg durch Wald nach Südosten steiler bergab zu den ersten Häusern und dort auf Fahrweg weiter zur querenden Staatsstraße Nr. 239. Auf ihr 300 m nach rechts aufwärts zur Passhöhe des **Passo Campo Carlo Magno (5)**, 1681 m (Gaststätten, Bushalt). Weiter entlang der Straße (Gehsteig), an der **Grostèlift-Talstation** vorbei, in zwei Kilometern nach Südwesten abwärts in das Ortsgebiet von **Madonna di Campiglio**, dort links ab und durch die Via Piandalago hinunter zur **Seilbahn-Talstation (1)**.

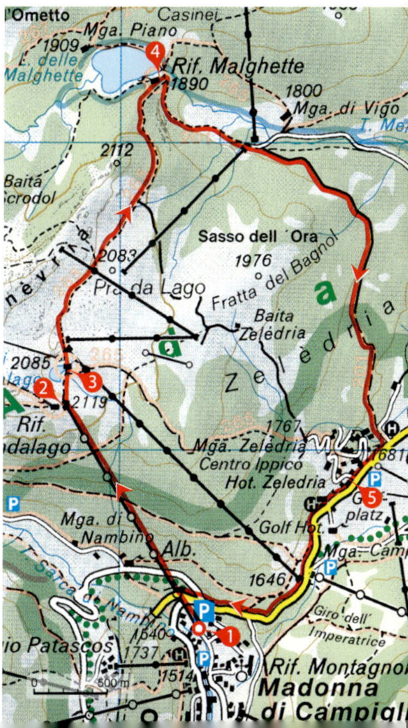

# 16 Pradalago: Über den Monte Zelèdria zum Lago delle Malghette

**5.00 Std.**

## *Glanzvoller Seen-Rundweg mit eingestreutem Gipfelziel*

*Wer auf Pradalago nach einer tagesfüllenden Tour Ausschau hält, kommt mit dieser auf seine Rechnung. Sie führt über den Monte Zelèdria und an den »Tre Laghi« vorbei zum Malghettesee, an dessen Ufer ein Gasthaus zur Einkehr lädt. Es lohnt sich, den See zu umrunden, in dessen Fluten sich die Massive der nördlichen Brentagruppe so herrlich spiegeln. Was weiter geschieht, ist dann eine Zeitfrage: Zurück nach Pradalago sollte die Seilbahn dort noch in Betrieb sein, ansonsten bleibt nur der Abstieg nach Madonna di Campiglio.*

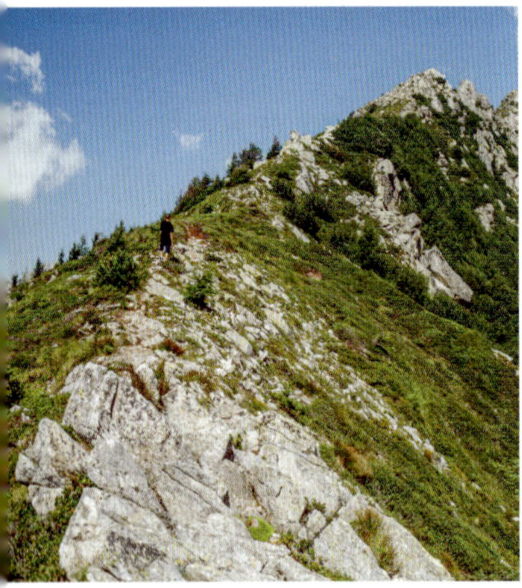

**Ausgangspunkt:** Siehe Tour 14.
**Anforderungen:** Lange, anstrengende Tour mit teils gesicherten Felspassagen (kein ausgesprochener Klettersteig!). Trittsicherheit, Schwindelfreiheit und Ausdauer nötig. Nur bei sicherem Wetter.
**Höhenunterschied:** 570 m.
**Einkehrmöglichkeiten:** Rif. Viviani Pradalago (25 B., bew. vom 20. Juni bis 20. Sept., rifugioviviani.it, Tel. +39 0465 441200), Rif. Lago delle Malghette (20 B., bew. vom 20. Juni bis 20./25 Sept., Tel. +39 393 882 2695, malghette.it).
**Hinweis:** Versäumt man die letzte Talfahrt der Pradalagobahn, so muss man vom Lago Malghette wie bei Tour 15 nach Madonna di Campiglio wandern.

*Anstieg über den Ostrücken des Monte Zelèdria.*

Von der **Talstation (1)** der **Fortini-Pradalago-Seilbahn** Auffahrt zur **Bergstation (2)**. Dort den Steig Nr. 226 und 267 über den grasigen Ostrücken des Monte Zelèdria aufwärts zu einer Verzweigung. Geradeaus auf dem Weg Nr. 267 **(»Sentiero Umberto Bozzetto«)** über den felsdurchsetzten Grasrücken in Kehren weiter, dann im steilen Felsgelände (leichte Kletterei) gegen die erste Graterhebung hinauf. Diese wird links herum in die dahinter liegende Scharte umgangen. Weiter in der linken Felsflanke des folgenden Gratturmes (Steig, Seile) aufwärts, später über Wiesen rechts empor in die nächste Scharte. Nun entweder am Kamm oder in seiner linken Seite über Felsstufen (Drahtseile, kurze Eisenleiter) zum Gipfel des **Monte Zelèdria** (**3**, 2427 m; eiserne Gipfelfahne, Buch). Großartiges Panorama!

Auf dem Steig Nr. 267 in der linken Flanke (Südseite) des Zelèdria-Ostgrates über Felsabsätze (Drahtseile, kurze Eisenleiter) hinab in eine grasige Rinne und durch sie nach rechts hoch in eine Scharte. Gegen einen Gratturm in Kehren aufwärts, dann in die Nordseite des Kammes und dort über Felsabsätze (Drahtseile, eine Eisenleiter) hinab in das obere **Val Malghette**. Über grobes Blockwerk eben in eine Grasmulde mit Linksabzweigung von Weg Nr. 226. Rechts den Weg Nr. 267 an der linken Seite des Malghettetales über Wiesen auf und ab nach Norden, später steiler hinab zu den **Tre Laghi** und dort zu dem in einer tiefen Mulde gelegenen **südlichen See (4)**, 2257 m. Im begrünten Gelände steil nach Nordwesten hoch zum nördlichen See und an seinem rechten Ufer zum kleinen östlichen See, danach in Nordostrichtung aufwärts in einen Sattel, 2290 m. Jenseits durch Wiesen und Buschwerk steil nach Nordwesten hinunter zum dunklen **Lago Alto (5)**, 2158 m. Nun in langer Querung bewaldeter Hänge nach Nordosten abwärts, zuletzt eben zu den Wiesen um die **Malga Piano** (1909 m; Verzweigung). Rechts den Weg Nr. 267 in Ostrichtung bergab, später steil nach rechts (Süden) hinunter zu dem am Ostufer des gleichnamigen Sees gelegenen **Rifugio Lago Malghette (6)**, 1890 m.

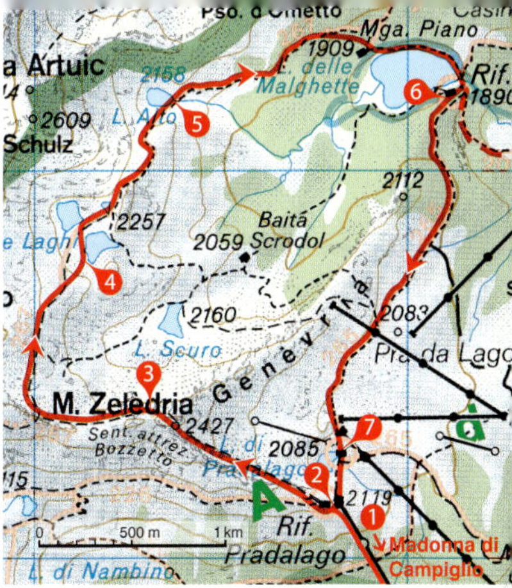


Auf Weg Nr. 265, einem Rücken folgend, durch Wald und über Felsstufen nach Süden aufwärts, dann an den steilen Waldflanken des Genèvria-Rückens auf und ab nach Südwesten zur Pradalago-Hochfläche. Dort durch Wiesen, Buschwerk und lichten Lärchenbewuchs sanft nach Südwesten bergauf, zuletzt eben zu dem am Lago di Pradalago gelegenen **Rifugio Viviani Pradalago (7)**, 2085 m. Dort auf Fahrweg über Wiesen kurz in Südrichtung aufwärts zur **Bergstation (2)** und mit der **Fortini-Pradalago-Seilbahn** zur **Talstation (1)**.

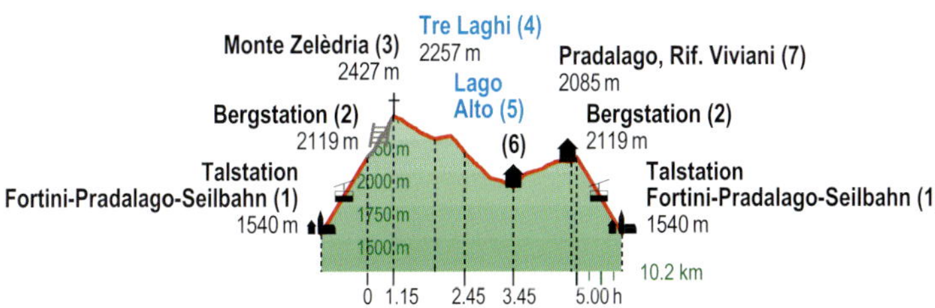

# 17 Vom Lago Ritorto nach Madonna di Campiglio

**2.15 Std.**

### *Wanderfreuden gegenüber den Felsheroen der Brenta*

*Die zahlreichen Bergseen der Presanellagruppe sind verträumte Paradiese inmitten einer harten, von eiszeitlichen Gletschern geformten Tonalit-Landschaft. Die prächtigste Position unter ihnen besitzt der mit Gondelbahn von Madonna di Campiglio erreichbare Lago Ritorto. In seinem kristallklaren Wasser spiegeln sich die mächtigen Felsbauten der Brentagruppe unvergleichlich schön. Doch nicht nur am See, auch im Abstieg über die Ritortoalm in das Campigliotal wird man mit Szenarien verwöhnt, die Lichtbildnern das Herz höher schlagen lassen.*

**Ausgangspunkt:** Talstation, 1514 m (kostenpflichtige Parkplätze), der Fünf-Seen-Gondelbahn (»Funivia 5 Laghi«) im Zentrum von Madonna di Campiglio. Bergstation, 2064 m, auf der Schulter des Palón westlich über Madonna. Durchgehender Betrieb: 10. Juni bis 15./20. Sept. 8.30–12.50 und 14–17.20 Uhr, im Juli und August keine Mittagspause, Info: Tel. +39 0465 447744, funiviecampiglio.it.

**Anforderungen:** Kurze, einfache Wanderung auf bez. Wegen.

**Höhenunterschied:** 580 m im Abstieg.

**Einkehrmöglichkeiten:** Baita Natalia ai 5 Laghi (keine Übernachtung, bei Seilbahnbetrieb geöffnet), Rist. Malga Ritorto (keine Übernachtung, vom 1. Juni bis 30. Sept. täglich geöffnet).

**Variante:** Der Lago Ritorto kann auf Steigspuren (unbez., viel Blockwerk!) umrundet werden. Die besten Lichtverhältnisse gegen die Brentagruppe hat man dabei am frühen Nachmittag.

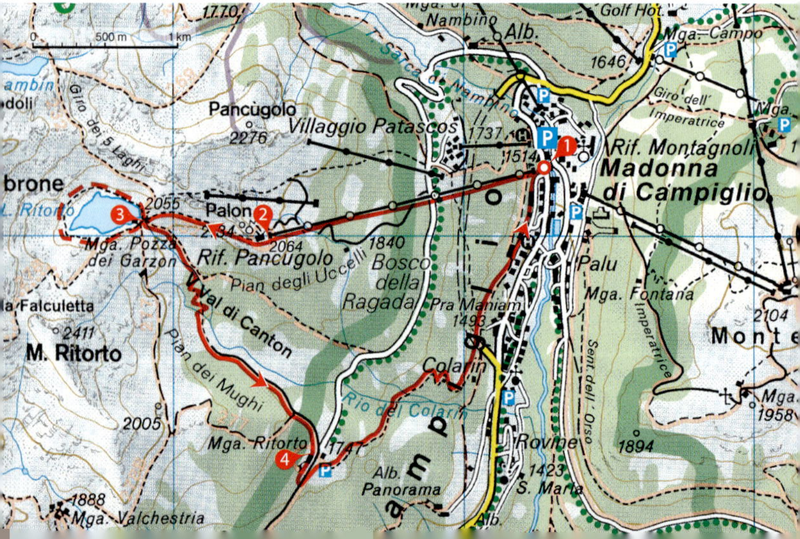

Von der **Talstation** Funivia 5 Laghi in **Madonna di Campiglio (1)** Auffahrt zur **Bergstation (2)**. Dort auf breitem, teils aus Fels gesprengtem Fußweg (Nr. 232; Drahtseil-Geländersicherung) an den steilen Flanken des Palón eben nach Westen zu dem in einem engen Kessel gelegenen **Lago Ritorto (3)**, 2055 m, mit unvergleichlichem Brentablick. 20 m vor Erreichen des Sees links ab (in Anstiegsrichtung) und auf bez. Fußweg (keine Nummer) über eine Hangrippe durch Buschwerk und Wiesen nach Südosten hinunter, später nach links in einen sekundären Graben und durch ihn in Kehren steil bergab, zuletzt im lichten Wald sanft abwärts zu einer Verzweigung. Rechts vorerst über den Rio del Colarin und eben nach Süden, dann in Kehren steil hinunter zu den ebenen Wiesenböden in der Talsohle des **Val di Canton**. Auf schottrigem Fahrweg im lichten Wald rechts der Böden, der Brentagruppe entgegen, in Südostrichtung sanft abwärts zur **Malga Ritorto** (**4**, 1747 m; Restauration) mit Großparkplatz am Ende einer Straße von Madonna di Campiglio her. Von der Alm auf Naturfahrweg, an der Stallung vorbei, nach rechts (Süden) abwärts zur ersten Linkskehre. Danach links ab und den Fußweg Nr. 253 über Wiesen eben nach Nordosten und in den Wald. Dort teils auf Steinplattenweg über sumpfige Wiesen (»Palù Marcia«) in Nordostrichtung hinunter zum Promenadenweg Nr. 251 (»Giro di Campiglio«, »Sentiero dei Siori«). Auf diesem nach links (Norden) sanft bergab, später auf Asphaltstraße (bei Verzweigung links!) wieder zurück zur **Talstation** der **Funivia 5 Laghi** in **Madonna di Campiglio (1)**.

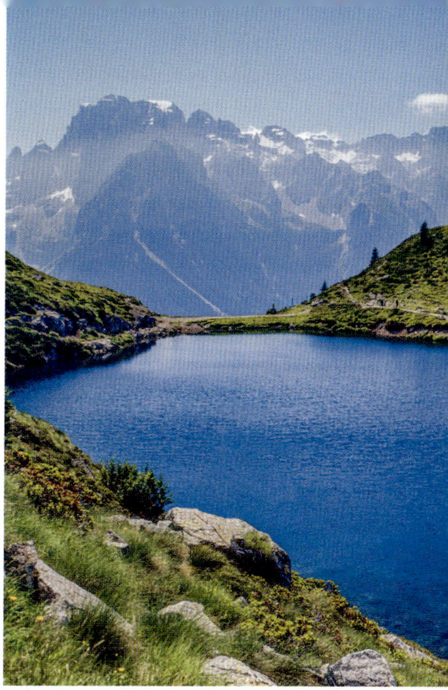

*Der Lago Ritorto mit der Brentagruppe (Cima Tosa) im Osten dahinter.*

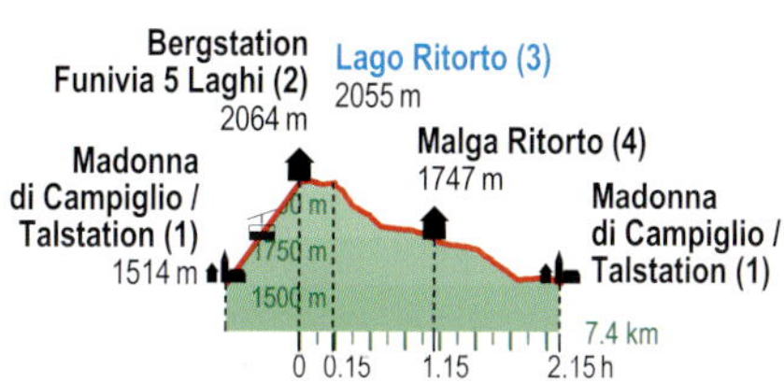

# TOP 18 Sentiero dei 5 Laghi

**4.30 Std.**

***Berühmter Panoramaweg im Banne der Brenta***

*Die Möglichkeit, zwischen Wanderungen im Dolomit- oder Kristallingestein wählen zu können, ist eine Besonderheit des Rendena- und des Campigliotales. Unter den vielen Panorama-Routen im Urgesteinsgebiet hat der hier gewürdigte 5-Seen-Weg den klingendsten Namen, was sich in einer regen Frequenz dokumentiert. Von Madonna bringt die Gondelbahn zum Startplatz beim Lago Ritorto. Was danach folgt ist ein Auf- und Ab von einem Kar, von einem See, von einem Landschaftsbild zum nächsten, einmalig in den Südalpen und nur bei bestem Wetter zu empfehlen.*

**Ausgangspunkt:** Siehe Tour 17.
**Anforderungen:** Unschwierige, aber lange Wanderung auf gut bez. Wegen.
**Höhenunterschied:** 420 m im Anstieg, 970 m im Abstieg.
**Einkehrmöglichkeiten:** Baita Natalia ai 5 Laghi (keine Übernachtung, bei Seilbahnbetrieb geöffnet), Ricovero »Baito Seròdoli« (gemauerte Biwakhütte mit Sitzgarnitur, Sparherd und Schaugummimatten; nicht bew., aber stets geöffnet), Rif. Lago Nambino (28 B., bew. vom 10./15. Juni bis 25./30. Sept., davor und danach an Wochenenden, Tel. + 39 338 1095570, nambino.com).
**Variante:** Vom Ricovero »Baito Seròdoli« kann auf dem Weg Nr. 217 der westlich gelegene, oft noch bis in den Hochsommer zugefrorene Lago Gelato, 2393 m, erreicht werden. Zusätzlicher Zeitaufwand insgesamt (hin und retour): 30 Min.

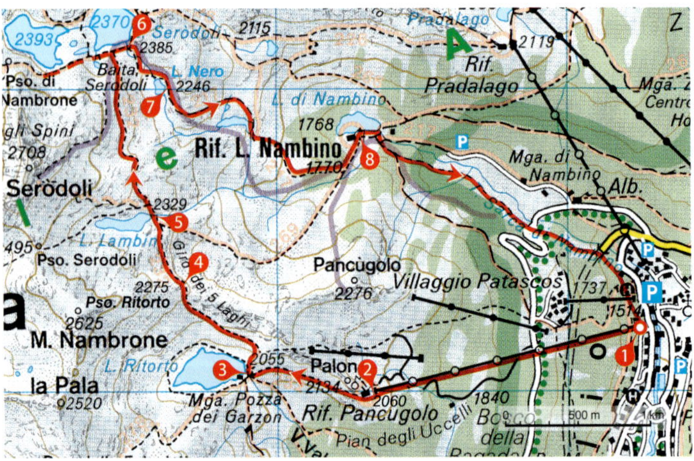

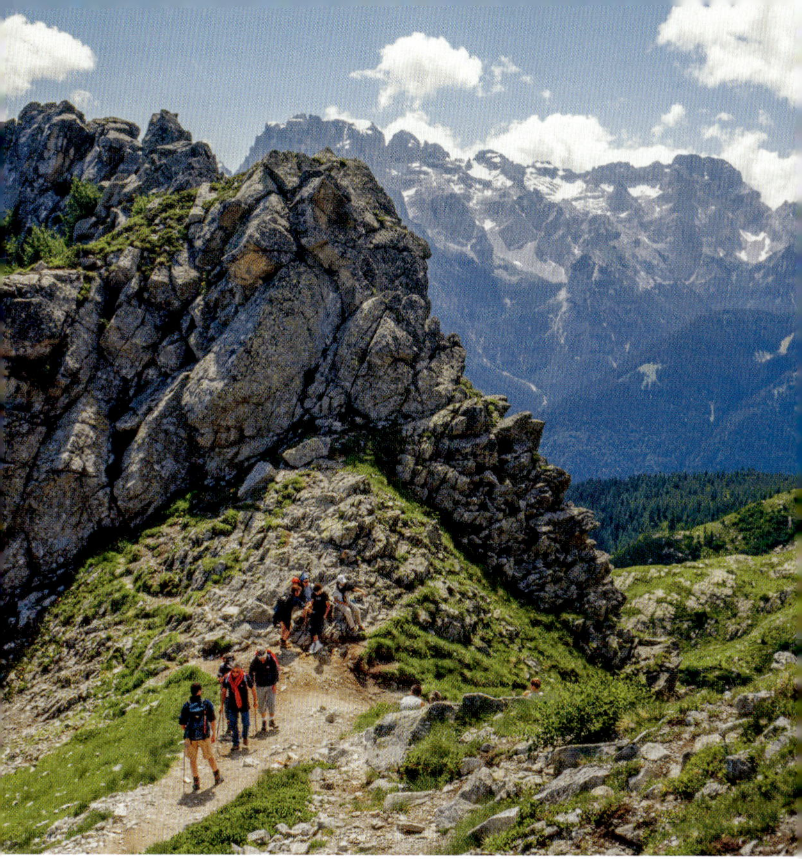

*Unterwegs am Sentiero dei 5 Laghi mit Blick nach Südosten zur Brentagruppe.*

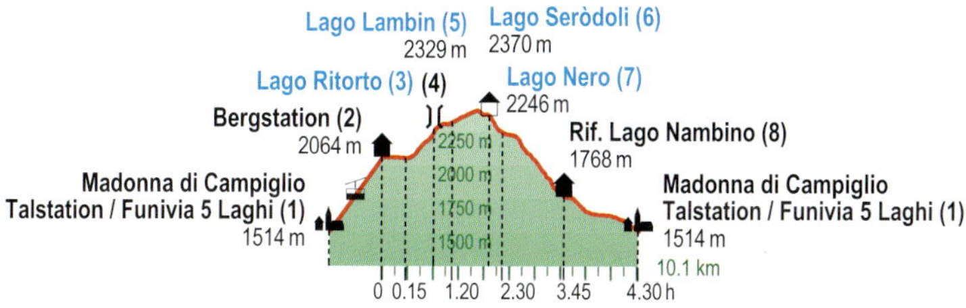

Von der **Talstation Funivia 5 Laghi (1)** Auffahrt zur **Bergstation (2)**. Dort den breiten, teils aus dem Fels gesprengten Fußweg Nr. 232 (Drahtseil-Geländersicherung) an den steilen Flanken des Palón eben nach Westen zu dem in einem engen Kessel gelegenen **Lago Ritorto (3)**, 2055 m, mit unvergleichlichem Brentablick. 20 m vor dem Erreichen des Sees rechts ab (in Anstiegsrichtung) und auf Weg Nr. 232 **(»Sentiero dei 5 Laghi«)** einen Grasrücken in Kehren nach Norden hoch, danach in langer Hangquerung schräg nach links empor in den **Passo Ritorto (4)**, 2275 m. Jenseits an angegrünten Blockhängen im Auf und Ab nach Nordwesten, später um eine Ecke nach links herum zu dem in einem Kar versteckt gelegenen **Lago Lambin (5)**, 2329 m. In Kehren nordwärts hoch zu einer Schulter mit Linksabzweigung auf den Monte Seròdoli. Am Ostabhang des Berges in Nordrichtung weiter, später sanft bergauf zu einer Schulter, 2430 m. Entlang einer Rampe nach Norden abwärts, dann durch eine Blockzone bergauf zum Ricovero »**Baito Seròdoli**«, 2385 m, und jenseits hinunter zum **Lago Seròdoli (6)**, 2370 m.

Auf dem Weg Nr. 217 vorerst links, dann rechts vom Seeabfluss in Südostrichtung abwärts, später wieder nach links über den Bach und hinunter zum **Lago Nero (7)**, 2246 m. Am linken Seeufer eben nach Südosten und durch eine Wiesenmulde zu einer Anhöhe empor. Jenseits an Grashängen in Nordostrichtung eben und abwärts zu einer Verzweigung. Rechts den Weg Nr. 217 über einen Wiesenrücken nach Südosten hinab in einen Sattel, 2050 m. Über Wiesen und durch Lärchenwald nach Osten, dann in langer Hangquerung nach rechts (Süden) abwärts, zuletzt einen steilen Waldhang in Kehren nach Osten hinunter zur Verzweigung im Hochtal des **Rio Lambin**. Auf breitem Fußweg durch Buschwerk nach Norden hinab zu dem am Südufer des gleichnamigen Sees gelegenen **Rifugio Lago Nambino (8)**, 1768 m (Brentablick!). Weiter wie bei Tour 14 nach **Madonna di Campiglio (1)**.

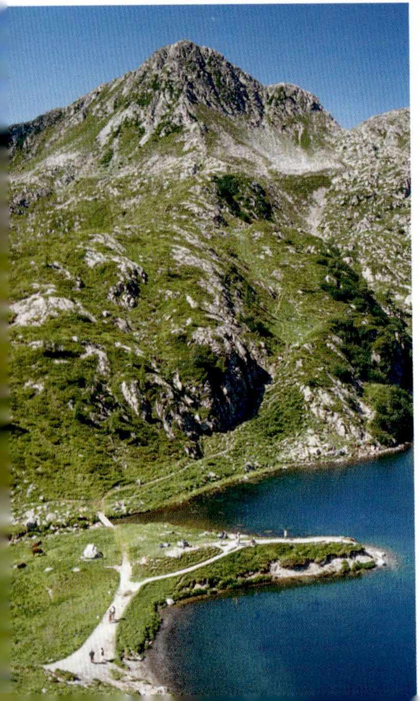

*Im Anstieg zum Passo Ritorto mit Tiefblick zum gleichnamigen See.*

3.00 Std.

# Valchestria-Höhenweg

19

***Genusswanderung in ein entlegenes Almenparadies***

*Der »Sentiero dei 5 Laghi« (Tour 18) ist das Aushängeschild unter den Höhenpromenaden westlich gegenüber der Brentagruppe. Seine südliche Fortsetzung, der Panoramaweg vom Lago di Ritorto hinüber zur Malga Valchestria, vermittelt ähnliche Eindrücke, wird aber sträflich vernachlässigt. Den Rückweg nach Madonna di Campiglio nehmen wir über die Malga Ritorto, wo auch die Möglichkeit zur Einkehr geboten wird.*

**Ausgangspunkt:** Siehe Tour 17.
**Anforderungen:** Leichte Wanderung auf meist gut bez. Wegen.
**Höhenunterschied:** 30 m im Anstieg, 600 m im Abstieg.
**Einkehrmöglichkeiten:** Baita Natalia ai 5 Laghi (keine Übernachtung, bei Seilbahn geöffnet).

**Variante:** Von der Malga Valchestria kann auf dem mit Steinmännern bez. Steig Nr. 278 eine aussichtsreiche Bergschulter (1910 m; Brentablick, Tiefblick in das offen daliegende Valle Rendena und auf Pinzolo) im Südwesten der Alm gewonnen werden. Gesamter zusätzlicher Zeitaufwand: 10 Min.

Von der **Talstation Funivia 5 Laghi (1)** Auffahrt zur **Bergstation (2)**. Dort den breiten, teils aus dem Fels gesprengten Fußweg Nr. 232 (Drahtseil-Geländersicherung) an den steilen Flanken des Palón eben nach Westen zu dem in einem engen Kessel gelegenen **Lago Ritorto (3)**, 2055 m, mit Prachtblick zur Brentagruppe. Nach links über den Seeabfluss zu einer Verzweigung. Links den Weg Nr. 277 an den grasigen Osthängen des Monte Ritorto im Auf und Ab nach Süden, später steil hinunter in die Mulde um die **Malga Pozza di Garzon (4)**, 2006 m. An den verfallenen Almhütten vorbei, dann in wunderbarer Höhenwanderung (Brentablick!) an den Hängen durch Buschwerk in Südrichtung aufwärts und eben, zuletzt im Lärchenwald zu einer Wieseschulter mit **Verzweigung (5)**.

*Rastplatz vor dem Wohngebäude der Malga Valchestria.*

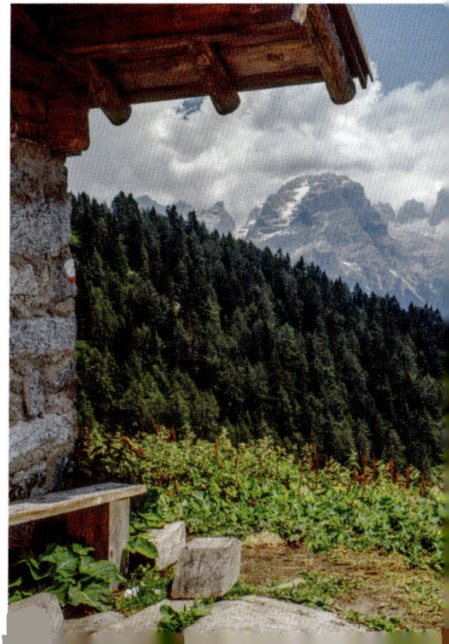

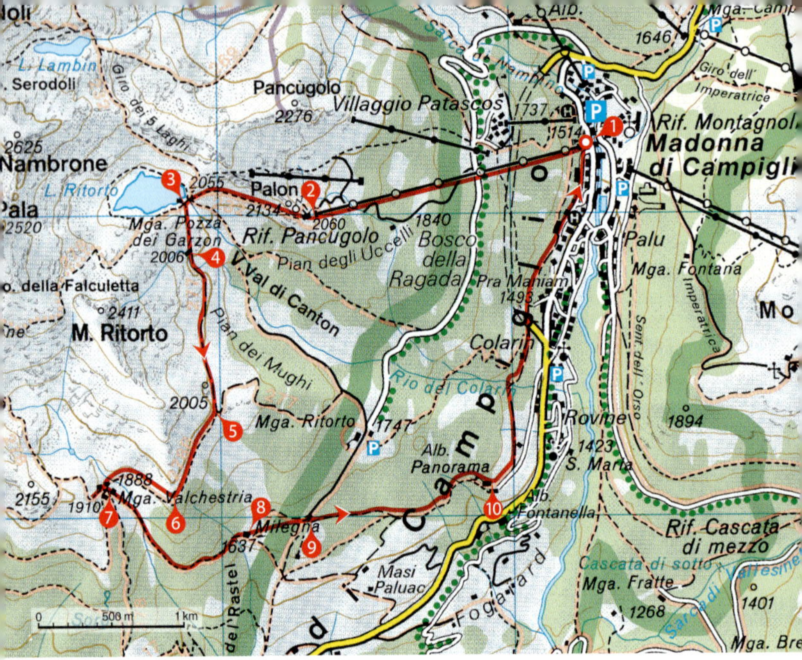


Rechts den Weg Nr. 278 B an den Grashängen des Monte Ritorto südwärts eben weiter, später im lichten Wald hinab zu einer **Schulter** am Südrücken des Berges **(6)**. Nach rechts in seine Südwestseite und dort im lichten Wald abwärts und eben in die weite Wiesenmulde des Valchestria. Diese wird im Linksbogen ausgegangen, danach in Südrichtung absteigend die **Malga Valchestria** (**7**, 1888 m; Brunnen, Unterstand mit Kochgelegenheit und Notlager) erreicht.

**Rückweg**: Von der Alm den Weg Nr. 278 durch das **Valchestria** über Wiesen nach Süden abwärts zu Verzweigung. Links auf rot bezeichnetem Weg (keine Nummer!) vorerst rechts, dann links vom Bach über Wiesen und durch

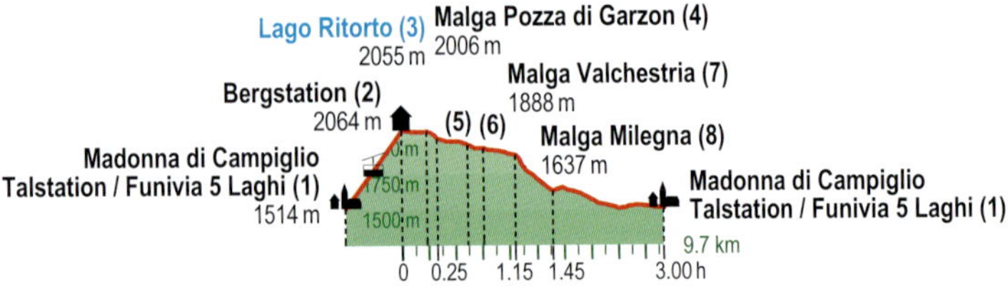

lichten Wald steil nach Südosten hinunter, später in langer Querung der Waldhänge eben nach Osten zu den Hangwiesen um die verfallene **Malga Milegna (8)**, 1637 m. Über die Weiden in Ostrichtung sanft bergauf, dann im lichten Wald zu gemauerter **Hütte** (**9**, Quelle, Verzweigung). Rechts den Weg Nr. 251 **(»Sentiero dei Siori«)** an Waldhängen nach Osten zu schön gelegenem **Apartmenthaus** (**10**, Brentablick!). Oberhalb von ihm vorbei, danach auf Promenadenweg durch Buschwerk und Wald in Nordrichtung sanft bergauf zu breitem Querweg (»Giro di Campiglio«). Diesen geradeaus zur Linkseinmündung von Weg Nr. 253. Auch dort geradeaus und abwärts, später auf Asphaltstraße (bei Verzweigung links!) zur **Talstation** der Funivia 5 Laghi in **Madonna di Campiglio (1)**.

*Die Malga Valchestria in prachtvoller Balkonlage gegenüber der Brentagruppe.*

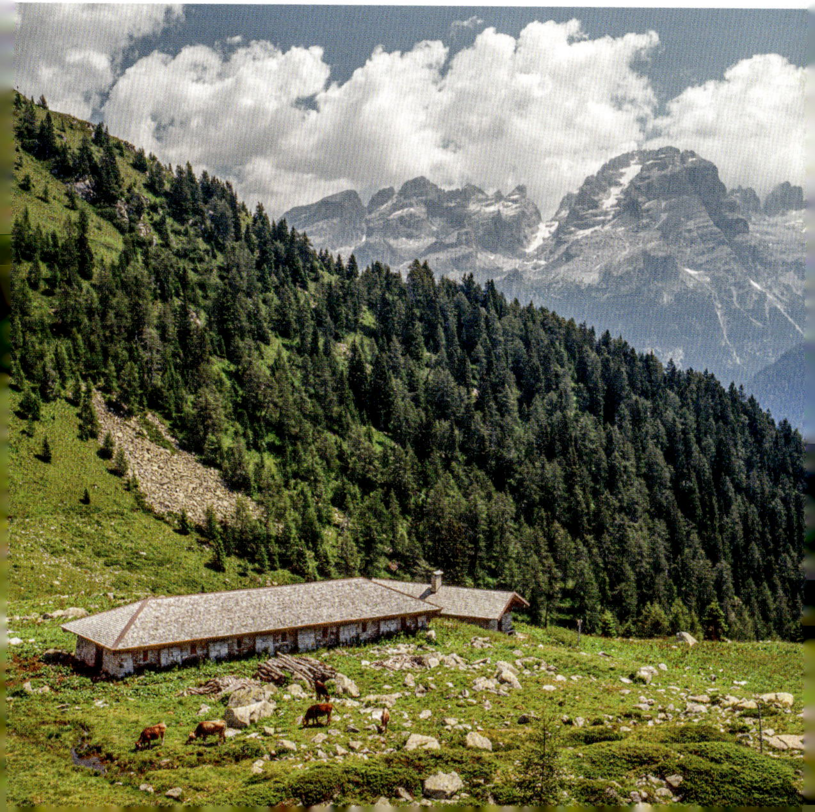

# 20 Cornisello-Runde

4.00 Std.

### Ein Wandertag im Schatten der Cima Presanella

*Die Vajont-Katastrophe (Longarone) war schuld, dass ein ähnliches Projekt an den Cornisello-Seen nicht verwirklicht wurde. Heute erinnert die kehrenreiche Zufahrtsstraße noch an dieses Bauvorhaben. Von ihr profitieren sowohl Hüttenleute als auch Wanderer, die sich den sonst nötigen Kraftanstieg aus dem Valle di Nambrone sparen. Zu den schönsten Touren dort gehört die Cornisello-Runde. Begleitet von einer wunderbaren Sicht auf die Kalkriesen der Brenta führt sie, an der aussichtsreich gelegenen Segantinihütte vorbei, über die Bocchetta dell'Uomo zum Lago Nero und weiter zum Rifugio Cornisello.*

**Ausgangspunkt:** Der Amola-Parkplatz, 2000 m, bei der Malga Vallina d'Amola. Von Pinzolo die Staatsstraße Nr. 239 mit eigenem Kfz zur Abzweigung (6 km) der Straße in das Val di Nambrone und diese aufwärts zur Linksabzweigung (15 km) der Amola-Straße. Die schlechte Schotterstraße 500 m nach Westen empor zum Parkplatz, 15,5 km ab Pinzolo.

**Anforderungen:** Leichte hochalpine Wanderung auf bez. Wegen und Steigen.

**Höhenunterschied:** 520 m.

**Einkehrmöglichkeiten:** Rif. Segantini d'Amola (48 B., vom 15. Juni bis 1. Okt. geöffnet, Tel. +39 0465 507357, rifugiosegantini.com), Rif. Cornisello (18 B., vom 20. Juni bis 20. Sept. geöffnet, Tel. +39 379 2698440, rifugiocornisello.it).

**Hinweis:** Die Schotterstraße zum Hüttenparkplatz kann vermieden werden, wenn man das Auto tiefer an der Cornisello-Zufahrtsstraße abstellt.

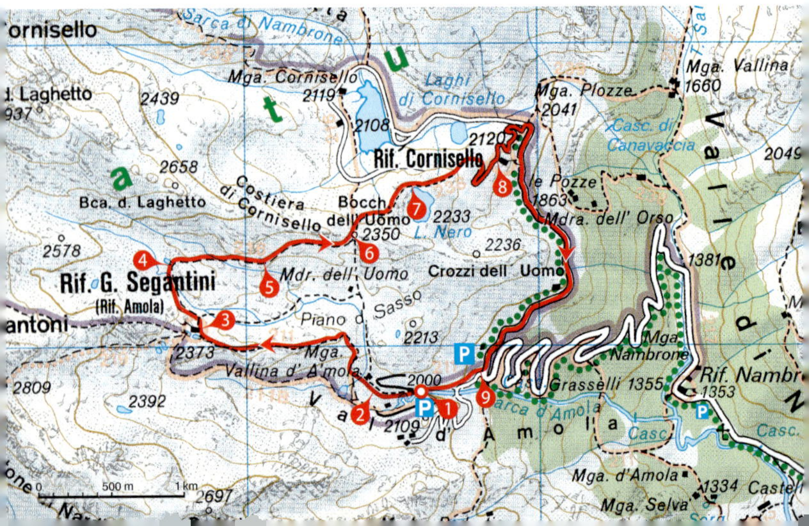

Vom **Parkplatz (1)** auf Naturstraße (Weg Nr. 211) über den **Torrente Sarca d'Amola** und jenseits an Wiesenhängen nach Westen aufwärts zu **Verzweigung (2)**. Halb rechts den Fußweg Nr. 211 weiter bergauf, später über den Amolabach zur nächsten Teilung. Rechts den **Sentiero Oscar Collini** (Nr. 211) einen steilen Grashang nach Norden empor an einen Wiesenrücken. Diesen (Murmeltiere!) in Westrichtung aufwärts, zuletzt über Tonalitplatten zu dem auf einer Hangstufe gelegenen **Rifugio Segantini (3)**, 2373 m.

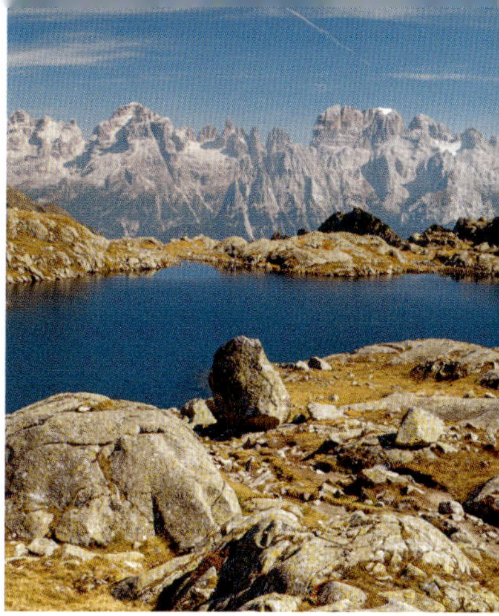

*Der Lago Nero mit den hellen Kalkzinnen der Brenta in der Ferne.*

Den Steig Nr. 216 über Tonalitbuckel nach Nordwesten aufwärts, später nach rechts über den Amolabach (Holzlatte mit Geländerseil) und über Felsstufen steil nach Norden empor an einen **Geländeriegel (4)**, 2390 m. Hinab in einen Sattel, dann über Felsblöcke nach rechts (Osten) hinunter in das Hochtal vor dem Cornisellokamm (Costiera di Cornisello). In der Talsohle ein Stück bergab, dann durch begrüntes Gelände und über Felsstufen steiler bergauf zu einer **Schulter (5)**. An der Südseite des Cornisello-Kammes, einer Terrasse folgend, durch Wiesen und Blockwerk nach Osten, später an steilen Hängen eben und abwärts zur **Bocchetta dell'Uomo (6)**, 2350 m. Jenseits in Kehren nach Norden hinab zu einer Verzweigung. Rechts den Weg Nr. 238 nordostwärts über Tonalitbuckel zum Westufer des **Lago Nero (7)**, 2233 m. Über dem Nordufer des Sees eben nach Osten, danach über Stiegen steil nach Nordosten hinunter zu einer Naturstraße und diese in Kehren (Abkürzer!) hinab zu dem östlich der beiden **Laghi di Cornisello** gelegenen **Rifugio Cornisello (8)**, 2120 m. Die Zufahrtsstraße vorerst nach Nordosten abwärts, dann in langer Querung der Hänge des Crozzi dell'Uomo nach rechts (Süden) hinunter zur Rechtsabzweigung der **Amola-Straße (9)**. Die Schotterstraße südwestwärts bergauf zur Verzweigung vor der Brücke über den **Torrente Sarca d'Amola**. Rechts ab und auf Steig Nr. 211 an den Grashängen rechts vom Bach aufwärts wieder zur Straße und diese links über den Bach zum **Amola-Parkplatz (1)**.

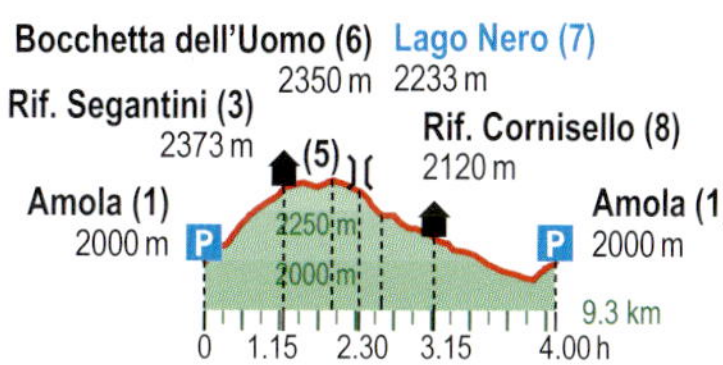

# 21 Val Gènova: Sentiero delle Cascate

**3.45 Std.**

## *Abenteuerliche Flusswanderung durch das Tal der stürzenden Wasser*

*Wenn die Wolken hereinhängen, an hohe Ziele nicht zu denken ist, dann sollte man die »unterste Etage« des Rendenatales erkunden, wo gut angelegte Wege den Wanderer in eine auch an heißen Sommertagen angenehm kühle Schluchten- und Wasserwelt entführen. Neben dem Vallesinella-Wasserfallweg (Tour 23) muss hier der »Sentiero delle Cascate« im Val Gènova genannt werden. Die großartige Tonalitschlucht ist erfüllt vom Donner der Wasserfälle, eine urwelthafte Landschaft, in der das Toben der Elemente unsere Sinne gleichermaßen betört wie strapaziert.*

**Ausgangspunkt:** Parkplatz, 899 m, im äußeren Val Gènova, 5 km von Pinzolo, 14 km von Madonna di Campiglio. Zufahrt mit Pkw, vom 1./5. Juli bis 25./31. Aug. auch per Shuttle-Bus (mehrmals tägl. in beide Richtungen sowie 1-mal täglich hin und retour mit dem Val Genova Express-Shuttle ab Madonna di Campiglöi, Tione, Pinzolo (mobilita.campigliodolomiti.it, pnab.it).
**Anforderungen:** Einfache Wanderung auf bez. Wegen und Straßen.
**Höhenunterschied:** 320 m.

**Einkehrmöglichkeiten:** Bar-Ristorante Cascata Nardìs (keine Übernachtung, bewirtschaftet von Ostern bis Allerheiligen; Juli und Aug. kein, sonst Do. Ruhetag), Rif. Fontana Bona (26 B., geöffnet vom 15. Mai bis 30. Sept., kein Ruhetag), Rifugio-Ristorante Chalet da Gino (11 B., bewirtschaftet vom 1. Juni bis 15. Sept., kein Ruhetag).
**Hinweis:** Von der Ponte Maria kann auch entlang der Anstiegsroute zum Parkplatz zurückgekehrt werden. Zusätzlicher Zeitaufwand: 30 Min.

Vom **Parkplatz (1)** den bez. Weg rechts der Straße im Wald talein zur Mautstelle (Bushalt) am Eingang in den **Parco Naturale Adamello-Brenta**. Die **Ponte Verde (2)** nach links über den Fiume Sarca di Gènova zur Rechtsabzweigung des »Sentiero delle Cascate«. Auf ihm kurz nach Süden hoch und oberhalb des Baches an den Waldhängen talein zum **Rist. Cascata Nardìs (3)**, 927 m, gegenüber der großartigen, 120 m hohen **Cascata di Nardìs**. Westwärts weiter, später unter einem Felsblock durch, danach steiler empor zur Brücke über die wild schäumende Sarca. Weiterhin links vom Bach gegen eine klammartige Talverengung aufwärts und dort nach links (Süden) empor unter die **Cascata Cascol (4)**. Nach rechts über den Cascolbach, jenseits kurz hinab zu einer Verzweigung und rechts haltend in die

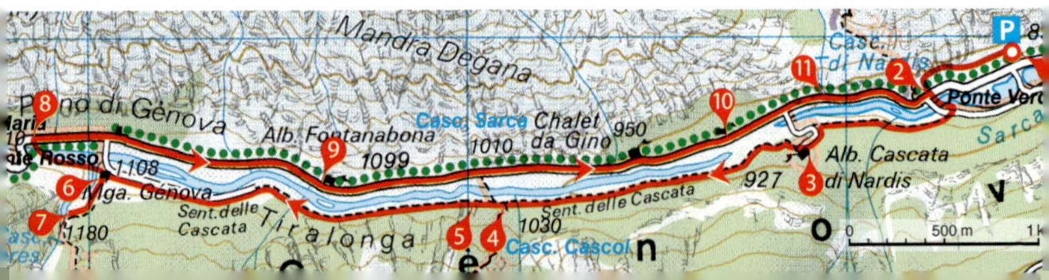

erwähnte Engstelle mit der spektakulären **Cascata Sarca** (**5**, Holzbrücke an das jenseitige Ufer). Zurück zur letzten Verzweigung. Rechts haltend steil nach Süden hoch zur Linksabzweigung von Weg Nr. 215 zur Malga Seniciaga. In Kehren nach rechts (Westen) aufwärts zur Talweitung, dort eben zu den Wiesen der **Malga Gènova (6)**, 1108 m und über diese zu querendem Fahrweg. Auf ihm neben dem Rio di Làres nach links (Süden) hoch zu Verzweigung bei einer Brücke. Weiterhin links vom Bach in Kehren nach Südwesten empor zur untersten der großartigen **Cascate Làres (7)**, 1180 m. Zurück zur letzten Verzweigung und über die Brücke an das linke Bachufer. Dort nordwärts hinab zu einer Forststraße und diese links zur **Ponte Maria (8)**, 1110 m an der Val-Gènova-Straße.

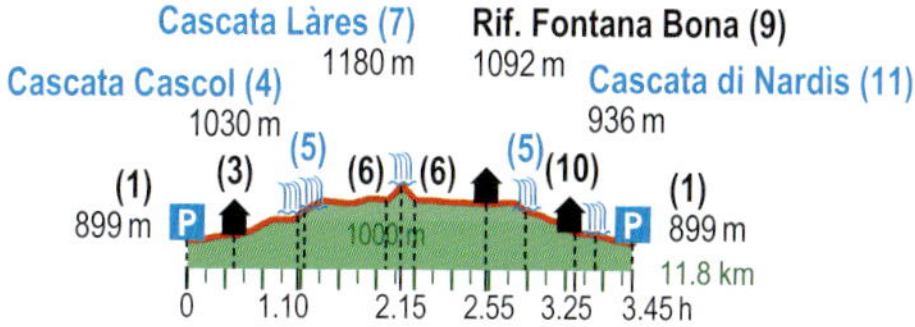


**Rückweg**: Die Asphaltstraße an der linken Talseite ostwärts im Wald sanft bergab zum **Rifugio Fontana Bona (9)**, 1092 m, dann zum **Rifugio »Chalet da Gino« (10)**, 950 m. Die Straße weiter abwärts zur **Cascata di Nardìs (11)** und zurück zum **Parkplatz (1)**.

*Die Cascata di Nardìs eröffnet den Reigen der großen Wasserfälle des Gènovatals.*

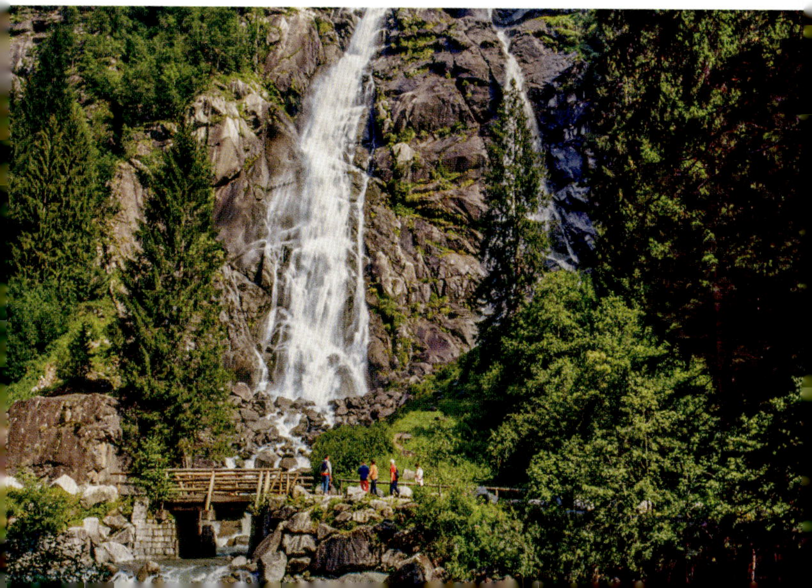

## 22 *Laghi di San Giuliano, 1938 m, und Lago di Vacàrsa, 1912 m*

**4.45 Std.**

### *Drei verborgene Seeaugen über Pinzolo*

*Die in einem Seitental des Val Gènova hoch über Pinzolo gelegenen Laghi di San Giuliano sind mit dem Lago di Vacàrsa ein Landschaftshit, den man besucht haben muss, auch wenn die Kalkkolosse der Brenta hier schon etwas abgerückt erscheinen. Dafür trumpfen die Gletscherberge, die dunklen Tonalitgestalten des Adamello und der Presanella, umso eindrucksvoller auf.*

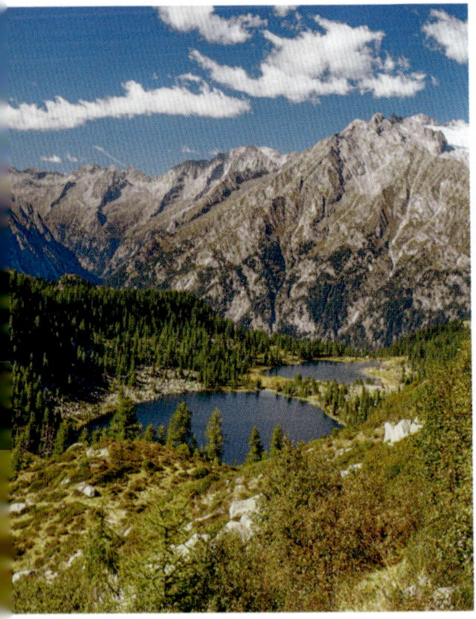

*Die beiden Laghi di San Giuliano mit dem Massiv der Cima Presanella dahinter.*

**Ausgangspunkt:** Großparkplatz Pozza delle Vacche, 1485 m, am Ostabhang des Corno Alto. Auffahrt von Caderzone mit eigenem Kfz auf Asphaltstraße zu einer Teilung (5 km; rechts zur Malga Diaga), dort links haltend zur nächsten Verzweigung und kurz nach links empor zum Parkplatz, 7 km von Caderzone.
**Anforderungen:** Unschwierige Wanderung auf gut beschilderten Wegen. Für ungeübte Geher, der groben Granitblöcke wegen, etwas beschwerlich.
**Höhenunterschied:** 740 m.
**Einkehrmöglichkeiten:** Rif. San Giuliano (22 B., bew. 20. Juni bis 20. Sept., danach an Wochenenden bis Ende Okt., Tel. +39 339 5907746.

Vom Parkplatz **Pozza delle Vacche (1)** die Zufahrtsstraße kurz zurück zu Verzweigung. Auf Naturstraße an den Waldhängen des Corno Alto nach links (Norden) aufwärts, später im Linksbogen zur Wiesenschulter am Nordostrücken des Corno Alto. Dort in Westrichtung zum Straßenende bei der **Malga Campo** (**2**, 1734 m; Brentablick!), danach zum Querweg Nr. 230. Auf diesem an den bewaldeten Nordhängen von Corno Alto und Spadalone, an Tonalitblöcken vorbei, über dem Val Gènova eben nach Westen, dann, einen Graben ausgehend, hinauf an eine Bergkante. Um diese nach links herum und im lichter werdenden Wald nach Süden empor zur **Malga San Giuliano (3)**, 1970 m. Aufblick gegen den Carè Alto mit dem Làresgletscher. Im Norden, jenseits des Val Gènova, die Cima Presanella.

Von der Alm am rechten Rand eines Sumpfbiotops eben nach Süden, dann im Wald sanft abwärts zum Ostufer des **Lago di San Giuliano**. Dort über Wiesen in Südrichtung weiter zu dem zwischen Lago di San Giuliano und **Lago Garzone** etwas erhöht stehenden **Rifugio San Giuliano (4)**, 1938 m. Auf dem Weg Nr. 221 oberhalb des kreisrunden Lago Garzone über Wiesen eben nach Süden zur **Malga Garzone** (**5**, 1970 m; die Hütten bleiben rechts). Durch Buschwerk und über Felsblöcke nach links (Südosten) aufwärts zu einer Schulter mit Prachtblick zu den Giulianoseen mit der Cima Presanella darüber. Einen Steilhang in Kehren nach Osten empor in den **Passo di San Giuliano** (**6**, auch »**Bocchetta dell'acqua fredda**«, 2184 m) zwischen Spadalone und La Cingla. Jenseits an der linken Seite eines Hochtales über Grashänge bergab, dann durch Gesträuch und Blockwerk zum **Lago di Vacàrsa (7)**, 1912 m. Über dem Nordostufer des Sees im Wald eben nach Südosten, später einen Steilhang nach Osten hinunter zur **Malga Campostril (8)**, 1830 m. Geradeaus den Fahrweg Nr. 221 durch Wald in Kehren bergab zu einer Lichtung mit **Verzweigung (9)** am Unterrand. Links den rot bezeichneten Fußweg (keine Nummer) im Wald steil nach Nordosten hinunter, später auf Fahrweg zum Parkplatz **Pozza delle Vacche (1)**.

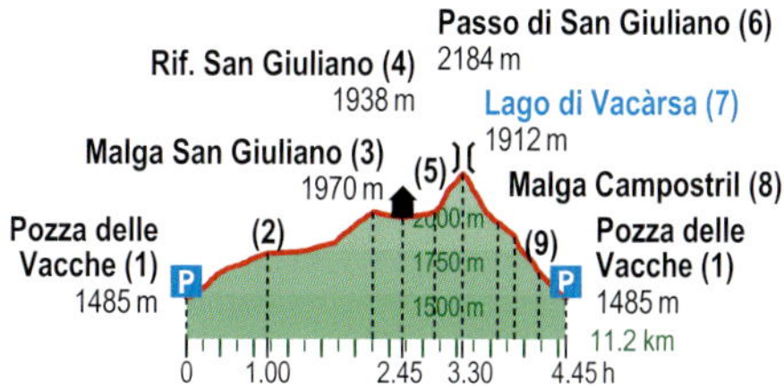


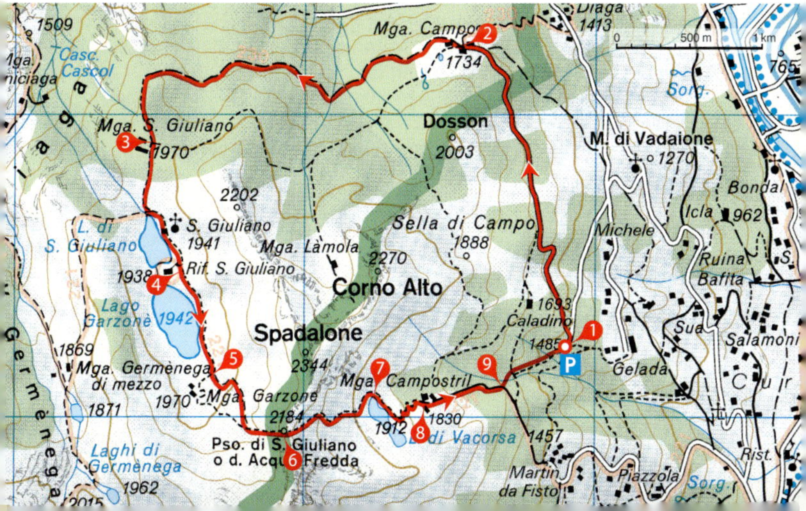

TOP

# 23 Cascate della Vallesinella

4.15 Std.

**_Schau-Wasserfälle an der Westseite der Brenta_**

*Im Gegensatz zu den Kristallinbergen westlich des Rendenatales ist die Brentagruppe gesteinsbedingt nicht gerade reich an Seen und Wasserfällen. Die drei Vallesinellafälle an der Westseite der Gruppe sind deshalb eine echte Attraktion. Durch gut instand gehaltene Steige erschlossen, können sie einzeln oder wie hier in einem Zuge besucht werden.*

**Ausgangspunkt:** Parkplatz Piazza delle Bose, 1210 m, an der Vereinigung von Vallesinella und Val Brenta. Zufahrt von Pinzolo oder Madonna di Campiglio mit eigenem Kfz auf Staatsstraße Nr. 239 nach Sant' Antonio di Mavignola, dort die Stichstraße hinab in das Val Brenta Bassa zur Teilung an der Wiese »Vivaio Brenta« und geradeaus aufwärts zum Parkplatz, 10,5 km von Pinzolo, 9,5 km von Madonna di Campiglio.

**Anforderungen:** Einfache Wanderung auf bez. Fuß- und Fahrwegen.

**Höhenunterschied:** 620 m.

**Einkehrmöglichkeiten:** Rif. Cascate di Vallesinella (keine Übernachtung), Hotel-Ristorante Vallesinella (bewirtschaftet vom 1. Juni bis 30. September, Tel. +39 0465 875148, vallesinella.it), Rif. Casinèi (30 B., 30 L., bewirtschaftet vom 5./10. Juni bis 5./10. Oktober, Tel. +39 0465 442708).

Vom Parkplatz **Piazza delle Bose (1)** die Forststraße (Weg Nr. 323) rechts der **Sarca di Brenta** nach Osten aufwärts, dann über den Bach und bei Teilung links haltend zur Wiese um die **Malga Brenta Bassa** (**2**, 1265 m; Unterstandsraum; Aufblick gegen den kolossalen Crozzón). Die Straße weiter zu einer Linkskurve, danach an den Waldhängen in Nordrichtung aufwärts und um eine Ecke nach rechts herum zur Verzweigung im Vallesinella. Links den bez. Fußweg (keine Nummer) nach Nordosten empor unter die **Cascate Vallesinella di Mezzo**. Nach links über den Bach und jenseits steil hoch zum **Rif. Cascate di Vallesinella (3)**, 1398 m, gegenüber den Fällen. Im Wald nach Osten aufwärts, dann links vom Wasserfall steil bergauf zur **Malga Vallesinella di sotto** (**4**, 1513 m; Großparkplatz) mit Zufahrtsstraße von Madonna di

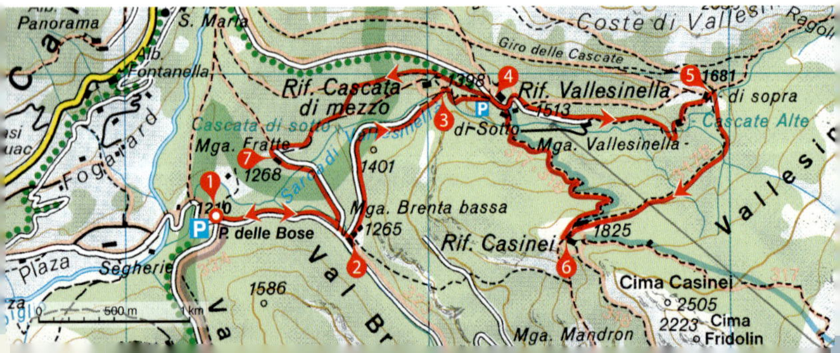

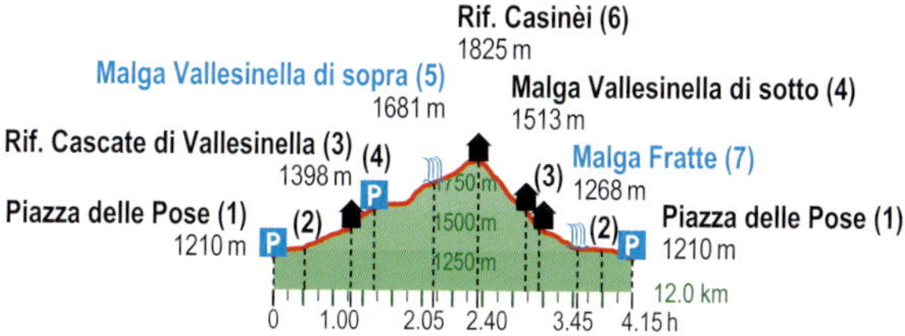


Campiglio. Vom Bildstock an der oberen Ecke des Parkplatzes den Fahrweg Nr. 382 zur Linken des Vallesinella durch Wald nach Osten aufwärts zu seinem Ende, dann auf Fußweg zu den ersten Fällen der **Cascate Vallesinella Alte**. Neben diesen weiter, später nach links unter eine Wand, über die der Hauptfall herabstürzt. Den Aufschwung über Brücken, an Quellen vorbei, nach Nordosten hoch, bis sich das Gelände verflacht. Nun links vom Bach zur Vallesinella-Wiese mit Verzweigung bei einem Baum. Rechts den Weg Nr. 317B nach Osten hinauf zur **Malga Vallesinella di sopra (5)**, 1681 m (Unterstandsraum). Noch vor der Hütte den Weg Nr. 317B nach rechts über den Bach und jenseits an den Waldhängen südwestwärts empor zum **Rifugio Casinèi (6)**, 1825 m. Von der Hütte den breiten Stufenweg Nr. 317 durch Wald in Kehren nach Nordwesten hinab in das Vallesinella, dort über den Bach und jenseits zur **Malga Vallesinella di sotto (4)**, 1513 m. Bei der Mautstelle unterhalb des Restaurants links von der Straße ab und auf steilem schottrigen Fahrweg rechts vom Vallesinellabach im Wald nach Westen hinab zu den Cascate Vallesinella di sotto und weiter zu der im Wald gelegenen **Malga Fratte (7)**, 1268 m. Auf Fußweg nach links (Südosten) abwärts, dann über die Sarca di Vallesinella zur Forststraße (Weg Nr. 323), die man an der Brücke über die **Sarca di Brenta** erreicht. Weiter auf bekanntem Weg zum Parkplatz **Piazza delle Bose (1)**.

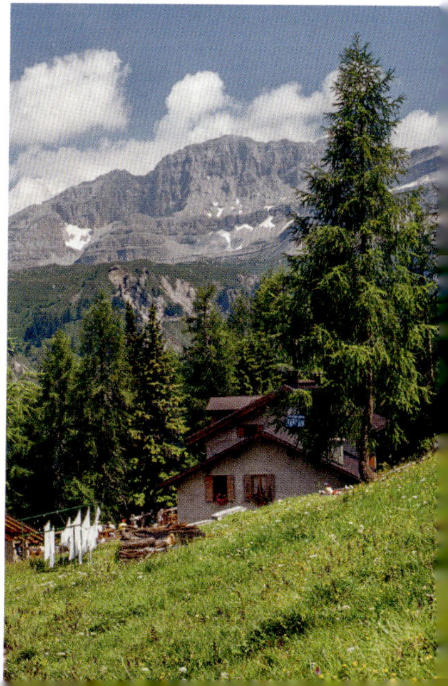

*Das Rifugio Casinèi mit dem Massiv der Pietra Grande im Nordosten dahinter.*

# 24 Lago di Val d'Àgola, 1600 m, und Pian di Nardìs, 1830 m

3.30 Std.

## Verstecktes Seen-Juwel in einem Seitenast des Brentatales

*Mit Lago di Tóvel, Lago Molveno, Lago Spinale und Lago d'Àsbelz gehört der Lago di Val d'Àgola zu den wenigen Bergseen der Brenta. Ein Besuch des in einem Seitenast des Val Brenta gelegenen Kleinods darf daher hier nicht fehlen. Danach geht es weiter zum Pian di Nardìs, ein brettebener Wiesenboden am Fuß der Steilaufschwünge gegen das Pratofioritokar, von dessen Abbruchkante die 12-Apostel-Hütte (siehe Tour 29) herabgrüßt.*

**Ausgangspunkt:** Parkplatz Val d'Àgola, 1320 m. Von Pinzolo oder Madonna di Campiglio (siehe Tour 23) zur Verzweigung beim Parkplatz »Piazza delle Bore«. Rechts die Forststraße durch das Val d'Àgola zum Parkplatz, 12 km von Pinzolo, 11 km ab Madonna di Campiglio.
**Anforderungen:** Einfache Wanderung auf bez. Wegen und Steigen.
**Höhenunterschied:** 540 m.
**Einkehrmöglichkeiten:** Keine
**Varianten:** Der Lago di Val d'Àgola kann auf Uferweg in 10 Min. umrundet werden. Vom Pian di Nardìs Anstieg wie bei Tour 29 zum Rif. 12 Apòstoli (3.30 Std. zusätzlicher Zeitaufwand).

Vom Parkplatz **Val d'Àgola (1)** die Forststraße mit Weg Nr. 324 durch das bewaldete **Val d'Àgola** in Südrichtung sanft bergauf zum unteren Talboden (Lokalität »Casinetto di Val d'Àgola«). Den folgenden Aufschwung auf steinigem Weg, die Straßenkehren abkürzend, nach Südwesten empor zu den

*Der Lago di Val d'Àgola. Links dahinter der Monte Spinale, rechts die nördliche Brentakette mit Sasso Alto und Pietra Grande.*

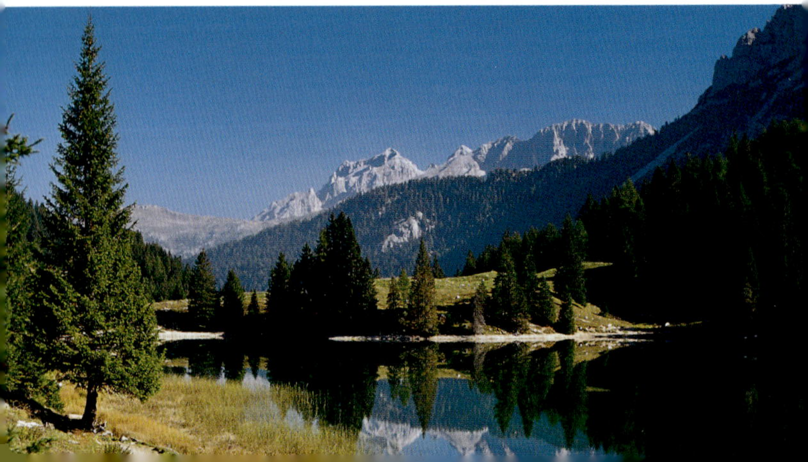

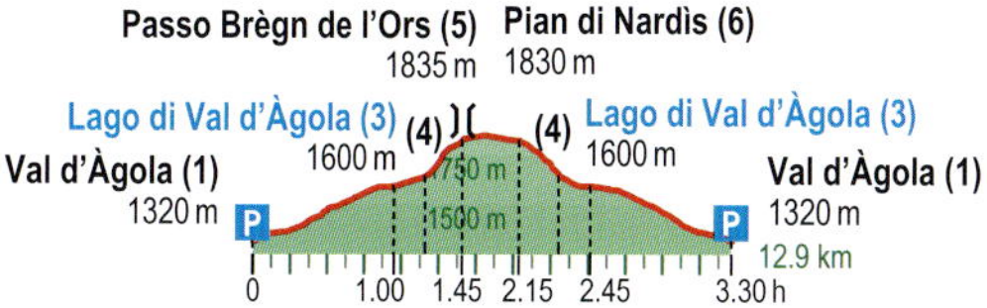


Wiesen um die **Malga Val d'Àgola (2)**, 1596 m, im oberen Talboden. Über diese weiter zu dem von Wäldern flankierten **Lago di Val d'Àgola (3)**, 1600 m. Auf dem Karrenweg Nr. 324 am Westufer nach Süden, dann auf bezeichnetem Fußweg im Wald aufwärts zu schöner Wiese mit **Verzweigung (4)**. Geradeaus (bez. Weg, Bikerroute, keine Nummer) die von einzelnen Nadelbäumen bestandene Wiese steil hoch, später an den Waldhängen nach rechts (Westen) empor in den **Passo Brègn de l'Ors** (**5**, 1835 m; Verzweigung; originell gestaltete Kapelle mit läutbarer Glocke) zwischen Dos del Sabión und Palón dei Mughi. Prachtblick zur Adamello-Presanella-Gruppe.

Auf dem Weg Nr. 307 und 354 durch Wald nach links (Südosten) um einen Hügel herum in einen Sattel, 1845 m, mit Verzweigung. Geradeaus auf dem breiten Weg Nr. 307 an den Abhängen des Palón dei Mughi (Tiefblick zum Lago di Val d'Àgola) eben nach Osten, zuletzt kurz bergab in den von mächtigen Berggestalten flankierten Kessel und Wiesenboden des **Pian di Nardìs** (**6**, 1830 m; Verzweigung). Den Weg Nr. 324 scharf nach links (Nordwesten) über eine Anhöhe hinweg in den steilen Waldgraben des Val d'Àgola. An seiner linken Seite an den Hängen hinab zu einer Schulter und in Südwestrichtung weiter abwärts, zuletzt rechts haltend zur **»Wiese mit Verzweigung«** **(4)**. Weiter auf bekanntem Weg zum **Parkplatz (1)**.

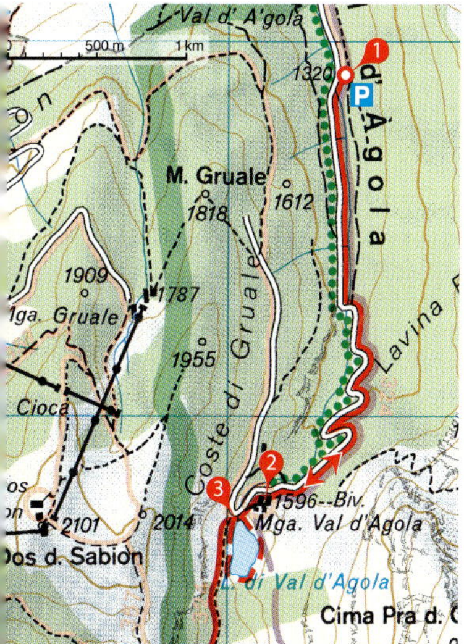


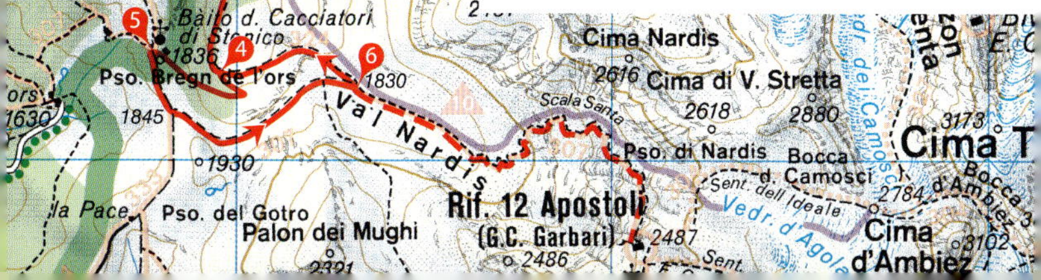

# 25 Dos del Sabión, 2101 m: Abstieg nach Pinzolo

**3.00 Std.**

### Unterhaltsame Wanderung mit fakultativer Seilbahnunterstützung

*Die von Pinzolo mit Aufstiegshilfe erreichbare, aus Kristallingestein geformte Graskuppe des Dos del Sabión ist neben ihrer Eignung als Skiberg auch Startplatz für Wanderungen: zur Mittelstation Prà Rodónt, nach Pinzolo, zum Rifugio 12 Apòstoli, zur Malga Movlina und nach Preore. Wer gleich wieder ins Tal möchte, gelangt, begleitet von prächtigen Ausblicken zu den Höhen der Presanella- und Adamelloberge, auf markierten Wegen über den Passo Brègn de l'Ors und die Schulter Prà Rodónt (Seilbahn, Restaurant) dorthin.*

**Ausgangspunkt:** Talstation, 780 m (Großparkplätze), der zweiteiligen Sabión-Seilbahn an der Staatsstraße Nr. 239 im Nordbereich von Pinzolo. Bergstation am Gipfel des Dos del Sabión, 2101 m. Betrieb vom 20./25. Juni bis 5./10. Sept. 8.30–13.20 Uhr und 14.30–17.20 Uhr, vom 10. bis 25. August keine Mittagspause; ski.it/it/orari-apertura-impianti).
**Anforderungen:** Wanderung auf bezeichneten Wegen. Trittsicherheit nötig.
**Höhenunterschied:** 50 m im Anstieg, 1370 m im Abstieg.
**Einkehrmöglichkeiten:** Rifugio-Ristorante Dos del Sabión am Gipfel (16 B., bei Seilbahnbetrieb geöffnet), Rist. Prà Rodónt an der Mittelstation (keine Übernachtung; vom 1. Juli bis 30. Sept. geöffnet).
**Hinweis:** Im Abstieg bei Seilbahnbenutzung ab Mittelststation 1 Std. Zeitersparnis.

Von der **Talstation (1)** der **Sabión-Seilbahn** Auffahrt zu **Bergstation (2)**. Dort den Weg Nr. 357 über den grasigen Südostrücken hinab zu einer Schulter mit Verzweigung. Rechts auf bezeichnetem Steig den steilen Rücken über Felsstufen (Trittsicherheit nötig!) in Kehren bergab zu einer Verflachung, danach am breiten Rücken durch Wiesen und lichten Bewuchs hinunter in den **Passo Brègn de l'Ors** (**3**, 1835 m; Verzweigung; originell gestaltete Kapelle mit läutbarer Glocke) zwischen Dos del Sabión und Palón dei Mughi. Den Karrenweg Nr. 307 nach rechts in die grasige Südflanke des Dos del Sabión hin-

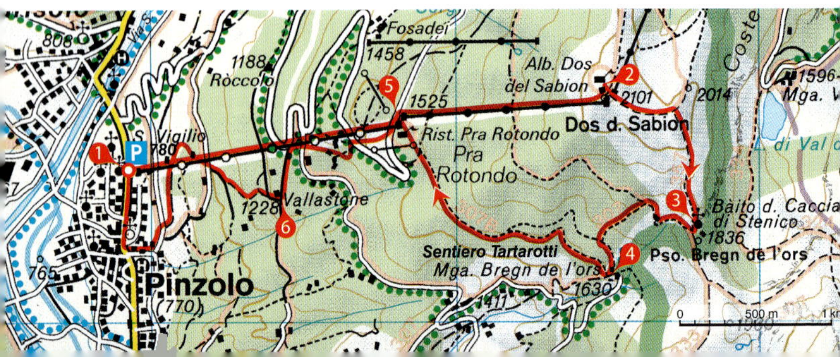

ein. Dort, an den Hütten der Bàita dei Cacciatori vorbei, eben nach Westen, später in Kehren nach Südwesten abwärts und nach links zur **Malga Brègn de l'Ors (4)**, 1630 m. Den Weg Nr. 307B **(»Sentiero Tartarotti«)** westwärts über ein Bächlein wieder in die Südflanke des Dos del Sabión hinein. Dort erst über Wiesen, dann im Wald aufwärts an den Südwestrücken des Berges. Um ihn nach rechts herum zum Beschneiungsteich der Funivie Pinzolo. Unterhalb (!) von diesem vorbei zu einer Quellfassung und nordwestwärts hinab zur **Mittelstation (5)** an der Schulter **Prà Rodónt**, 1525 m. Vom Restaurant den Serpentinensteig Nr. 357 links der Seilbahn, die Zufahrtsstraße mehrmals kreuzend, durch Wald steil nach Westen abwärts, später auf breitem Fußweg nach links hinunter zu den Häusern von **Vallastone (6)**, 1228 m. Auf gepflastertem Fußweg im steilen Bergwald nach Westen abwärts zu den Wiesen von **Roncadini** und dort zu einer Verzweigung. Den Weg Nr. 357 vorerst entlang einer Straße, dann auf Karrenweg, die Seilbahntrasse zweimal kreuzend, bergab, zuletzt in langer Hangquerung links hinunter nach **Pinzolo**, 770 m. Dort die Staatsstraße Nr. 239 rechts haltend aufwärts zur **Talstation (1)** der **Sabión-Seilbahn**.

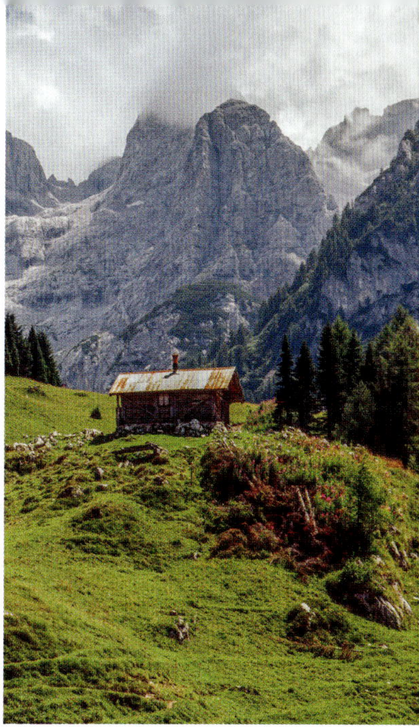

*Bàita dei Cacciatori unter den Felsmassiven der südlichen Brentagruppe.*

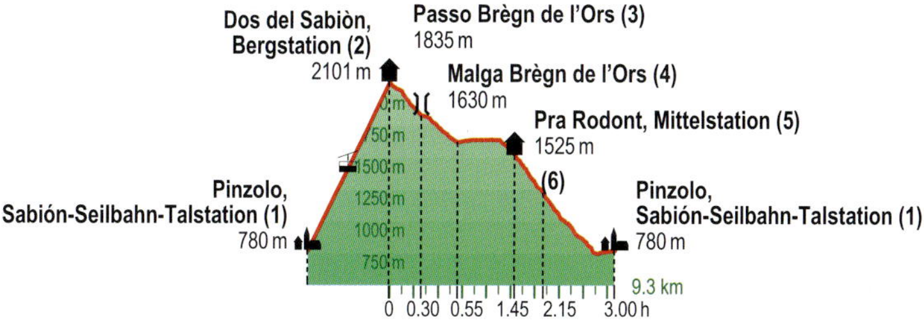

# 26 Malghe Stabio, 1453 m, und Cima Sera, 1909 m

4.30 Std.

**Das Los des Unauffälligen …**

*Hier wird eine Wanderkostprobe aus den jenseits des Val Giudicarie Superiore gelegenen westlichen Gardaseebergen (Val-di-Ledro-Alpen) geboten. An die Stelle großartiger Felsmassive tritt ein ursprüngliches Bergland mit dschungelartigen Wäldern, zauberhaften Blumenwiesen und absoluter Stille. So still, dass sich in den letzten Jahren auch Meister Petz angesiedelt hat. Die Cima Sera im Norden der Gruppe ist ein idealer Panoramaberg mit traumhaften Ausblicken zur Adamello-, Presanella- und Brentagruppe.*

**Ausgangspunkt:** Parkplatz Passo Duron, 986 m, 500 m südöstlich der Passhöhe beim Kinderspielplatz. Auffahrt mit eigenem Kfz auf Asphaltstraßen von Zuclo (6 km) oder Ponte Arche (10 km) aus möglich.
**Anforderungen:** Unschwierige Wanderung auf bez. Wegen und Steigen.
**Höhenunterschied:** 930 m.
**Einkehrmöglichkeiten:** Locanda Ridevert in Zuclo (25 B., ganzj. geöffnet, Voranmeldung empfohlen: Tel. +39 0465 326588, locandaridevert.com), Malghe Stabio (Malga Stabio di Bleggio Superiore, 1453 m, Malga Stabio di Saone, 1470 m) mit ständig geöffneten Küchenräumen. Wasserleitung nur in der unteren Alm. Im Sommer Bettenbenutzung möglich (Platz für 10 bis 15 Personen; nur mit Schlafsack, keine Verpflegung!).
**Variante:** Von der Malga Stabio di Bleggio Superiore kann man westwärts in 10 Min. zu der auf einem Hügel gelegenen Malga Stabio di Saone, 1470 m, wandern.

*Blick aus der Gegend von Larzana (Brentagruppe) nach Süden zu den Gardaseebergen mit der begrünten Cima Sera.*

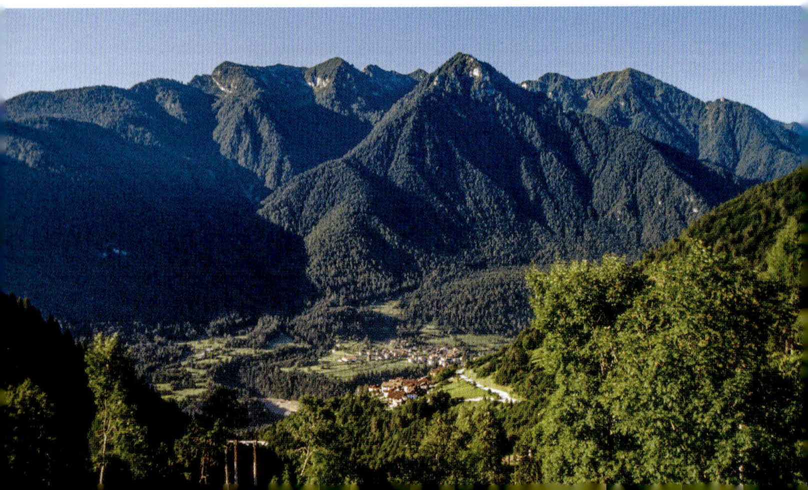

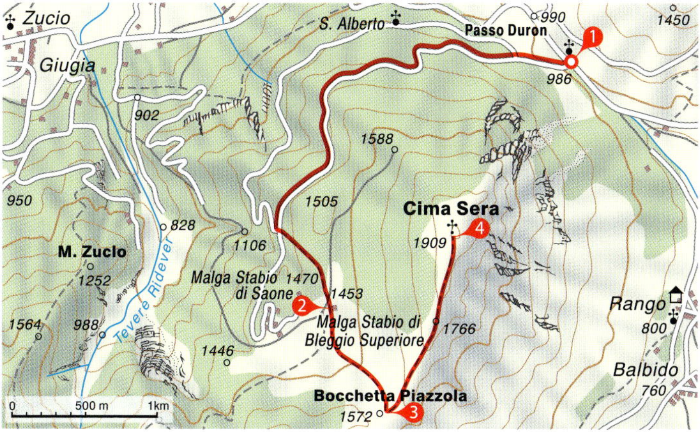


Vom Parkplatz **Passo Duron (1)** den Naturfahrweg Nr. 463 westwärts in den Wald und dort nach 100 m zu einer Teilung. Links auf dem Karrenweg Nr. 463 (geologischer Lehrpfad) an den steilen Waldhängen der Cima Sera nach Westen aufwärts, später steiler empor zum Bild »San Antonio« (Brentablick!) an einer Felswand links oberhalb. Auf dem Karrrenweg in Westrichtung weiter, dann nach links in die Westseite der Cima Sera hinein und dort an den Waldhängen (Tiefblick in das Val Giudicarie Superiore und auf Tione mit dem vergletscherten Carè Alto darüber) empor zu querender Forststraße. Diese links haltend weiter, später um eine Ecke nach links herum zu einem Gatter mit Straßenteilung danach.

Links die Straße in Südrichtung aufwärts zum herrlichen Wiesenbalkon der **Malghe Stabio**. Über die Weiden südwärts bergauf zum Alm- und Stallgebäude der **Malga Stabio di Bleggio Superiore (2)**, 1453 m. Halb links vom Fahrweg ab und auf bez. Steig über die Wiesen nach Südosten aufwärts, später im Wald zur **Bocchetta Piazzola (3)**, 1572 m, zwischen Cima Sera und Cimón degli Orti. Links den bezeichneten Steig über den Südrücken des Berges anfangs im Wald, dann über Wiesen zum Gipfel der **Cima Sera (4)** mit Holzkreuz.

**Abstieg** entlang der Anstiegsroute.

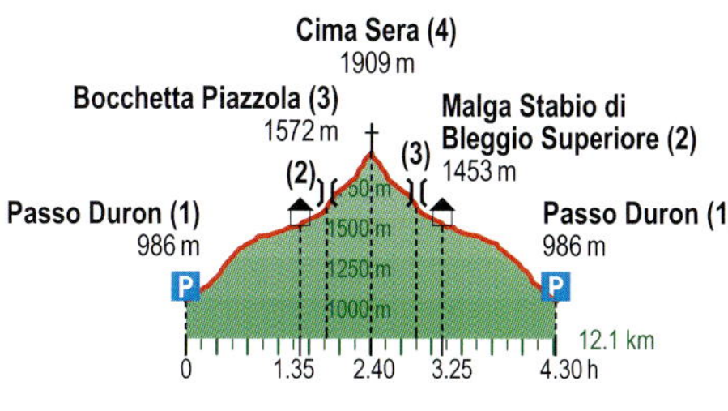

# 27 Über Cima Durmónt, 1835 m, und Monte Cargadursi, 1859 m

**4.30 Std.**

***Aussichtsreiche Mittelgebirgstour für die Übergangsjahreszeiten***

*Der grüne Höhenrücken des Monte Tóv an der Südwestecke der Brenta bietet ideales Gelände für stille Wanderungen außerhalb der heißen Jahreszeit. In seinem Randbereich ragen die beiden Grasgipfel der Cima Durmónt und des Monte Cargadursi auf, die man vom Gasthaus am Passo Daone (Autozufahrt von Spiazzo oder Preore) auf attraktiven Routen besteigen kann. Ein unerwartet großartiges Panorama über Gardaseeberge, Adamello (Carè Alto!), Presanella und Brenta ist der Lohn für die Mühe.*

**Ausgangspunkt:** Passo Daone, 1292 m, an der Südwestecke der Brentagruppe zwischen Cima Durmónt und Monte Amolo. Auffahrt von Preore (9 km), im Val Giudicarie Superiore, und Spiazo (7 km), im Valle Rendena, mit eigenem Auto auf schmaler Asphaltstraße.

**Anforderungen:** Unschwierige, aber lange Tour, vom Passo Campiol weg nicht überall ausreichend markiert und zum Teil verwachsen. Trittsicherheit und etwas Orientierungssinn nötig. Nach längeren Regenfällen abzuraten. Unterwegs kein Trinkwasser.

**Höhenunterschied:** 770 m.

**Einkehrmöglichkeiten:** Albergo-Ristorante Capanna Durmònt am Passo Daone (derzeit geschlossen, Stand: Juni 2024).

**Variante:** Vom Verzweigungspunkt, 1670 m, im Val Magrera kann die Cima La Petta (siehe auch Tour 28) aussichtsreich bestiegen werden. Gesamter zusätzlicher Zeitaufwand: 2 Std.

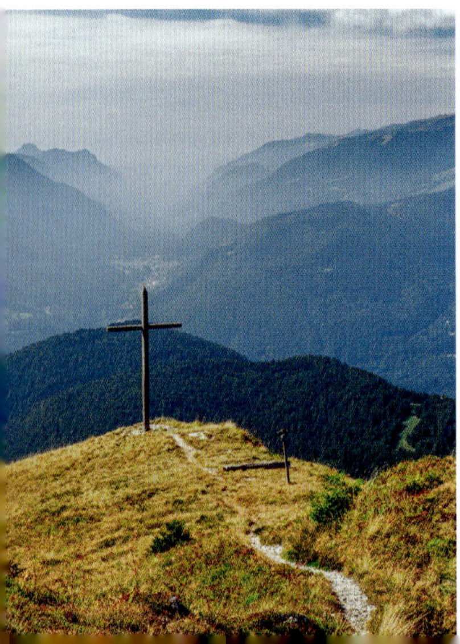

Vom **Rifugio Durmónt** am **Passo Daone (1)** die Passstraße 50 m nach Norden, dann rechts ab und auf schmaler Asphaltstraße 100 m in Ostrichtung aufwärts zu einer Verzweigung. Rechts den blau-weiß bezeichneten Fußweg Nr. 9 (Nummer und Markierung der Naturpark-Verwaltung Adamello-Brenta) im Wald nach Südosten empor zur **Malga Dotor** (**2**, 1385 m; Carè-Alto-Blick!) am Cima-Durmónt-Südwestrücken. Ostwärts weiter zu einer

*Das Kruzifix am Südgipfel der Cima Durmónt. Im Südwesten das offen daliegende Val Giudicarie Inferiore, das man an klaren Tagen bis zum Lago d'Idro überschaut.*

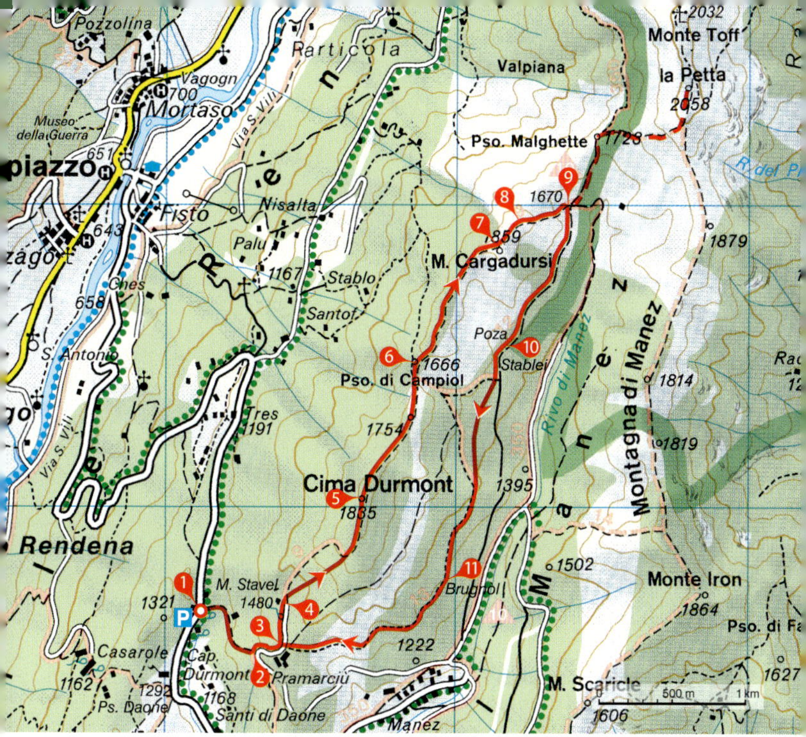


Forststraße und diese links zur **Malga Pramarciu (3)**, 1410 m. Die Straße in der Westseite des Rückens aufwärts zur **Malga Stavel (4)**, 1480 m, mit Straßenende bei der obersten Hütte. Den Fußweg Nr. 9 durch Wald nach rechts (Osten) steil empor an den Südwestrücken und über ihn unter den baumfreien Gipfelaufbau. In engen Kehren hoch, später an steilen Grashängen nach rechts an eine Bergrippe. Über diese links haltend zu einem Absatz, danach einen Wiesenrücken steil empor zur Schulter mit dem Gipfelkreuz, 1825 m. Hinauf zum Südgipfel, 1830 m, und am Kamm eben weiter, dann hinab in eine Scharte und jenseits den Grasrücken hoch, zuletzt über Felsstufen zum Hauptgipfel der **Cima Durmónt (5)**, 1835 m. Über den Nordostrücken (Weg Nr. 9) vorerst im grasi-

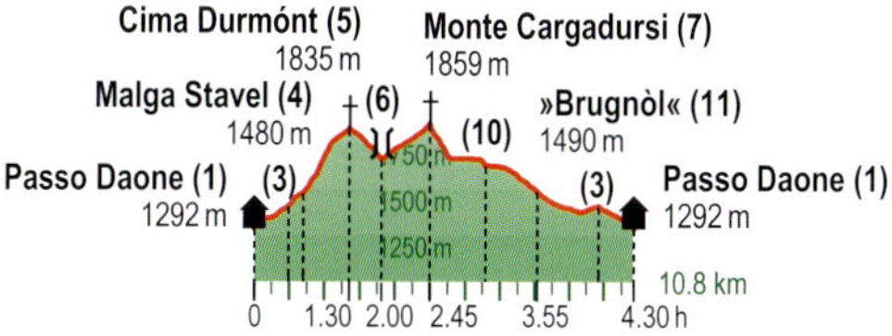

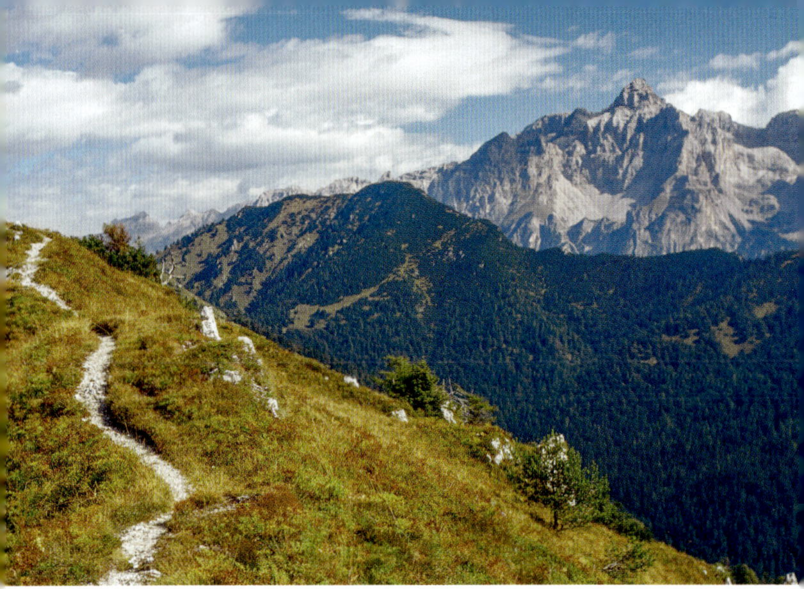

*Im Gipfelanstieg auf die Cima Durmònt mit Blick zur inneren Brentagruppe.*

gen Gelände, dann durch Wald, an einem Flachstück vorbei, hinab zur Lichtung am **Passo di Campiol (6)**, 1666 m. Jenseits den Waldrücken steil nach Nordosten empor zu einer Verflachung, dann im Auf und Ab weiter, zuletzt über den steilen Rücken empor zum baumfreien Gipfel des **Monte Cargadursi (7)**, 1859 m. Tiefblick nach Norden auf Pinzolo.

Den bezeichneten Steig durch Wald und Gesträuch sehr steil nach Nordosten hinab in einen **Sattel (8)**, 1740 m. Dort rechts von der Kammhöhe ab und über eine schmale Wiesenzunge ostwärts gegen das **Val Manèz** hinunter, später durch einen seichten Waldgraben (Val Magrera) steiler bergab zur **Verzweigung (9)**, 1670 m, südlich unterhalb des Passo Malghette. Den Querweg Nr. 10 rechts haltend, an der rechten Seite des Val Manèz, sanft nach Südwesten abwärts zur Wiesenmulde »**Poza**« **(10)** mit Beginn einer schmalen Schotterstraße am Unterrand. Ohne der Straße zu folgen auf dem blau-weiß markierten Steig Nr. 10 an den bewaldeten Osthängen der Cima Durmónt in Südrichtung eben weiter, dann sanft bergab zur Lokalität »**Stablèi**« mit dem Querweg Nr. 12. Den Steig Nr. 10 an den Waldhängen eben fort, später hinab zur Wegteilung beim Brunnentrog »**Brugnòl**« **(11)**. Dort geradeaus und an den steilen Hängen erst südwestwärts, dann westwärts, zwei Gräben querend, zur **Malga Pramarciu (3)**, 1410 m. Auf bekanntem Weg zum **Passo Daone (1)**.

**5.15 Std.**

# Cima La Petta, 2058 m, und Monte Tóv, 2032 m

**28**

***Zwei stille Aussichtsberge an der Südwestecke der Brenta***

*Das Gebiet des Monte Tóv im Winkel zwischen Rendena- und Algonetal kann natürlich nicht mit den Felsräumen der Zentralbrenta mithalten, doch im Frühjahr und Spätherbst, wenn die Hütten der Hochregion zu sind, bieten sie lohnende Ziele. Von Norden über einen tollen Panorama-Höhenweg zugänglich, erweist sich die höchste Erhebung, die Cima La Petta, als ein vorzüglicher Luginsland vor Adamello, Presanella, Brenta und den Gardaseebergen.*

**Ausgangspunkt:** Parkplatz vor der Malga Stablèi, 1520 m, am Südostabhang des Dos dei Cavai. Zufahrt mit eigenem Auto auf Asphaltstraßen von Stenico oder Ràgoli, im Val Giudicarie Superiore, über die Ponte del Lisagn und durch das Val d'Algone zu den Rifugi Ghedina, 1132 m, und Brenta, 1170 m (Schranke, Ticketautomat). Weiter auf Naturstraße (Maut; Befahrung nur zwischen 4.00 und 22.00 Uhr gestattet) zum Parkplatz vor der Malga Stablèi, 16 km von Stenico bzw. Ràgoli.
**Anforderungen:** Wanderung für trittsichere Geher. Nicht immer optimal bez. Steige. Trittsicherheit und Schwindelfreiheit nötig.
**Höhenunterschied:** 670 m.
**Einkehrmöglichkeiten:** Albergo Brenta (20 B., vom 1. Juni bis 30. Sept./15. Okt tägl. geöffnet, Tel. +39 347 4449965, albergobrenta.it), Rif. Ghedina (11 B., vom 1. Juni bis 30. Sept./15. Okt. tägl. geöffnet, Tel. +39 0465 321808). Malga Serli (immer offener Unterstandsraum mit Tisch, Bänken, Feuerstelle und Brennholz; keine Schlafgelegenheit), Bàita Pozza (2 L., Kamin, kein Wasser).
**Variante:** Pfadfinder können vom Gipfel des Monte Tóv auf unbez. Steigspuren über den grasigen, später bewaldeten Nordrücken zur Malga Serli bzw. in den Sattel vor dem Dos dei Cavai absteigen (Verhauergefahr!). 45 Min. Zeitersparnis.

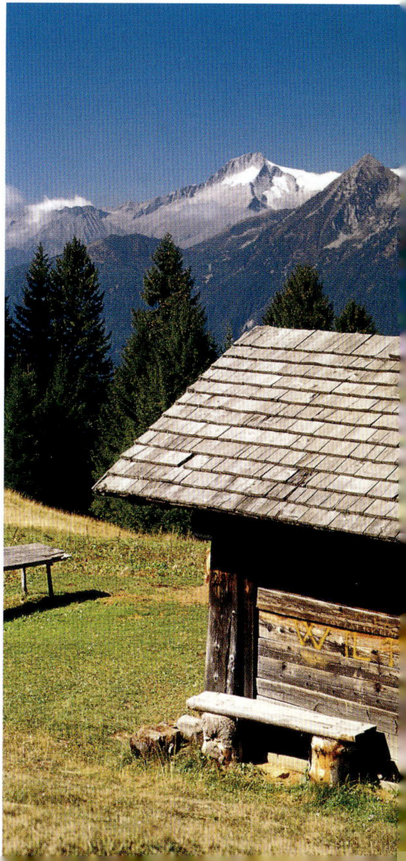

*Die reizvoll gelegene Malga Serli. Dahinter der Carè Alto.*

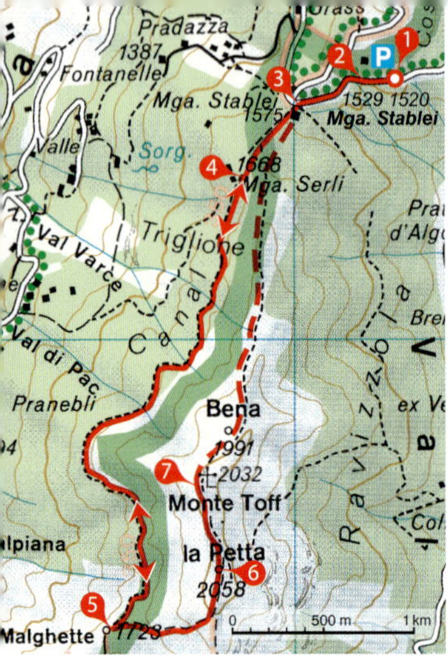


Vom **Parkplatz (1)** auf Naturstraße, an der **Malga Stablèi (2)**, 1529 m, vorbei, über Wiesen und durch Wald nach Westen aufwärts zur Waldlichtung am **Sattel (3)**, 1575 m, zwischen Monte Tóv und Dos dei Cavai. Links ab und auf Fahrweg (Nr. 350) kurz nach Süden zur Linkskurve vor dem steil ansetzenden Waldrücken des Monte Tóv, dort rechts ab und sogleich zur nächsten Teilung. Geradeaus den Fußweg Nr. 350 über den Rücken nach Südwesten empor zu einer Schulter und weiter in die Westseite des Berges. Dort an den Hängen eben nach Süden zur **Malga Serli** (**4**, auch »Malga Gras de le Zerle«, 1668 m; Brunnen) in wunderbarer Balkonlage über dem Valle Rendena mit prächtigem Carè-Alto-Blick. Am bewaldeten Westabhang des Monte Tóv nach Süden aufwärts zur Blockhütte **Bàita Pozza**, 1726 m. Den Pfad südwärts weiter bergauf und um den Tóv-Westrücken herum, dann eben in den grasigen **Passo Malghette** (**5**, auch »Passo Màrgole«, 1723 m).

Links ab (Tafel) und auf anfangs undeutlichen Steigspuren nach Nordosten hinauf zum Waldrand, wo Wegtrasse und Markierung beginnen. Den blauweiß bezeichneten Steig Nr. 15 (Nummer und Markierung der Naturpark-Verwaltung Adamello-Brenta) im Wald steil nach Osten hoch, dann über eine steile Wiesenzunge, weiter oben durch Latschen empor an den Südrücken der Cima La Petta (Verzweigung). Den Steig nach links in der Westseite des Rückens und dort steil hoch zum Südgipfel (2055 m; Steinmann). Den Höhenrücken nordwärts auf und ab zum Mittelgipfel, 2057 m, und weiter auf den Hauptgipfel der **Cima La Petta** (**6**, 2058 m; auch »Cima Màrgole«, Vermessungszeichen). Über den latschenbewachsenen Kamm auf unbezeichnetem Steig nordwärts weiter zum Gipfel des **Monte Tóv** (**7**, 2032 m; Kruzifix).

**Abstieg** und Rückweg entlang der Anstiegsroute.

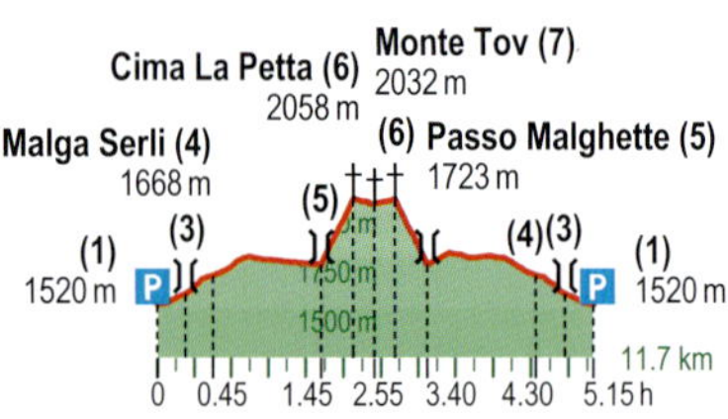

5.15 Std.

# Rifugio 12 Apòstoli, 2487 m

29

**Kühn postiertes Bergsteigernest am Westrand der Brenta**

*Wer zur Apostelhütte will, beginnt die Tour vorteilhaft an der Malga Movlina, denn so ist man frei von den Seilbahnbetriebszeiten wie beim Start am Dos del Sabión (Seilbahn von Pinzolo). Der westseitige Steilanstieg über die »Scala Santa« ist zweifellos anstrengend, aber landschaftlich wunderschön. Von der am Rand des Pratofioritokares stehenden Hütte bewundert man den vergletscherten Carè Alto (Adamellogruppe) gegenüber. Keinesfalls versäumen sollte man dort die Besichtigung einer aus der Wand der Cima 12 Apòstoli geschlagenen Felskapelle, deren Innenraum sich mit einem Kruzifix gegen das Freie öffnet.*

**Ausgangspunkt:** Der Movlina-Parkplatz, 1770 m, am Höhenrücken südwestlich der Malga Movlina. Zufahrt von Stenico oder Ràgoli, im Val Giudicarie Superiore, wie bei Tour 28 durch das Val d'Algone und über die Malga Stablèi, 19 km von Stenico bzw. Ràgoli.

**Anforderungen:** Teils steiler, anstrengender Hüttenzugang auf bez. Wegen und Steigen. Trittsicherheit und Schwindelfreiheit nötig.

**Höhenunterschied:** 820 m.

**Einkehrmöglichkeiten:** Rif. 12 Apòstoli (38 B., vom 20. Juni bis 20. Sept. geöffnet, rifugiododiciapostoli.com, Tel. +39 0465 501309). An der Malga Movlina keine Einkehr!

**Hinweis:** Eine beabsichtigte Übernachtung am Rif. 12 Apòstoli muss an dem im Auto sichtbar angebrachten Ticket schriftlich vermerkt sein.

**Varianten:** Geübte können von der Apostelhütte auch den Weg Nr. 341 (Kletterstellen im Schwierigkeitsgrad I) über den Passo 12 Apòstoli und durch das Val di Sacco wählen. 15 Min. länger als die Hauptroute.

Man kann auch vom Dos del Sabión (Seilbahn) zur Apostelhütte gelangen: Wie bei Tour 25 zum Passo Brègn de l'Ors, danach den Weg Nr. 307 südwärts in den Sattel P. 1845 m und auf unten beschriebener Route zum Rifugio 12 Apòstoli. Im Abstieg zurück zum Passo Brègn de l'Ors, dann wie bei Tour 25 zur Mittelstation des Sabiónlifts. 45 Min. länger als die Hauptroute.

*Das Rifugio 12 Apòstoli am Abbruchrand des Pratofioritokares. Darüber die Cima Nardìs.*

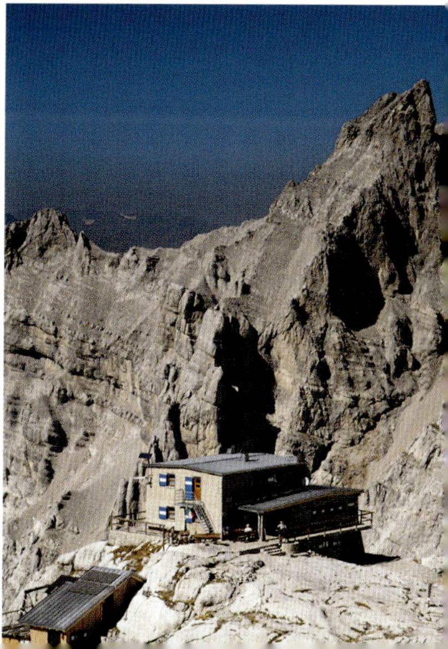

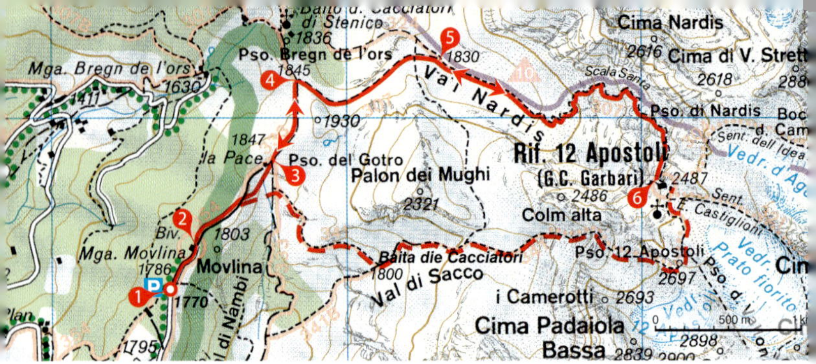


Vom **Parkplatz (1)** auf beschrankter Naturstraße durch Wiesen 250 m nach Nordosten empor zur **Malga Movlina** (**2**, 1786 m; Adamello-Presanella-Blick!). Den Fahrweg Nr. 354 an der grasigen Westflanke des Movlinahügels in Nordostrichtung sanft aufwärts zur Rechtsabzweigung von Weg Nr. 341. Geradeaus über die Wiesen weiter, dann rechts in einen grasigen Graben und durch ihn nach Norden empor zum **Passo del Gotro (3)**, 1847 m, zwischen dem Palón dei Mughi rechts und einem Grashügel (mit dem geschlossenen **Rif. La Pace**) links. Jenseits auf breitem Weg durch die bewaldete Westflanke des Palón dei Mughi nach Norden in einen **Sattel (4)**, 1845 m, am Rücken zwischen Dos del Sabión und Palón dei Mughi. Den Querweg Nr. 307 nach rechts in die bewaldete Nordflanke (Tiefblick zum Lago di Val d'Àgola!) des Palón dei Mughi hinein und eben nach Osten, später hinab zu dem von mächtigen Bergen flankierten Kessel und Wiesenboden des **Pian di Nardìs** (**5**, 1830 m, Verzweigung). Den Weg Nr. 307 durch Latschen in Ostrichtung aufwärts, später an der linken Talseite weiter unter einen Steilaufschwung. Die Block- und Geröllhalden in Kehren nach Nordosten hoch, dann rechts an eine steile latschenbewachsene Felsrippe. Über diese auf drahtseilgesichertem Steig (»**Scala Santa**«) in Kehren bergauf und nach links in eine Rinne. An ihrer linken Seite (Drahtseile) in steilen Windungen empor auf eine Terrasse (Bank). Über Schutthänge in Kehren gegen die Wände der Cima Nardìs hoch, dann über die Halde nach rechts unter einen gegliederten Felsaufschwung. Über diesen in Windungen aufwärts, später eine Rampe schräg nach rechts (Süden) hoch, zuletzt über geneigte Karrenplatten zu dem an der Abbruchkante der **Busa di Pratofiorito** stehenden **Rifugio 12 Apòstoli (6)**, 2487 m.

**Abstieg** entlang der Aufstiegsroute.

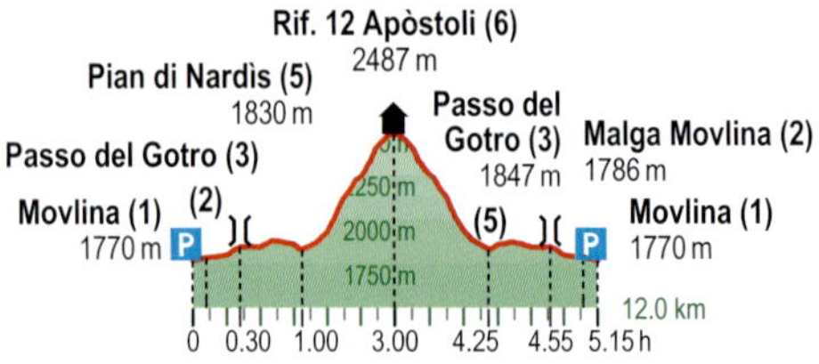

2.45 Std.

# Val d'Ambiéz: Sentiero delle Malghe

30

## *Almenspaziergang mit strapaziösem Schlussabstieg*

*Die Cacciatorehütte im Hintergrund des Val d'Ambiéz ist von dem an der Brenta-Südseite gelegenen Ort San Lorenzo per Hüttentaxi rasch zu erreichen. Will man nicht gleich in die Hochregion, sondern zunächst den gewaltigen Ambiéz-Canyon erkunden, empfiehlt sich die Begehung des Sentiero delle Malghe im Abstieg, an der westlichen Talflanke entlang. Er führt an malerischen Wiesen vorbei und später auf einem strapazierenden Plattenweg durch dichten Buschwald steil zur Pont de Baésa hinab. Die wenig frequentierte Route erschließt eine unbekannte wildromantische Seite der Brenta.*

**Ausgangspunkt:** Parkplatz Baésa, 903 m, am Eingang in das Val d'Ambiéz. Zufahrt mit eigenem Kfz auf schmaler Asphaltstraße von San Lorenzo, 3 km. Von dort Taxi-Auffahrt (Taxi-Jeep-Dienst Molveno-San Lorenzo Dorsino, Tel. +39 347 9517713 und +39 388 8256013, taxijeep.it; Auskunft auch am Verkehrsamt von San Lorenzo, Tel. +39 0465 734040, sanlorenzo-dorsino.it) auf der nur für autorisierte Fahrzeuge befahrbaren Ambiéztal-Schotterstraße zum Rif. Al Cacciatore, 1860 m (10 km ab Baésa).

**Anforderungen:** Anstrengender, aber einfacher Talabstieg auf nicht immer gut bez. Steigen. Trittsicherheit nötig. Bei Nässe abzuraten.

**Höhenunterschied:** 140 m im Anstieg, 1100 m im Abstieg.

**Einkehrmöglichkeiten:** Ristoro Dolomiti auf Baésa (keine Übernachtung, von Ostern bis 14. Juni sowie 1. bis 31. Okt. Sa., So. und Feiertag, vom 15. Juni bis 30. Sept. tägl. geöffnet, Tel. +39 0465 734052, ristorodolomiti.com), Rif. Al Cacciatore (25 B., bew. vom 20. Juni bis 20. Sept., danach bis Ende Okt. an Wochenenden, Tel. +39 331 8482279).

**Variante:** Die vorliegende Wanderung kann mit Tour 32 kombiniert werden.

Vom Parkplatz **Baésa (1)** Auffahrt mit dem Hüttentaxi zum **Rifugio Al Cacciatore (2)**. Von der Hütte die Zufahrtsstraße (Weg Nr. 325) an der rechten Seite des **Val d'Ambiéz** nach Süden abwärts zu Verzweigung bei **Linkskehre (3)**. Den Karrenweg Nr. 348, oberhalb der Malga Prato di sotto vorbei, gerade fort, später durch lichten Nadelwald sanft bergab in die Mulde der **Busa di Senaso**. Diese wird gequert und danach die Wiesenschulter der **Malga Senaso di sotto** (**4**, 1578 m; Brunnen; Milchprodukte) am Nordostfuß

*Das Rifugio Al Cacciatore im inneren Val d'Ambièz zu Füßen der Cima Ceda.*

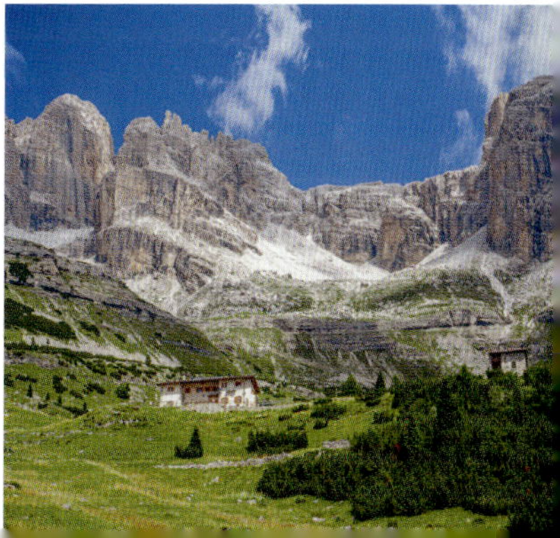

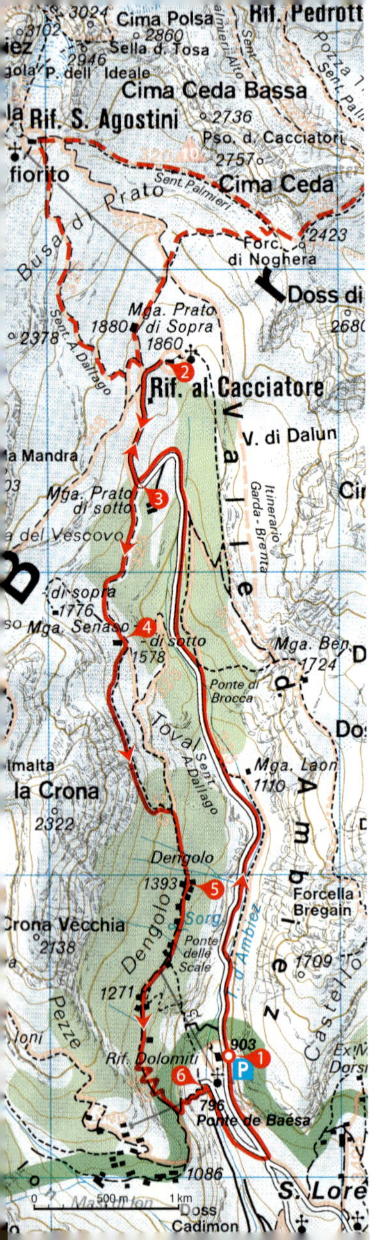


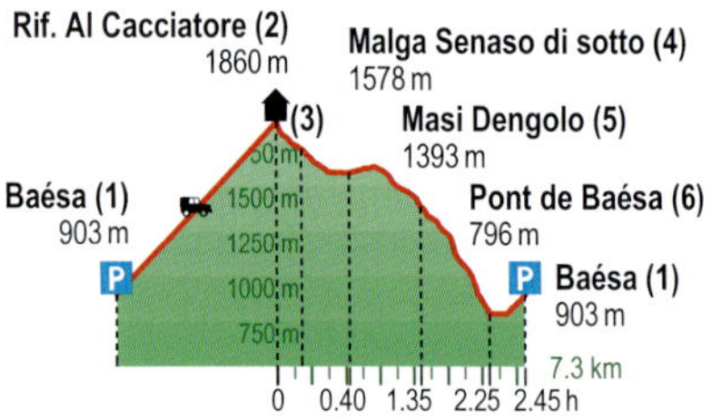


der La Crona erreicht. Von der Verzweigung am Südende der Stallung halb rechts den begrünten Weg Nr. 342 durch Wiesen, Latschen und lichten Lärchenbewuchs nach Süden aufwärts, später unter der Ostwand der La Crona zum höchsten Punkt der Querung mit Rückblick in den Ambiéz-Talschluss. Nun auf etwas schottrigem Steig an Grashängen in Südrichtung abwärts, später eine sehr steile Wiese in Kehren nach links (Osten) hinunter und nach rechts in den Wald. Dort südwärts in langer Hangquerung hinab zu den Hütten von **Masi Dengolo** (**5**, 1393 m; Brunnen) auf geneigter Wiese über dem schluchtartigen äußeren Ambiéztal. Weiter auf spärlich bezeichnetem Fußweg durch Wald und über Wiesen, an teils verfallenen Hütten vorbei, eben nach Süden, dann durch Buschwald hinab unter eine Felswand. Auf einem Plattenweg in steilen Kehren weiter abwärts zum Querweg Nr. 349 bei Marienbild rechts an der Felswand. Den sehr steilen, gepflasterten Karrenweg (Geländer) ostwärts in Kehren hinunter in die Talsohle des **Val d'Ambiéz** und dort zur **Pont de Baésa (6)**, 796 m, über den Ambiézbach. Jenseits auf Fahrweg an den Waldhängen eben nach rechts (Südosten) zur asphaltierten Zufahrtsstraße und diese links haltend hinauf zum Parkplatz **Baésa (1)**.

5.00 Std.

# Selletta Colmalta, 2276 m, und Lago d'Àsbelz, 2016 m

31

### *Einsamkeit pur am Südrand der Brenta*

*Wem trotz aller landschaftlichen Schönheiten die Menschenmassen im Zentralraum der Brenta auf die Nerven gehen, der hat die Möglichkeit, gar nicht weit entfernt davon gottverlassenes Ödland, unberührte Natur und Einsamkeit zu erleben. Die Rede ist von dem in einem Seitenast des Val d'Ambiéz gelegenen Lago d'Àsbelz. Das in der nahen Alm eingerichtete Biwak leistet als Stützpunkt für Entdeckungsfahrten gute Dienste. Die Tour – eine anspruchsvolle Variante zu Tour 30 – erfordert Bergerfahrung, auch sollte man in diesem entlegenen Gebiet nicht alleine unterwegs sein.*

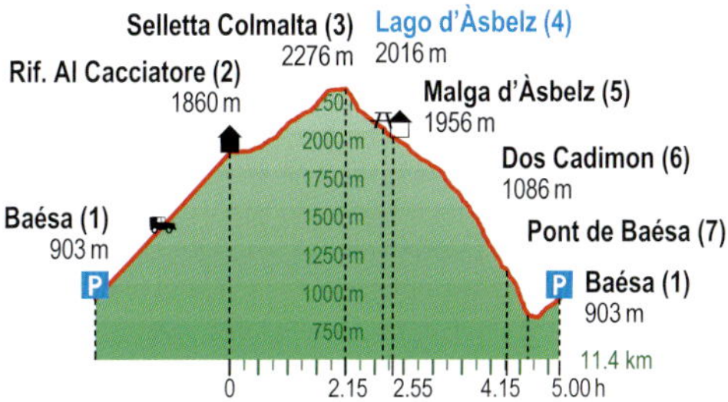


**Ausgangspunkt:** Siehe Tour 30.
**Anforderungen:** Lange, anspruchsvolle Wanderung. Teils exponierte, schlecht bez. Wege und Steige. Nur für ausdauernde und trittfeste Geher bei gutem Wetter zu empfehlen.
**Höhenunterschied:** 540 m im Anstieg, 1500 m im Abstieg.
**Einkehrmöglichkeiten:** Ristoro Dolomiti auf Baésa (keine Übernachtung, von Ostern bis 14. Juni sowie 1. bis 31. Okt., Sa., So. und Feiertag, vom 15. Juni bis 30. Sept. tägl. geöffnet, Tel. +39 0465 734052, ristorodolomiti.com), Rif. Al Cacciatore (25 B., bew. vom 20. Juni bis 20. Sept., danach bis Ende Okt. an Wochenenden, Tel. +39 331 8482279), Biv. Malga d'Àsbelz (2 L., ganzj. geöffnet, aber nicht bewirtschaftet).
**Hinweis:** Bei Nässe und schlechter Sicht ist von dieser Tour abzuraten.

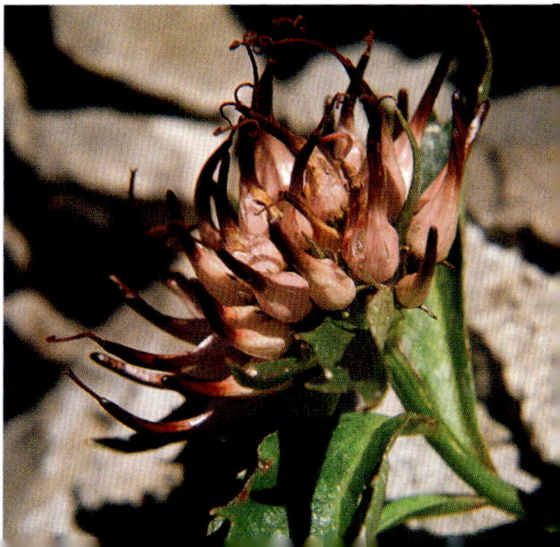

*Eine in entlegenen Bereichen der Brenta vorkommende Rarität, die Teufelskralle.*

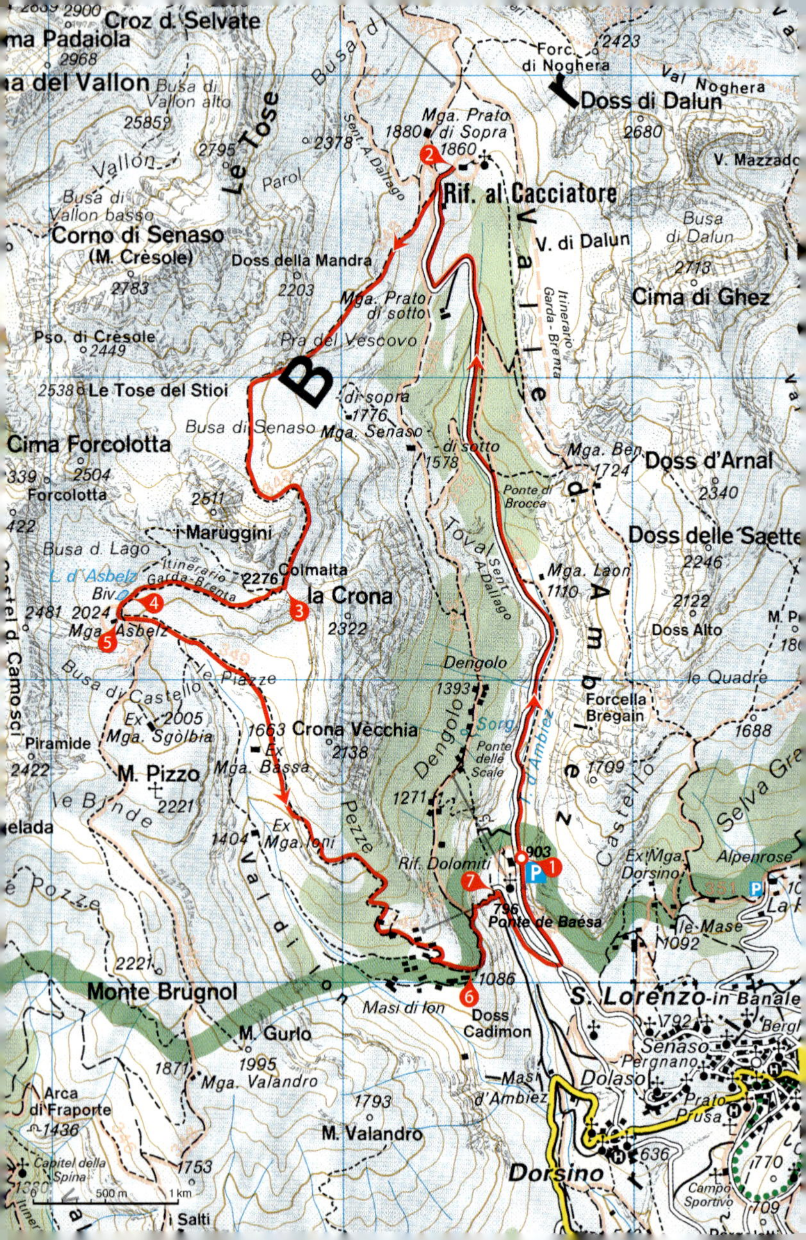

Croz d. Selvate
Forc. di Noghera
Val Noghera
Doss di Dalun
Mga. Prato di Sopra
Rif. al Cacciatore
Le Tose
Corno di Senaso (M. Crèsole)
Doss della Mandra
Mga. Prato di sotto
V. di Dalun
Cima di Ghez
Pso. di Crèsole
Pra del Vescovo
Le Tose del Stioi
Busa di Senaso
Mga. Senaso
Cima Forcolotta
Doss d'Arnal
Mga. Ben
Ponte di Brocca
i Marùggini
Colmalta
la Crona
Doss delle Saette
Mga. Laon
L. d'Asbelz
Mga. Asbelz
Dengolo
Doss Alto
Forcella Bregain
Crona Vècchia
Piramide
M. Pizzo
Rif. Dolomiti
Ponte de Baésa
Ex Mga. Dorsino
Alpenrose
Monte Brugnol
Masi di Ion
Doss Cadimon
S. Lorenzo-in Banale
M. Gurlo
Mga. Valandro
M. Valandro
Dolaso
Dorsino
Arca di Fraporte
500 m
1 km

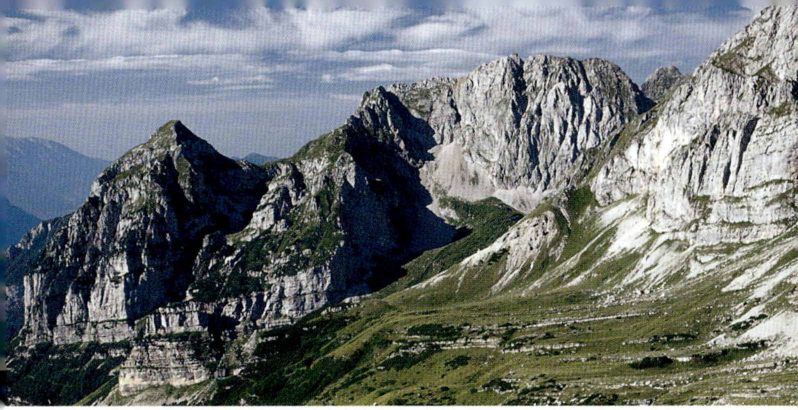

*Blick von Nordosten auf La Crona und Marùggini, darunter die Busa di Senaso.*

Vom Parkplatz **Baésa (1)** Auffahrt mit dem Hüttentaxi zum **Rif. Al Cacciatore (2)**. Von der Hütte (Wegbeginn beim Holzkreuz westlich von ihr) den Steig Nr. 348 an den Latschenhängen unterhalb des Corno di Senaso vorerst in Süd-, dann in Südwestrichtung aufwärts zu einer Quelle. Am Oberrand ausgedehnter Wiesenterrassen auf und ab weiter in das Kar der **Busa di Senaso**. Über Geröll nach links (Süden) empor unter senkrechte Wände, dann in Ostrichtung in eine Scharte. Nun im Rechtsbogen um den Nordostsporn der Marùggini herum, später an Grashängen nach Süden aufwärts zur Wiesenschulter der **Selletta Colmalta** (**3**, 2276 m; Rückblick in den Talschluss des Val d'Ambiéz) westlich oberhalb des Sattels zwischen La Crona und Marùggini. Jenseits über Wiesen in Kehren bis auf etwa 2100 m hinunter, dann nach rechts in die Südflanken der Marùggini hinein. Dort an steilen Grashängen (Vorsicht!) gegen das obere Val di Jon abwärts, später nach Südwesten hinunter in das Kar der **Busa del Lago** mit dem 100 m langen und 30 m breiten **Lago d'Àsbelz** (**4**, 2016 m, Rastplatz).
Über Wiesen nach Südosten abwärts zur **Malga d'Àsbelz (5)**, 1956 m, danach auf dem Karrenweg Nr. 349 an der linken Seite des Val di Jon über Wiesen hinab in die Mulde »**Piazze**«. Nun an der Westflanke der La Crona Vecchia, an sehr steilen Gras- und Felsflanken entlang, an den Südostrücken des Berges. Über ihn durch Buschwald, an den Wiesen und Hütten der **Masi di Jon** vorbei, hinab zur Schulter des **Dos Cadimon (6)**, 1086 m. Auf gepflastertem Karrenweg durch Gesträuch steil nach links (Norden) gegen das **Val d'Ambiéz** hinunter zur Linkseinmündung von Weg Nr. 342. Den sehr steilen Karrenweg in Kehren nach Osten hinab in die Talsohle und dort zur **Pont de Baésa (7)**, 796 m, über den Ambiézbach. Jenseits auf Fahrweg an den Waldhängen eben nach rechts (Südosten) zur asphaltierten Zufahrtsstraße und diese links haltend hinauf zum Parkplatz **Baésa (1)**.

# 32 Rifugio Silvio Agostini, 2410 m

**4.00 Std.**

### Gemütliche Bergsteiger-Einkehr unter himmelragenden Wänden

*Die Agostinihütte im Val d'Ambiéz gehört zu den rasch erreichbaren Stützpunkten der Brenta. Sie liegt am Unterrand der Moräne des Ambiézgletschers, unweit der Trümmerreste des 1957 umgestürzten Torre Jandl, der am Fuße der Punta dell'Ideale gestanden hatte. Nach dem Hüttenbesuch folgen wir dem Palmieriweg über die Nogherascharte zum Ostrücken der Cima Ceda, wo sich eine Prachtschau auf Cima Tosa und Cima Brenta Alta auftut.*

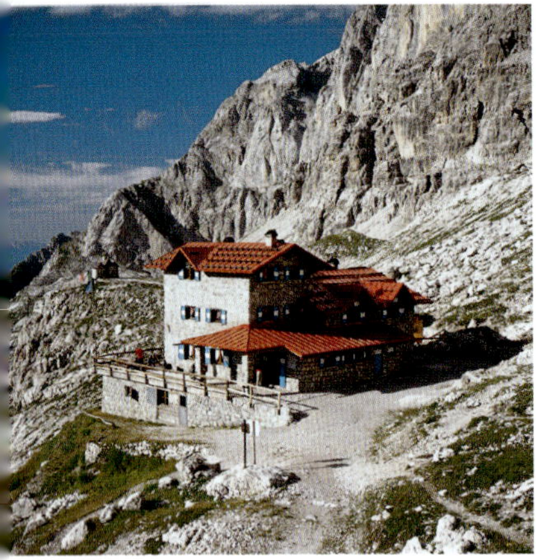

*Das Rifugio Silvio Agostini.*

**Ausgangspunkt:** Siehe Tour 30.
**Anforderungen:** Einfache Wanderung auf teils schlecht bez. Steigen. Trittsicherheit nötig.
**Höhenunterschied:** 680 m.
**Einkehrmöglichkeiten:** Ristoro Dolomiti auf Baésa (keine Übernachtung, von Ostern bis 14. Juni sowie 1. bis 31. Okt. Sa., So. und Feiertag, vom 15. Juni bis 30. Sept. tägl. geöffnet, Tel. +39 0465 734052, ristorodolomiti.com), Rif. Al Cacciatore (25 B., bew. vom 20. Juni bis 20. Sept., danach bis Ende Okt. an Wochenenden, Tel. +39 331 8482279), Rif. Agostini (60 L., bew. vom 20. Juni bis 20. Sept., danach an Wochenenden bis Anfang Okt., Tel. +39 0465 734138, rifugioagostini.com).
**Variante:** Vom Rif. Al Cacciatore kann man wie bei Tour 30 auch zu Fuß zum Parkplatz Baésa gelangen. 2.45 Std. zusätzlicher Zeitaufwand.

Vom Parkplatz **Baésa (1)** Auffahrt mit dem Hüttentaxi zum **Rifugio Al Cacciatore (2)**. Von der Hütte (Verzweigungspunkt westlich von dieser) auf Weg Nr. 325 (**»Sentiero Adriano Dallago«**) durch Wiesen und Latschen in Kehren nach Westen empor auf eine Terrasse.

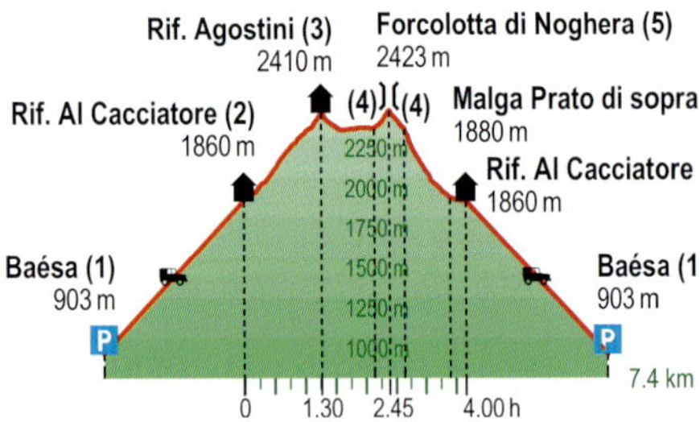

Dort in Nordrichtung bergauf, später nach links unter einen Aufschwung. Die Grashänge nordwestwärts hoch, dann nach rechts in die Falllinie der Hütte und über einen steilen Schutthang in Serpentinen empor zur Zubringerstraße und auf ihr zum **Rif. Agostini (3)**, 2410 m.

Auf der Zubringerstraße einige Kehren nach Osten abwärts, dann quer über die Moräne des Ambiézgletschers zu Verzweigung bei Rechtskehre. Links ab und auf dem Steig Nr. 320 (»Sentiero Palmieri«) an den begrünten Schutthängen zu Füßen von Punta dell'Ideale und Cima Ceda eben nach Osten, bis die Trasse zu steigen beginnt. Unterhalb der Wände in teils schrofigem Terrain südostwärts gegen einen gelben Felssporn hinauf zur **Rechtsabzweigung** (**4**, 2310 m; nicht leicht zu finden, keine Tafel) des bez. Steiges zur Cacciatorehütte. An den Geröllhängen weiter aufwärts, zuletzt durch eine Steilrinne in die enge **Forcolotta di Noghera (5)**, 2423 m. Jenseits quer durch die Südostflanke der Cima Ceda Orientale abwärts zur Schulter, 2400 m, am Ostrücken des Berges. Prachtschau auf die Umrahmung der Pozza Tramontana. Zurück zur bekannten Linksabzweigung, 2310 m, des Steiges zur Cacciatorehütte. Auf dem sporadisch bez. Pfad (keine Nummer) über angegrünte Schutthänge in steilen Kehren vorerst nach Südwesten, dann nach Westen abwärts, zuletzt über Wiesen weniger steil zur Schotterstraße Nr. 325B. Auf ihr (oder auf abkürzendem Pfad), an der **Malga Prato di Sopra (6)**, 1880 m, vorbei, südwärts hinab zum **Rifugio Al Cacciatore (2)** und mit dem Hüttentaxi zurück zum Parkplatz **Baésa (1)**.

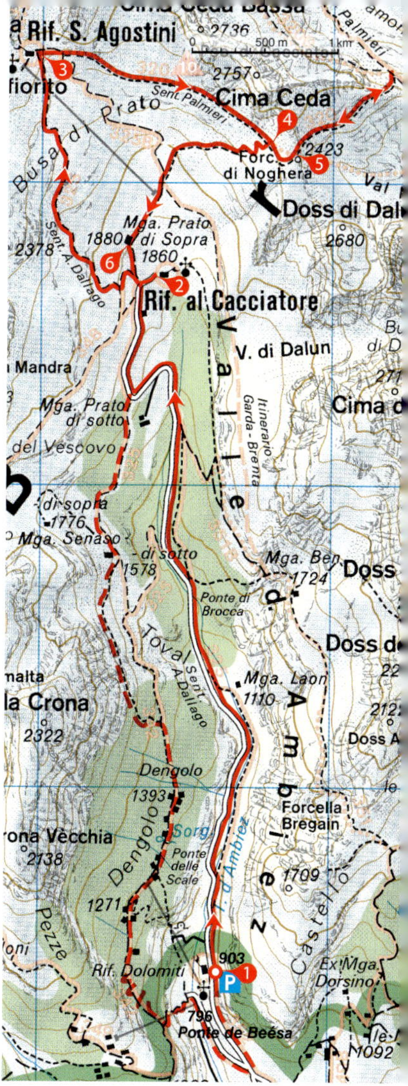

## 33 Um die Cima d'Ambiéz

7.30 Std.

### Ein Ringweg für trainierte Allrounder

*Wie alle Ringwege der Zentralbrenta vermittelt auch jener um die Cima d'Ambiéz Einblicke in gewaltige Felsräume. Startplatz ist das per Taxi erreichbare Rifugio Al Cacciatore im inneren Val d'Ambiéz. Über die zwar exponierte, aber kaum schwierige Via ferrata Ettore Castiglioni gelangen wir zu der im Pratofioritokar gelegenen Apòstolihütte. Mit Rückweg über die nur durch steile Eisrinnen zugängliche Bocca d'Ambiéz ergibt das eine anspruchsvolle Runde für geübte, mit Pickel, Steigeisen und Klettersteig-Sel ausgerüstete Geher.*

*Die Begehung der durch eine senkrechte Wand führenden »Via ferrata Ettore Castiglioni« verlangt Kaltblütigkeit und bergsteigerische Übung.*

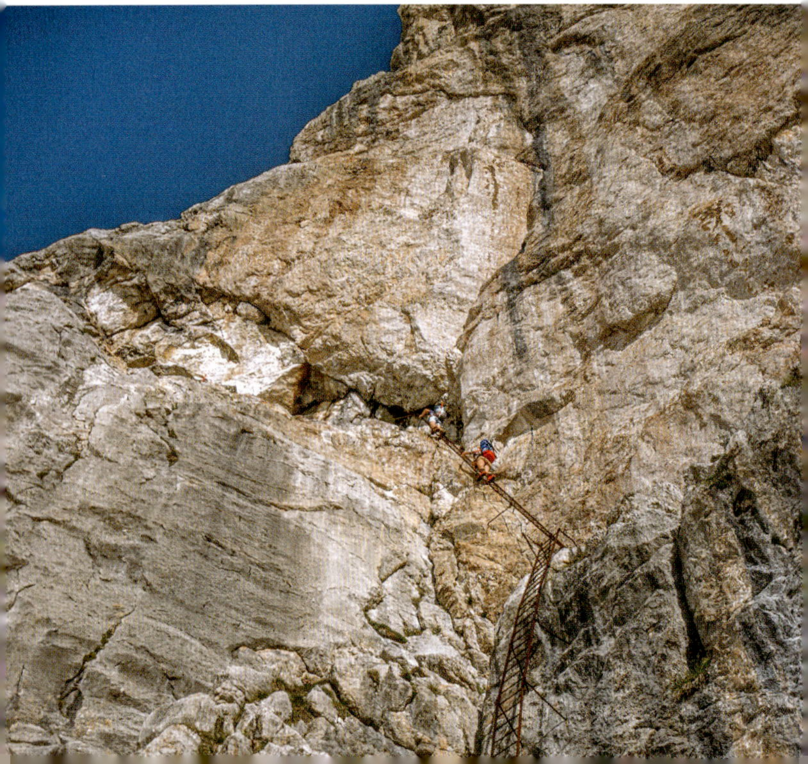

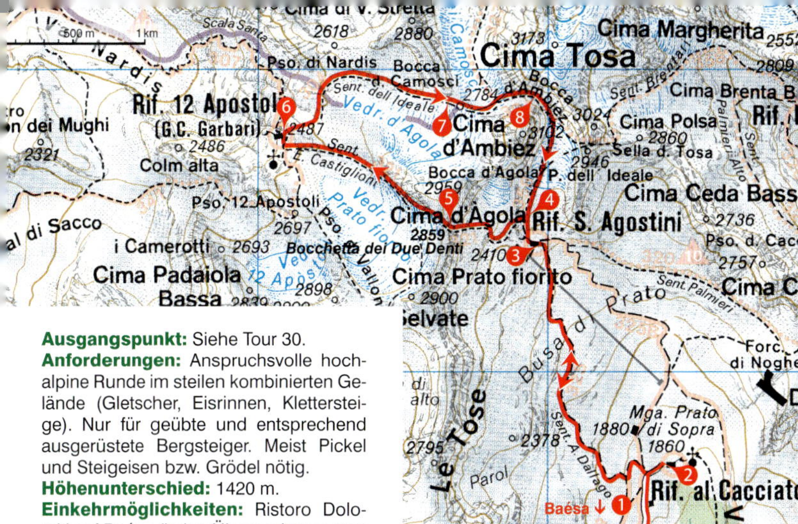


**Ausgangspunkt:** Siehe Tour 30.
**Anforderungen:** Anspruchsvolle hochalpine Runde im steilen kombinierten Gelände (Gletscher, Eisrinnen, Klettersteige). Nur für geübte und entsprechend ausgerüstete Bergsteiger. Meist Pickel und Steigeisen bzw. Grödel nötig.
**Höhenunterschied:** 1420 m.
**Einkehrmöglichkeiten:** Ristoro Dolomiti auf Baésa (keine Übernachtung, von Ostern bis 14. Juni sowie 1. bis 31. Okt. Sa., So. und Feiertag, vom 15. Juni bis 30. Sept. tägl. geöffnet, Tel. +39 0465 734052, ristorodolomiti.com), Rif. Al Cacciatore (25 B., bew. vom 20. Juni bis 20. Sept., danach bis Ende Okt. an Wochenenden, Tel. +39 331 8482279), Rif. Agostini (60 L., bew. vom 20. Juni bis 20. Sept., danach am Wochenende bis Anfang Okt., Tel. +39 0465 734138, rifugioagostini.com), Rif. 12 Apòstoli (40 B., vom 20. Juni bis 20. Sept. geöffnet, Tel. +39 0465 501309, rifugiododiciapostoli.com).

Vom Parkplatz **Baésa (1)** Auffahrt mit dem Hüttentaxi zum **Rifugio Al Cacciatore (2)** und weiter wie bei Tour 32 zum **Rifugio Agostini (3)**, 2410 m. Den Weg Nr. 321 und 358 an der linken Seite der Ambiéz-Moräne in steilen Kehren nach Norden empor zu einer **Verzweigung (4)**. Links den Weg Nr. 321 über eine niedrige Wand nach Südwesten hoch, später um einen Felsvorsprung nach rechts herum in ein bisher verborgenes Kar. Durch dieses nach Westen aufwärts, zuletzt über einen steilen Schuttkegel (oft Schnee) zur Mündung der zwischen Cima d'Àgola und Cima SUSAT eingelagerten Schlucht mit Beginn der **Via ferrata Ettore Castiglioni**. Einstieg in die lotrechte, von Überhängen überdachte Wand rechts der Steilschlucht. Durch eine Verschneidung an langer Eisenleiter 40 m luftig empor auf ein Band. Dieses (Drahtseile) nach links, dann über Leitern 20 m ausgesetzt hinauf zum nächsten Band. Auf diesem (Drahtseile, kurze Brücke) links haltend gegen die erwähnte Schlucht, dann über steile Felsen (Drahtseile, Leitern) in den geröllig-schrofigen Schluchtgrund. Dort an Drahtseilen aufwärts, später an der rechten Wand (senkrechte Leiter) hoch, schließlich über Felsabsätze und Bänder nach links empor zur **Bocchetta dei Due Denti (5)**, 2859 m.

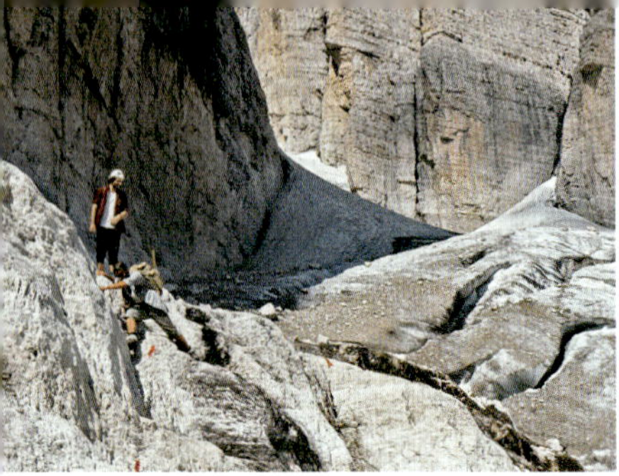

*Im Steilabstieg vom Vedretta d'Ambiéz zum Rifugio Agostini.*

Jenseits über ein steiles Schneefeld (im Spätsommer Geröll), dann am rechten Rand des stark ausgeaperten **Vedretta di Pratofiorito** unter den Wänden der Cima d'Àgola nach Nordwesten hinab zum Auslauf des Gletschers. Nun über Geröll und Karrenplatten (Vorsicht bei Nebel!) zu dem am westlichen Abbruchrand der **Busa di Pratofiorito** gelegenen **Rifugio 12 Apòstoli (6)**, 2487 m.
Den Weg Nr. 304 über Karrenfelsen nach Nordosten hinab in eine Senke (Verzweigung) und jenseits über die Platten und Geröllfelder im Auslauf des **Vedretta d'Ágola** nordostwärts empor auf einen den Gletscher links flankierenden Moränenkamm. Über diesen in Ostrichtung aufwärts in die **Bocca dei Camosci (7)**, 2784 m. Jenseits auf dem Weg Nr. 304 **(»Sentiero dell'Ideale«)** am Oberrand des **Vedretta dei Camosci**, über Felsen und Firn nach rechts aufwärts in die von der Bocca d'Ambiéz herabreichende Rinne. Quer über den steilen Firnhang (oft Pickel und Steigeisen nötig!) im Auslauf der Rinne, dann an den Felsen (Drahtseile) links von ihr empor in die **Bocca d'Ambiéz (8)**, 2871 m. Jenseits an der rechten Seite einer steilen Firnrinne (Drahtseil, im Spätsommer Blankeis mit Steinen) oder über die Felsen (I) rechts von ihr hinab zum **Vedretta d'Ambiéz**. Über diesen südwärts zur Linkseinmündung von Weg Nr. 358 (»**Sentiero Brentari**«) und auf ihm über Felsstufen (Drahtseil) nach Süden hinunter, dann an der rechten Seite der Ambiéz-Moräne zum **Rifugio Agostini (3)**, 2410 m, und weiter zum **Rifugio Al Cacciatore (2)** und Talfahrt mit dem Hüttentaxi zum Parkplatz **Baésa (1)**.

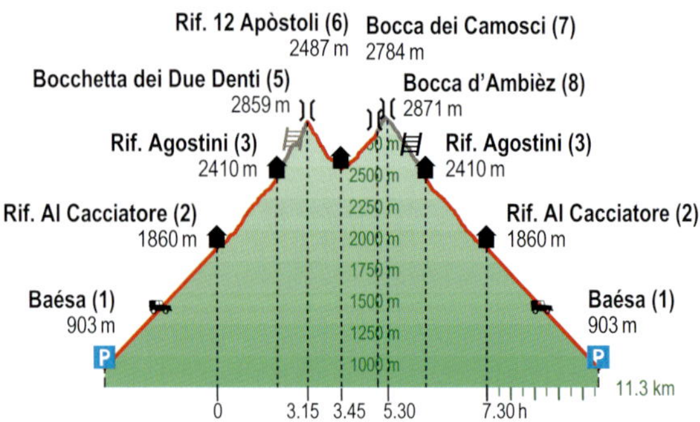

7.30 Std.

# Um die Cime di Ceda

34 TOP

## *Felslandschaften wie am Colorado*

*Wer im »Schnellverfahren« die landschaftlichen Superlative der Brenta abklappern möchte, muss den Orsiweg (Tour 11) begehen und die Sella della Tosa überschreiten. Über letztere führt der hohe Verbindungsweg (»Sentiero Brentari«) von der Agostini- zur Pedrottihütte. Er wird mit Rückkehr über die Forcolotta di Noghera zur Runde um die Cime di Ceda. Der Blick von der Sella della Tosa über die Kulisse von Cima Brenta Bassa und Cima Margherita hinweg auf Torre di Brenta, Campanile Alto, Campanile Basso (»Guglia Brenta«) und Cima Brenta Alta hat in den Alpen kein Gegenstück und erinnert an Felsformationen am amerikanischen Colorado.*

*Vor dem Rifugio Pedrotti. Blick nach Süden gegen die Cima di Ghez.*

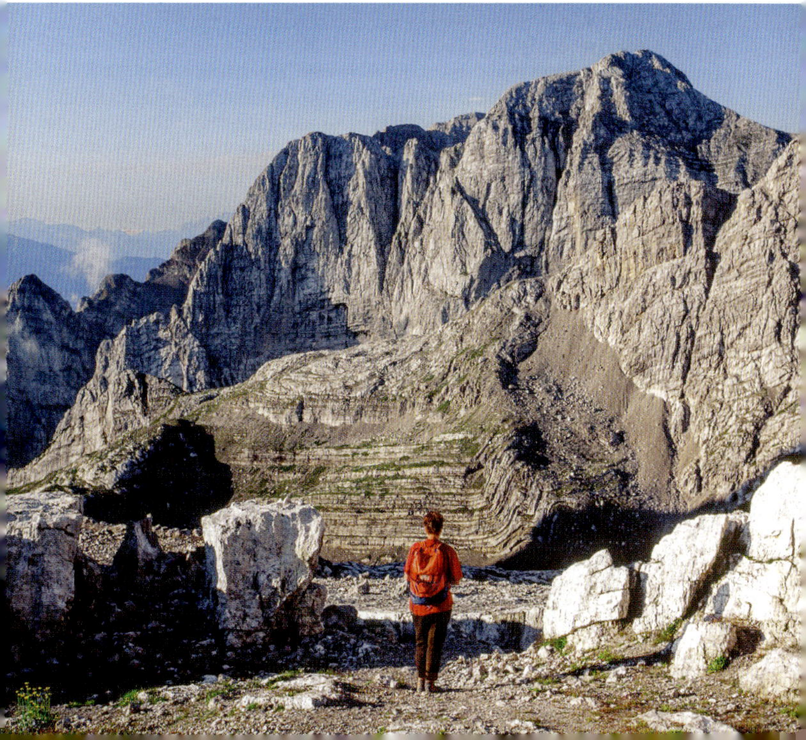

**Ausgangspunkt:** Siehe Tour 30.
**Anforderungen:** Anspruchsvolle Tour im kombinierten Gelände mit gesicherten Felspassagen und steilen Firnfeldern. Nur für geübte und entsprechend ausgerüstete Bergsteiger. Die Mitnahme von Pickel und Steigeisen bzw. Grödel ist anzuraten.
**Höhenunterschied:** 1270 m.
**Einkehrmöglichkeiten:** Ristoro Dolomiti auf Baésa (keine Übernachtung, von Ostern bis 14. Juni sowie 1. bis 31. Okt. Sa., So. und Feiertag, vom 15. Juni bis 30. Sept. tägl. geöffnet, Tel. +39 0465 734052, ristorodolomiti.com), Rif. Al Cacciatore (25 B., bew. vom 20. Juni bis 20. Sept., danach bis Ende Okt. an Wochenenden, Tel. +39 331 8482279), Rif. Agostini (60 L., bew. vom 20. Juni bis 20. Sept., danach an Wochenenden bis Anfang Okt., Tel. +39 0465 734138, rifugioagostini.com), Rif. Pedrotti (160 L., bew. vom 20. Juni bis 20. Sept., Tel. +39 0461 948115, rifugiotosapedrotti.it).

Vom Parkplatz **Baésa (1)** Auffahrt mit dem Hüttentaxi zum **Rifugio Al Cacciatore (2)** und weiter wie bei Tour 32 zum **Rifugio Agostini (3)**, 2410 m. Den Weg Nr. 321 und 358 an der linken Seite der Ambiéz-Moräne in steilen Kehren nach Norden empor zu einer **Verzweigung (4)**. Auf dem Weg Nr. 358 die Schutthalde weiter aufwärts, dann über Felsabsätze (Drahtseil) zum **Vedretta d'Ambiéz** und dort zur nächsten **Verzweigung (5)**. Den Weg Nr. 304 **(»Sentiero Brentari«)** über den Gletscher auf und ab nach rechts (Nordosten) unter die Punta dell'Ideale und dort über die Randspalte. Jenseits zur Linken der aus der **Bocca della Tosa** herabstreichenden Rinne über eine 80-Meter-Wand (Drahtseile, Eisenleitern) hoch, oberhalb der Bocca della Tosa nach rechts und über das nächste Wandstück (Drahtseile, Leitern; Rückblick in die Ostwand der Cima d'Ambiéz) aufwärts, zuletzt auf Bändern nach rechts zur **Sella della Tosa (6)**, 2860 m, einer der großartigsten Rast- und Schauplätze der Südalpen.
Jenseits in langer Querung steiler, oft schneebedeckter Schutthänge (bei Hartfirn Pickel und Steigeisen nötig!) nach links hinab unter die Cima-Tosa-Südostwand und auf das Firnfeld des **Vedretta della Tosa**. Dieses steil nach rechts (Osten) bergab und durch das nachfolgende Geröllkar hinunter, dann unter den Wänden von Cima Brenta Bassa und Cima Margherita nach Süd-

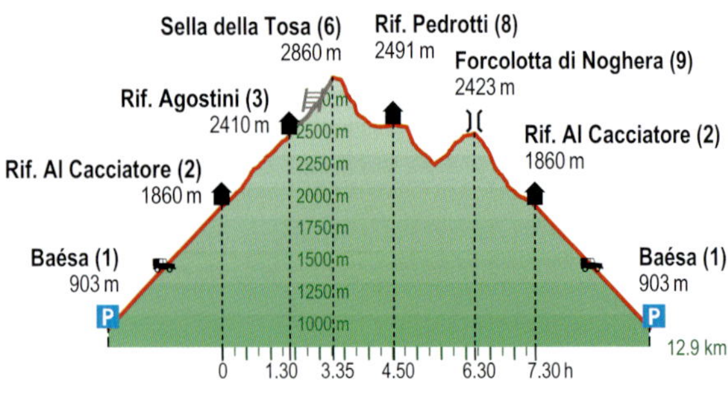

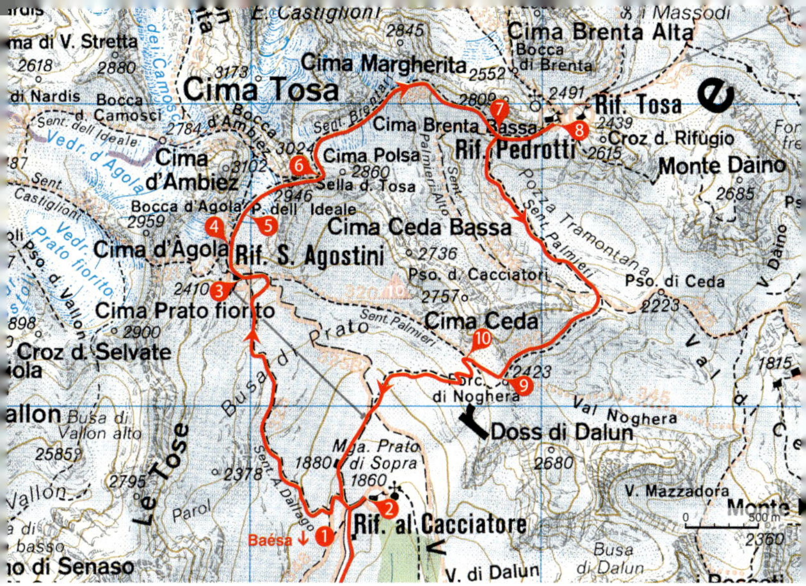


osten zur Rechtsabzweigung des **Sent. Palmieri (7)**, 2472 m, am Rande des Dolinenkessels der **Pozza Tramontana**. Geradeaus an Schutthängen entlang, dann über Karrenplatten um die Cima Brenta Bassa herum nach links zum **Rifugio Pedrotti (8)**, 2491 m, am **Passo del Rifugio** zwischen Cima Brenta Bassa und Croz del Rifugio.

Zurück zur erwähnten **Verzweigung (7)**, 2472 m. Links auf dem Weg Nr. 320 **(»Sentiero Palmieri«)** durch gerölliges Gelände in Kehren nach Südwesten abwärts, später über Karrenplatten eben an die gegenüberliegende Seite des **Tramontana-Kessels**. Auch dort links und an den Abhängen der Cima Ceda über Wiesen (Flora!) nach Südosten hinab zum tiefsten Punkt des Übergangs, 2230 m. Vorerst eben, dann an schrofigen Steilhängen (Vorsicht!) hinauf zu breiter Geröllrampe. Über diese in Kehren steil nach Südosten empor an den Ostrücken der Cima Ceda (Rückblick auf die Umrahmung der Pozza Tramontana!). Nach rechts in die verkarstete Südostseite des Berges und dort nach Südwesten aufwärts in die **Forcolotta di Noghera (9)**, 2423 m, zwischen Dos di Dalùn und Cima Ceda. Von der Scharte fallen nach Westen (gegen Val d'Ambiéz) zwei Steilrinnen ab. In der rechten Rinne kurz abwärts, dann rechts aus ihr heraus und westwärts an begrünten Schutthängen hinunter zur **Linksabzweigung (10)**, 2310 m; nicht leicht zu finden, da keine Tafel) eines bez. Steiges bald nach einem gelben Felssporn rechts oberhalb. Nun wie bei Tour 32 zum **Rifugio Al Cacciatore (2)** und Talfahrt von dort mit dem Hüttentaxi zum Parkplatz **Baésa (1).**

35

# Malga di Àndalo, 1352 m, und Malga Ceda di Villa Banale, 1385 m

3.00 Std.

## Zauberhafte Almidyllen über Molveno

*Zu den bevorzugten Zielen an der Brenta-Ostseite gehört die von Molveno erreichbare Malga di Àndalo mit Gaststätte. Von dort fällt der Blick geradewegs in die Talgruft des Val delle Seghe mit den imposanten Wänden des Croz dell'Altissimo im Hintergrund. Als Wanderer kann man die Alm von Molveno auf gutem Hüttenweg erreichen. Für Geübte empfiehlt sich indes der gesicherte Doninisteig, der aus dem Seghetal über steile Felspartien hinaufführt.*

**Ausgangspunkt:** Molveno, 864 m. Die Kehre der Staatsstraße Nr. 421 (»Via Nazionale«) im Zentrum von Molveno.
**Anforderungen:** Anspruchsvolle Tour für trittsichere, schwindelfreie Geher. Die luftige Felspassage am Sent. Donini verlangt Anlegen einer Selbstsicherung.
**Höhenunterschied:** 560 m.
**Einkehrmöglichkeiten:** Bàita Ciclamino (keine Übernachtung, vom 15. Mai bis 15. Okt. tägl. geöffnet), Rif. Malga di Àndalo (15 B., bew. vom 20. Juni bis 20. Sept., Tel. +39 339 4307670, rifugiomalgaandalo.it).
**Variante:** Wem der Sentiero Donini zu anspruchsvoll erscheint, kann den hier im Abstieg beschriebenen Weg Nr. 332 vom Parkplatz Segheria Molveno (833 m; Sägewerk) auch im Anstieg begehen. Gesamter Zeitaufwand 2.30 Std.

Von **Molveno** (**1**, Wegbeginn an der Kehre der Via Nazionale) durch die »**Via Dolomiti**« nordwestwärts aus dem Ort zum Parkplatz am Ende der Asphaltstraße, dann auf Naturstraße an den Waldhängen eben weiter zur **Bàita Ciclamino (2)**, 960 m, im Val delle Seghe. Die Straße mit Weg Nr. 319 durch das Tal 200 m aufwärts, dann links ab und auf bez. Karrenweg (»**Sentiero Celestino Donini**«, keine Nummer) in Kehren nach Westen hinauf zur nächsten Verzweigung, 1110 m. Links auf bezeichnetem Steig durch Wald in Serpentinen hoch, später unter einer Wand nach rechts empor zur Mündung einer Steilschlucht. Rechts von ihr auf gesichertem Steig (Drahtseile) im Wald ausgesetzt nach Westen hoch, dann nach links in die Schlucht und dort über die abriegelnde senkrechte Schluchtwand auf Bändern (Drahtseile) in Kehren luftig empor zur ihrem Oberrand. An der Abbruchkante nach links, dann im Wald nach Süden empor zur **Malga di Àndalo (3)**, 1352 m, und südwärts weiter bergauf zur Wiesenschulter der **Malga Ceda di Villa Banale (4)**, 1385 m.

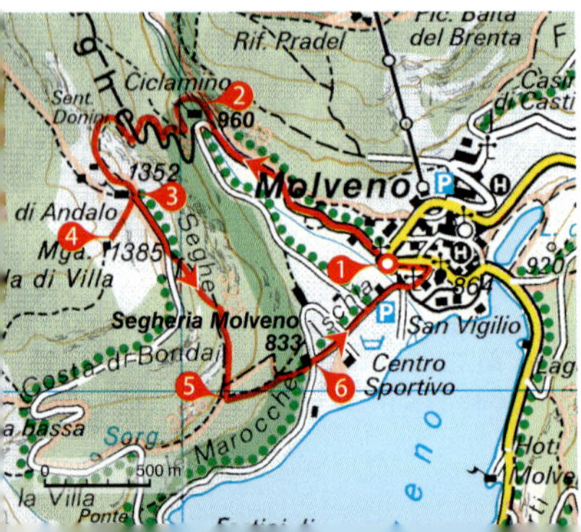


**Abstieg:** Zurück zur Malga di Àndalo und auf Weg Nr. 332 nach rechts hinab in den Wald. Dort an den Hängen in Südostrichtung abwärts, später auf Karrenweg zu einem Absatz. Auf breitem steinigem Weg durch Buschwerk und Wald vorerst am Abbruchrand zum Seghetal entlang, dann in langer Querung steil nach Süden hinunter zur Verzweigung an der Lokalität **»Croz dei Pegolotti« (5)**. Links den Weg Nr. 332 im Wald nach Nordosten hinab zur **Segheria Molveno** (**6**, 833 m; Sägewerk) im Auslauf des Seghetales. Durch die **Via Lungolago** eben nach Nordosten zur **Via Nazionale** (Staatsstraße Nr. 421) und diese links haltend aufwärts ins Zentrum von **Molveno (1)**.

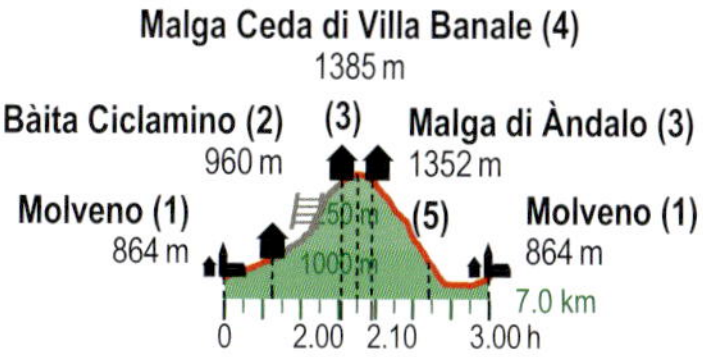


*An der Malga di Àndalo. Blick in das Val delle Seghe mit Cima Roma und dem Croz dell'Altissimo.*

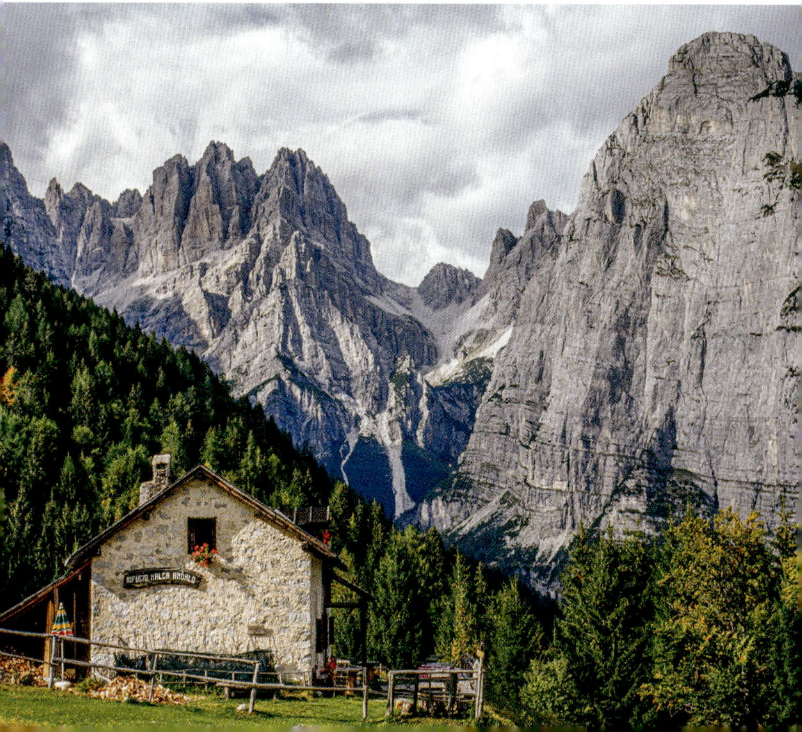

TOP **36** 

# Val-delle-Seghe-Runde

**4.00 Std.**

## *Eindrucksvolle Talschlusswanderung unter himmelragenden Wänden*

*Das Val delle Seghe bei Molveno gehört zu den großen Talschluchten der Brenta. Die in seinem Hintergrund jäh aufragenden 1000-Meter-Wände des Croz dell'Altissimo formen ein grandioses Landschaftsbild. Von der Mittelstation des Pradèllifts aus kann der Canyon auf zum Teil exponierten, aber gut gesicherten Steigen ausgegangen werden – ein vierstündiger Marsch zwar nur im »untersten Stockwerk« der Gruppe, doch ebenso eindrucksvoll wie höher oben.*

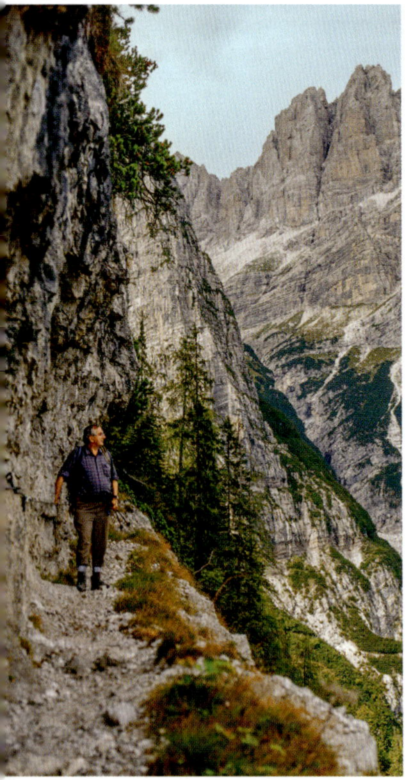

**Ausgangspunkt:** Talstation, 890 m (kostenpflichtiger Parkplatz), der zweiteiligen Pradèl-Seilbahn im Ortszentrum von Molveno. 1. Sektion (8-Personen-Kabinenseilbahn) von Molveno zur Mittelstation auf der Bergschulter »Pradèl«, 1365 m. Durchgehender Betrieb vom 20. Mai bis 15. Okt. 8/8.30–17.45/18.45 Uhr, davor und danach an Wochenenden; paganella.net.
**Anforderungen:** Einfache Wanderung auf bez. Wegen und Steigen. An einer gesicherten Felspassage wird Gehen mit Selbstsicherung empfohlen.
**Höhenunterschied:** 520 m im Anstieg, 990 m im Abstieg.
**Einkehrmöglichkeiten:** Alb. del Brenta und Rif. Pradèl (45 B., bei Seilbahnbetrieb geöffnet, Tel. +39 0461 586902, +39 0461 586903, alberghidelbrentaepradel.com), beide an der Pradèl-Mittelstation. Rif. Croz dell'Altissimo (23 B., bew. vom 1. Juni bis 30. Sept., Tel. +39 347 1184459, rifugiocrozaltissimo.it), Rif. Selvata (36 B., bew. vom 20. Juni bis 20. Sept., Tel. +39 0461 1862900, rifugioselvata.it), Rif. Malga di Àndalo (14 B., bew. vom 20. Juni bis 20. Sept., Tel. +39 339 4307670, rifugiomalgaandalo.it).
**Variante:** Von der Malga di Àndalo gelangen Geübte, weiter dem gesicherten Sent. Donini folgend, über die Bàita Ciclamino nach Molveno. 15 Min. zusätzlich.

*Das luftige Felsband am »Sentiero Celestino Donini« in den Wänden des Croz della Selvata.*

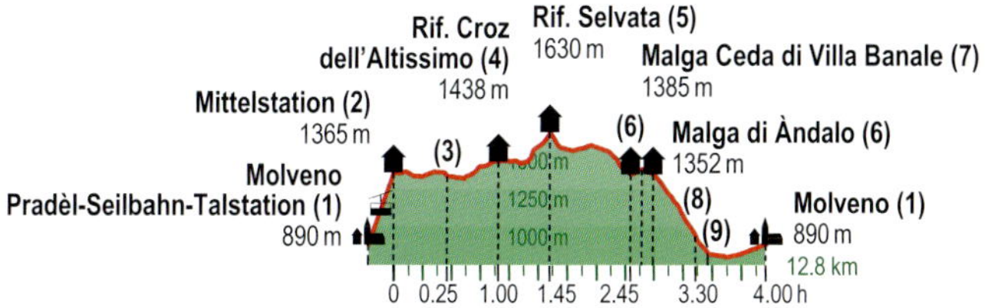


Von der **Pradèl-Seilbahn-Talstation** in **Molveno (1)** Auffahrt zur **Mittelstation (2)** und wie bei Tour 37 zum **Rifugio Selvata (5)**, 1630 m. Von der Materialseilbahn-Bergstation östlich des Hauses den Weg Nr. 332 (»Sentiero Celestino Donini«) durch Wald in Ostrichtung bergab, später einen schrofigen Steilhang durch Buschwerk in Kehren abwärts und in die senkrechten Wände des Croz della Selvata hinein. Dort auf 80 m langem künstlichen Felsband (Drahtseil) sanft abwärts, dann an den Waldhängen südostwärts eben weiter, zuletzt steiler hinunter zur **Malga di Àndalo (6)**, 1352 m, mit Prachtblick in den Talschluss des Val delle Seghe. Über

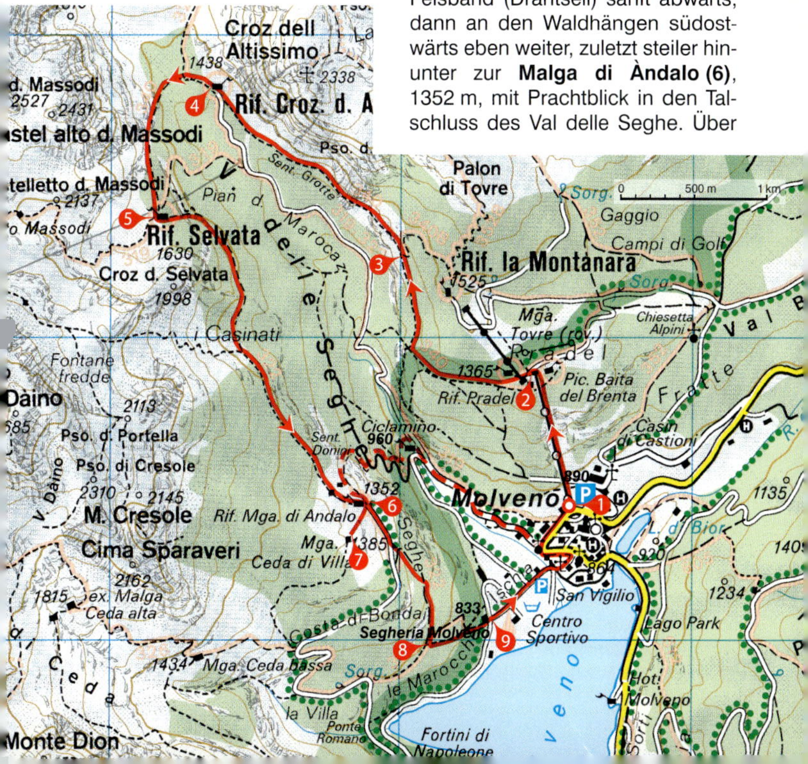

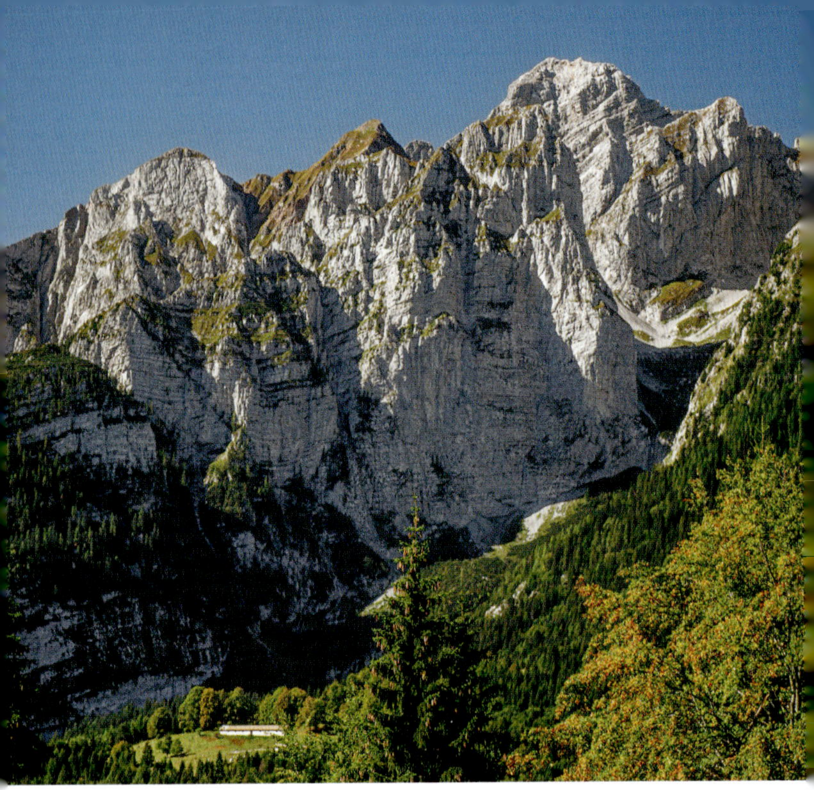

*Die Malga di Àndalo zu Füßen des Monte Daino von der Bergschulter Pradèl.*

Wiesen kurz nach Süden empor zu der auf einer Wiesenschulter gelegenen **Malga Ceda di Villa Banale (7)**, 1385 m.
Zurück zur **Malga di Àndalo (6)** und auf Weg Nr. 332 nach rechts hinab in den Wald. Dort an den Hängen in Südostrichtung abwärts, später auf Karrenweg zu einem Absatz an der Abbruchkante gegen das Val delle Seghe. Auf breitem steinigem Weg durch Buschwerk und Wald vorerst am Abbruchrand entlang, dann in langer Querung steil nach Süden hinunter zur Verzweigung an der Lokalität »**Croz dei Pegolotti**« **(8)**. Links den Weg Nr. 332 im Wald nach Nordosten hinab zur **Segheria Molveno** (**9**; Sägewerk), 833 m, im Auslauf des Val delle Seghe. Durch die **Via Lungolago** eben zur **Via Nazionale** (Staatsstraße Nr. 421) und diese durch das Ortsgebiet von Molveno aufwärts zur **Pradèl-Seilbahn-Talstation** in **Molveno (1)**.

6.45 Std.

# Rifugio Pedrotti, 2491 m

37

## *Ostseitiger Steilanstieg in die Hochregion der Brenta*

*Der Zugang von Molveno zur Pedrottihütte ist mehr als nur eine Wanderung in diesem Felsgebirge, sie ist für den Naturliebhaber eine Entdeckungsreise zu den Wundern der Brenta. Faszinierend, wie nach den Rifugi Croz dell'Altissimo und Selvata die anfangs so übermächtigen 1000-Meter-Wände des Croz dell'Altissimo langsam in der Tiefe versinken und sich Stockwerk um Stockwerk neue Perspektiven eröffnen, bis uns die Schlussstrecke schließlich in den »Berghimmel« entlässt.*

**Ausgangspunkt:** Siehe Tour 36.
**Anforderungen:** Zwar anstrengender, aber einfacher Hüttenanstieg auf bez. Wegen. Trittsicherheit nötig. Vorsicht an Altschneeresten im Frühsommer.
**Höhenunterschied:** 1300 m.
**Einkehrmöglichkeiten:** Alb. del Brenta und Rif. Pradèl (45 B., bei Seilbahnbetrieb geöffnet, Tel. +39 0461 586902, +39 0461 586903, alberghidelbrentaepradel.com), beide an der Mittelstation. Rif. Croz dell'Altissimo (23 B., bew. vom 1. Juni bis 30. Sept., Tel. +39 347 1184459, rifugiocrozaltissimo.it), Rif. Selvata (36 B., bew. vom 20. Juni bis 20. Sept., Tel. +39 0461 1862900, rifugioselvata.it), Rif. Pedrotti (160 L., bew. vom 20. Juni bis 20. Sept., Tel. +39 0461 948115, rifugiotosapedrotti.it).
**Hinweis:** Das Rif. Croz dell'Altissimo kann von Molveno aus auch per Taxiservice (Fahrpreis in eine Richtung 13 Euro, Start ab 6 Uhr im Dorf Ischia beim Ichthyologischen Institut, kostenfreier Parkplatz) erreicht werden. Man spart im An- und Abstieg je 1 Std. Gehzeit. Info: Tel. +39 335 5949531 und Tel. +39 338 2411998.
**Varianten:** Die Touren 11, 12, 13 und 34 können auch am Rif. Pedrotti gestartet werden. Im Abstieg kann man ab dem Rif. Croz dell'Altissimo auch durch das Val delle Seghe (Weg Nr. 322) in 1.45 Std. nach Molveno gelangen.

Von der **Pradèl-Seilbahn-Talstation (1)** Auffahrt zur **Mittelstation (2)**. Von dort auf dem breiten Fußweg Nr. 340 an den Waldhängen eben nach Westen, dann sanft abwärts, bis der Weg bei einer Verzweigung nach rechts gegen das **Val delle Seghe** einschwenkt. Dort in Nordwestrichtung eben oder sanft aufwärts, später unter einer löchrigen Felswand vorbei zur **Rechtsabzweigung** von Weg Nr. 340B (**3**, »Sentiero delle Grotte«). Den Weg Nr. 340 an den Hängen eben weiter

*Blick von Pradèl hinauf zur Busa degli Sfulmini mit dem berühmten Campanile Basso.*

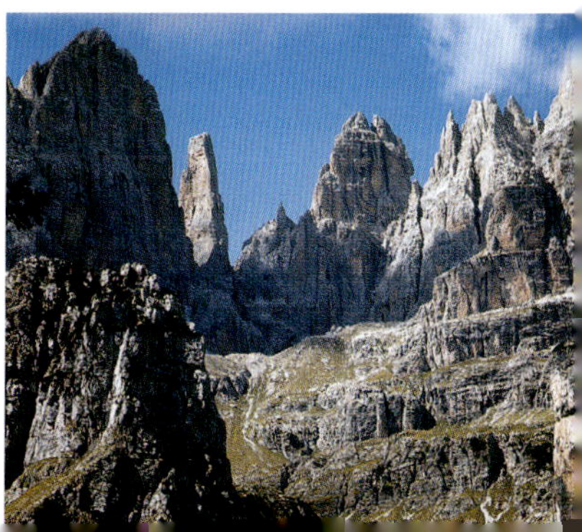

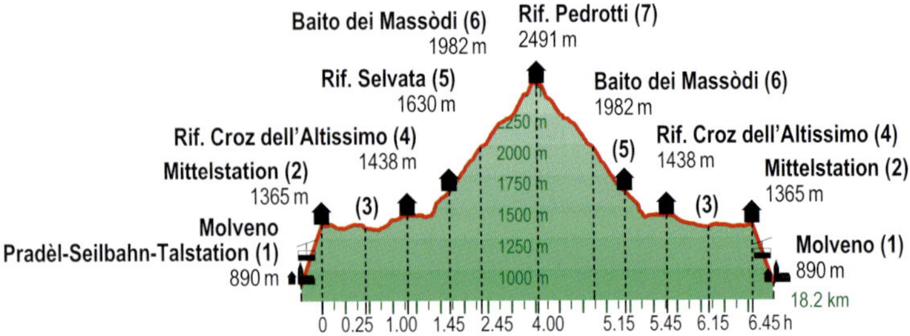


unter die gewaltige Südwestwand des Croz dell' Altissimo. Dort auf Bändern (Geländersicherung, Tunnel; Aufblick gegen Cima Brenta Alta, Sfulmini und Cima Brenta) an den Sockelwänden des Berges sanft bergauf, später durch Gesträuch und lichten Nadelwald zu dem am Westfuß des Croz dell'Altissimo im Talschluss gelegenen **Rifugio Croz dell'Altissimo (4)**, 1438 m.

Den Weg Nr. 340 westwärts quer über die Schuttströme des **Vallazza** zur Rechtsabzweigung von Weg Nr. 322 und 344, dann über den Bach (Hängebrücke) unter die Wände des Castel Alto dei Massòdi. Dort durch Buschwerk und Wald nach links (Süden) hoch zur Terrasse des Pian della Selvata mit dem **Rif. Selvata** (**5**, 1630 m; imponierender Einblick in die jenseits des Val

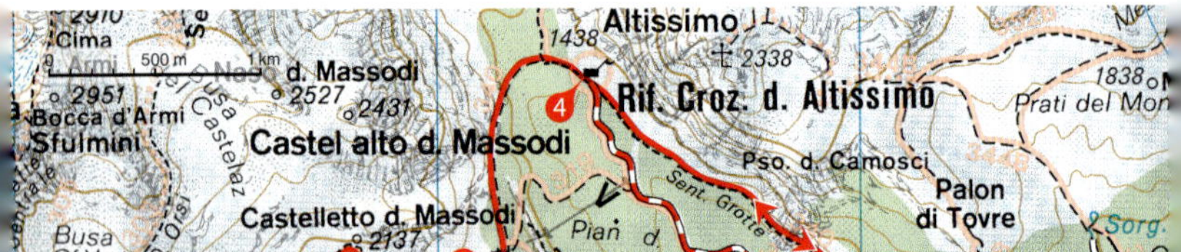


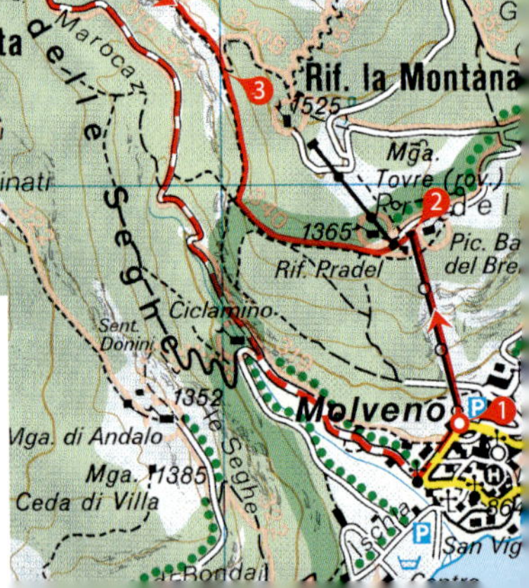


delle Seghe aufstrebenden Wände des Croz dell'Altissimo). Den Weg Nr. 319, eine Schutthalde querend, nach Südwesten bergauf, später

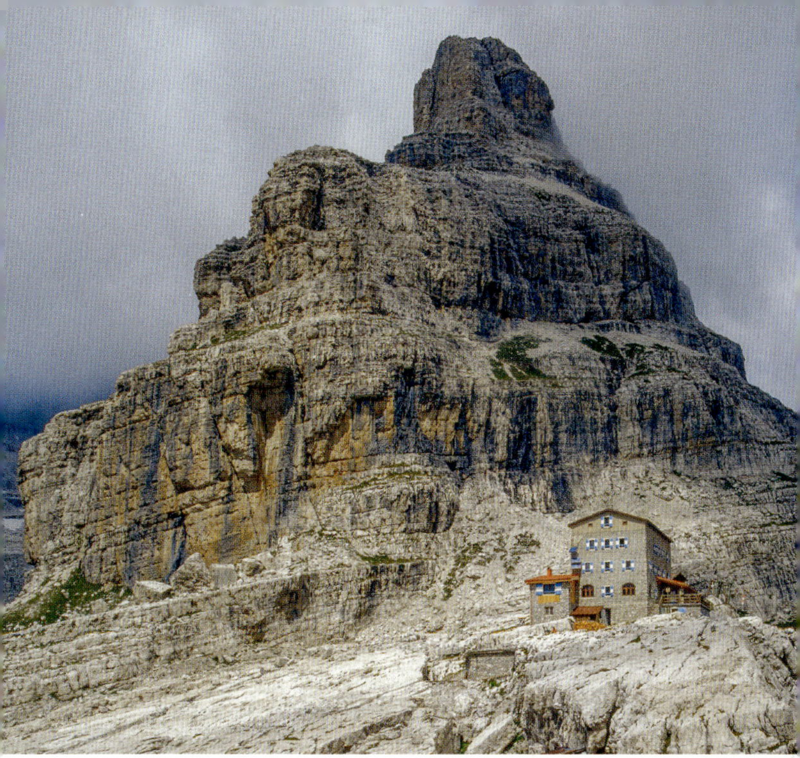

*Das Rifugio Pedrotti am Ostfuß der Cima Brenta Bassa.*

durch Latschen einen Steilhang in Kehren hoch und nach rechts in ein Tälchen. Durch dieses empor zur neu errichteten Hütte »**Baito dei Massòdi**« (**6**, 1982 m; unbewirtschaftete Privathütte der Cacciatori di Molveno). Vorerst im begrünten Gelände, an dem meist ausgetrockneten **Laghetto dei Massòdi** vorbei, dann durch das felsige Val dei Massòdi teils in Kehren nach Südwesten hoch, weiter oben nach links unter den schrofigen Wandvorbau des Croz del Rifugio. Gegen ihn empor auf eine Rampe und über diese, an der Einmündung von Weg Nr. 303 (»Sentiero Osvaldo Orsi«) vorbei, nach rechts (Westen) hinauf zu dem auf einem Absatz stehenden **Rifugio Tosa** (2439 m; Dependance für das Rif. Pedrotti). Über Karrenfelsen in Westrichtung weiter aufwärts zum **Rifugio Pedrotti (7)**, 2491 m, am **Passo del Rifugio** zwischen Cima Brenta Bassa und Croz del Rifugio.
**Abstieg** entlang der Anstiegsroute.

# 38 Vom Rifugio La Montanara nach Molveno

**1.15 Std.**

## *Exzellente Balkonloge mit Genussabstieg ins Tal*

*Da scheiden sich die Geister: Manche Leute geben Geld aus, um es bequem zu haben. Bergsteiger, Naturliebhaber investieren hingegen in die Unbequemlichkeit, nehmen Mühen und Strapazen auf sich, um auf ihre Art glücklich zu werden. Die vorliegende Wanderung wird beiden Philosophien gerecht. Denn der Pradèllift von Molveno zum Rifugio La Montanara an der Tóvre-Südostschulter erspart einem die Aufstiegsplagen und am Rückweg ins Tal kommen die Geher auf ihre Rechnung. Sie werden im oberen Wegabschnitt mit exklusiven Landschaftsbildern verwöhnt.*

**Ausgangspunkt:** Talstation, 890 m (kostenpflichtiger Parkplatz), der Pradèl-Seilbahn im Zentrum von Molveno. 1. Sektion (8-Personen-Kabinenseilbahn) zur Mittelstation »Pradèl«, 1365 m. 2. Sektion (Doppelsessellift) zur Bergstation »Croz dell'Altissimo«, 1525 m, auf der Südostschulter des Palón di Tóvre. Durchgehender Betrieb vom 20 Mai bis 15. Okt. 8/8.30–17.45/18.45 Uhr, davor und danach an Wochenenden; paganella.net.

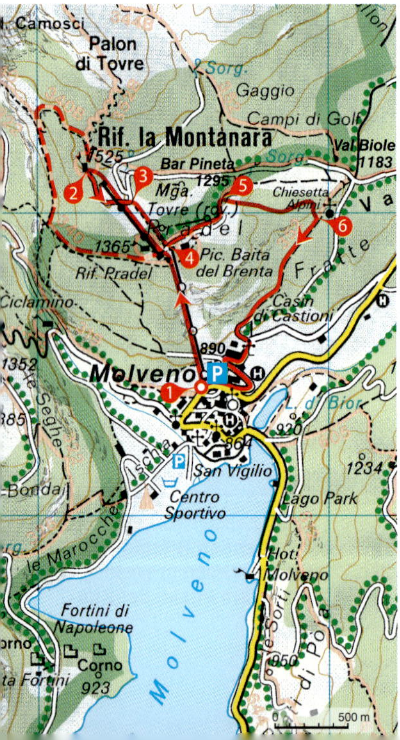


**Anforderungen:** Unschwierig, teils unbezeichnete Fahr- und Fußwege.

**Höhenunterschied:** 640 m im Abstieg.

**Einkehrmöglichkeiten:** Alb. del Brenta und Rif. Pradèl (45 B., bei Seilbahnbetrieb geöffnet, Tel. +39 0461 586902, +39 0461 586903, alberghidelbrentaepradel.com), beide an der Pradèl-Mittelstation. Rif. Croz dell'Altissimo (23 B., bew. vom 1. Juni bis 30. Sept., Tel. +39 347 1184459, rifugiocrozaltissimo.it), Rif. »La Montanara« (36 B., bei Seilbahnbetrieb geöffnet, Tel. +39 0461 1851538, rifugiolamontanara.it) an der Pradèl-Bergstation, Rist. Casina Bruniol (keine Übernachtung, Sommerbewirtschaftung, Tel. +39 329 644 2860, casinabruniol.it).

**Variante:** Trittfeste können von der Pradèllift-Bergstation auch auf dem interessanten Weg Nr. 340B (»Sentiero delle Grotte«) teils steil und exponiert zum breiten Querweg Weg Nr. 340 absteigen und diesem eben nach links zur Mittelstation folgen. Zusätzlich 45 Min.

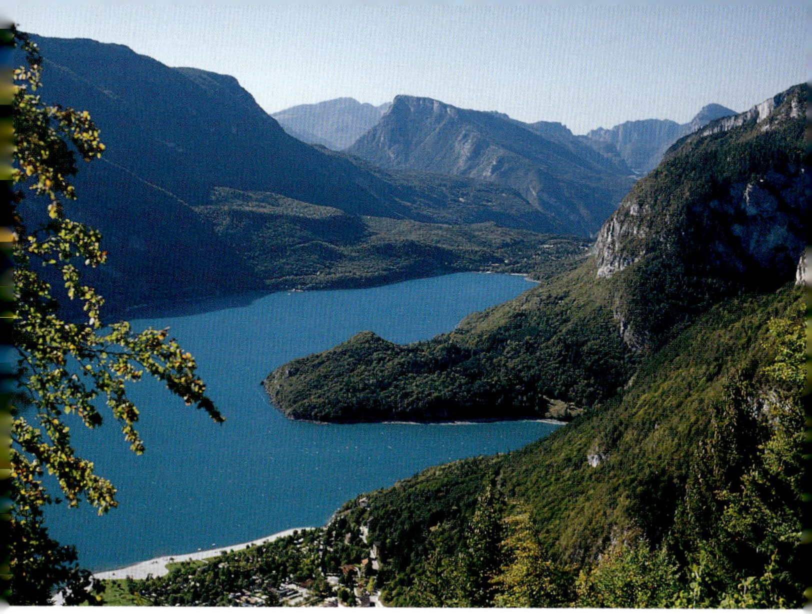

*Der Molvenosee von der Mittelstation des Pradèllifts.*

Von der **Pradèl-Seilbahn-Talstation (1)** Auffahrt zur **Bergstation »Croz dell'Altissimo« (2)** auf bez. Weg (keine Nummer) über Wiesen und durch lichten Bewuchs entlang des Doppelsessellifts (anfangs schöner rechts von ihm) nach Südosten hinab zur **Malga di Tóvre (3)**, 1460 m. Unterwegs prachtvoller Tiefblick auf den Molvenosee sowie Ausblick in die zentrale Brentagruppe (Cima Brenta Alta, Sfulmini mit der kühnen Felssäule der »Guglia« und Cima Brenta). Entlang der Seilbahn nun durch lichten Wald und Buschwerk bergab zu den beiden Hotels an der **Mittelstation (4)**, 1365 m. Auf Fahrweg (gerippte Betonpiste) im Wald ca. 600 m nach links (Nordosten) abwärts zu einer Verzweigung. Rechts ab und auf Fußweg ostwärts hinab zum **Restaurant »Casina Bruniol« (5)**, 1185 m. Rechts auf schmalem urigen Fußweg (Waldlehrpfad) nun in Südwestrichtung abwärts zu querender Naturstraße. Auf ihr weiter zu einer Quellfassung, später nach links (Südosten) zu den Häusern von **Molveno**. Dort die Ortsstraße in weiten Kehren nach Süden hinunter zur **Pradèl-Seilbahn-Talstation (1)**.

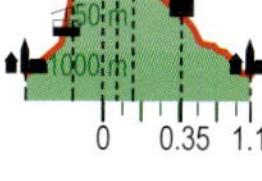

# 39 Croz dell'Altissimo (Kreuzgipfel, 2338 m, Hauptgipfel, 2361 m)

**6.00 Std.**

***Ein attraktives Tourenziel im Hintergrund des Val delle Seghe***

*Ist es im Val Brenta der Crozzón, so sind es in dem nach Osten schauenden Val delle Seghe die 1000-Meter-Wände des Croz dell'Altissimo, die dem Tal seine unverwechselbare Note geben. Wer als Wanderer mit dem Berg liebäugelt, kann ihn von der Südostschulter des Palón di Tóvre (Seilbahn ab Molveno) auf markierter Route erreichen. Am Gipfel steht man den »Größen« der Zentralbrenta unmittelbar gegenüber, genießt Schwindel erregende Tiefblicke in die Gruft des Seghetales, in dem sich Schutzhäuser wie Zwergenbauten, Wanderer wie Ameisen ausnehmen.*

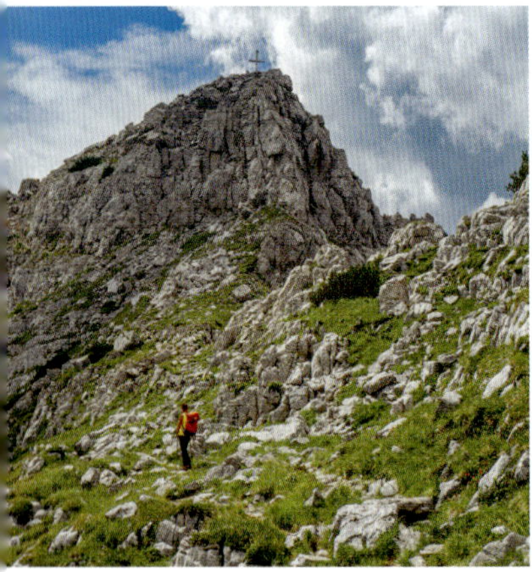

*Der Kreuzgipfel des Croz dell'Altssimo in Ostansicht.*

**Ausgangspunkt:** Siehe Tour 38.
**Anforderungen:** Lange und anstrengende Tour. Trittsicherheit, Schwindelfreiheit und Ausdauer nötig. Nur bei trockenem Wetter!
**Höhenunterschied:** 870 m.

**Einkehrmöglichkeiten:** Alb. del Brenta und Rif. Pradèl (45 B., bei Seilbahnbetrieb geöffnet, Tel. +39 0461 586902, +39 0461 586903, alberghidelbrentaepradel.com), beide an der Pradèl-Mittelstation. Rif. Croz dell'Altissimo (23 B., bew. vom 1. Juni bis 30. Sept., Tel. +39 347 1184459, rifugiocrozaltissimo.it).
**Variante:** a) Von der Verzweigung (3), 1812 m, am Palón di Tóvre kann man anspruchsvoller auf Weg Nr. 344B bei etwa gleichem Zeitaufwand dem felsigbegrünten Rücken, über eine Schulter, 1904 m, und den Passo dei Camosci, 1953 m, hinweg, aufwärts zum Hauptweg (5) folgen (eine gefährliche ungesicherte Passage, Vorsicht auf tiefe Löcher zwischen den Felsblöcken). b) Alternativer Abstieg vom Passo dei Lastèri auf Weg Nr. 344B in 20 Min. zum Passo del Clàmer, von dort wie bei Tour 40 zur Pradèllift-Mittelstation.

Von der **Pradèl-Seilbahn-Talstation (1)** Auffahrt zur **Bergstation »Croz dell'Altissimo« (2)** den Fußweg Nr. 352 und 340, am Rifugio »La Montanara« vorbei, nach Nordwesten hinab in einen Sattel und jenseits bergauf zu einer Verzweigung. Auf dem Weg Nr. 352 den steilen Waldhang geradeaus in Kehren hoch, dann nach rechts an den licht bewaldeten Südostrücken des **Palón di Tóvre**. Über ihn steil empor zur **Linksabzweigung (3)**, 1812 m, von Weg Nr. 344B (siehe Variante) über den Palón di Tóvre. Hier rechts auf Weg Nr. 352B an den Hängen durch Buschwerk in Nordwest- und Nordrichtung eben in die Wiesenmulde Gardeccia und dort zum kreuzenden **Weg Nr. 344B (4)**. Auf diesem nach links (Westen) empor zur **Einmündung (5)** der Route über den Palón di Tóvre oberhalb des Passo dei Camosci. Auf Weg Nr. 344B in Nordrichtung weiter bergauf, später über eine gegliederte Wand in Kehren hinauf an den linken Rand der riesigen Dolinenmulde »**Lastèri**«. Dort über angegrünte Karrenfelsen in Kehren hoch, danach steil nach links (Westen) empor zu einer **Verzweigung (6)**, 2270 m. Den bezeichneten Steig geradeaus in die Flanken des Altissimo-Hauptgipfels hinein und dort über eine Terrasse nach Südwesten zur Scharte, 2312 m, zwischen Hauptgipfel und Kreuzgipfel. Nach links in die Nordseite des letzteren und dort über Geröll bergauf, dann auf schönem Band etwas ausgesetzt weiter und über Felsstufen an den Ostgrat. Über ihn rechts empor zum **Kreuzgipfel des Croz dell'Altissimo** (**7**, 2338 m; großes Alu-Kreuz, Gipfelbuch in der Schatulle). Zurück zur erwähnten **Verzweigung (6)**, 2270 m. Den Weg Nr. 344B über Wiesen nach links (Norden) bergauf zum grasigen **Passo dei Lastèri (8)**, 2286 m, zwischen Croz dell' Altissimo und Cima dei Lastèri. Über den Grasrücken (oder schon vorher über den Wiesenhang) weglos nach links empor zum **Hauptgipfel des Croz dell' Altissimo (9)**, 2361 m. Abstieg entlang der Anstiegsroute.

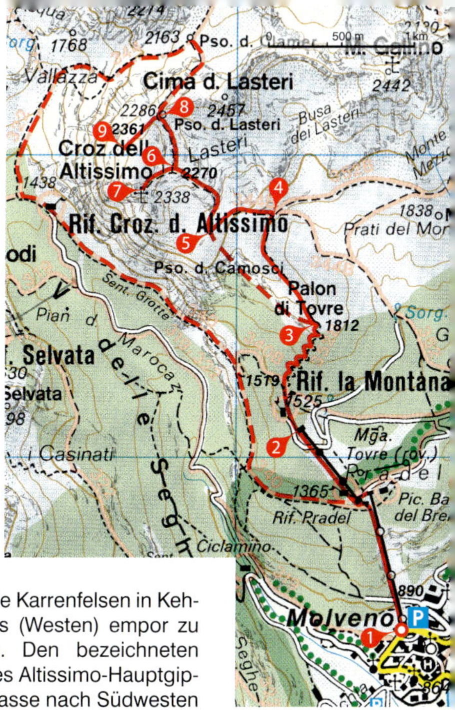


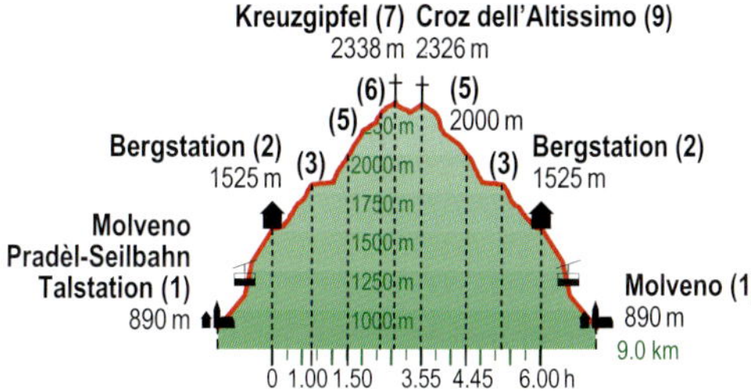

# 40 Malga Spora, 1855 m, und Passo del Clàmer, 2163 m

**2 Tage**

***Um das Massiv des Croz dell'Altissimo***

*Anstatt ihn vom Rifugio La Montanara her zu besteigen (Tour 39) kann man den Croz dell'Altissimo von dort auch umwandern oder beides kombinieren. Die hier empfohlene Aufteilung der Tour auf zwei Tagesetappen kommt indes nicht von ungefähr: Am entferntesten Punkt nämlich, an der Malga Spora, wird man gut und preiswert verpflegt, darf abseits überfüllter Hütten in gottvoller Ruhe genüsslich schlafen, und anderntags am Clàmerpass die Felskolosse der zentralen Brentagruppe im Morgenlicht bestaunen.*

**Ausgangspunkt:** Siehe Tour 38.
**Anforderungen:** Lange und anstrengende Tour. Meist gut bez. Wege und Steige. Im Abstieg vom Passo del Clàmer ist Trittsicherheit nötig.
**Höhenunterschied:** 1220 m im Anstieg, 1380 m im Abstieg.
**Einkehrmöglichkeiten:** Alb. del Brenta und Rif. Pradèl (45 B., Tel. +39 0461 586902, +39 0461 586903, alberghidelbrentaepradel.com), beide an der Mittelstation; Rif. La Montanara (36 B.) an der Pradèl-Bergstation, alle drei bei Seilbahnbetrieb geöffnet. Malga Spora (22 L., meist vom ersten Wochenende im Juli bis 10. Sept. geöffnet, Tel. +39 0461 653218, +39 339 2787980; Rif. Croz dell'Altissimo (18 B., vom 1. Juni bis 30. Sept. geöffnet, Tel. +39 347 1184459, rifugiocrozaltissimo.it).
**Varianten:** Geübte können von der Bocchetta del Gallino auf bez. Steig den Pizzo Gallino, 2442 m, über den steilen Nordostgrat besteigen. 1 Std. von der Scharte.
Die Runde ist günstig mit einer Besteigung des Croz dell'Altissimo zu verbinden: Vom Clàmerpass den Steig Nr. 344B links empor in den Passo dei Lastèri, 2281 m, und wie bei Tour 39 zum Hauptgipfel bzw. zum Kreuzgipfel des Berges, 2 Std. von der Malga Spora. Danach auf direktem Steig (Tour 39 in umgekehrter Richtung) hinab zur Bergstation.

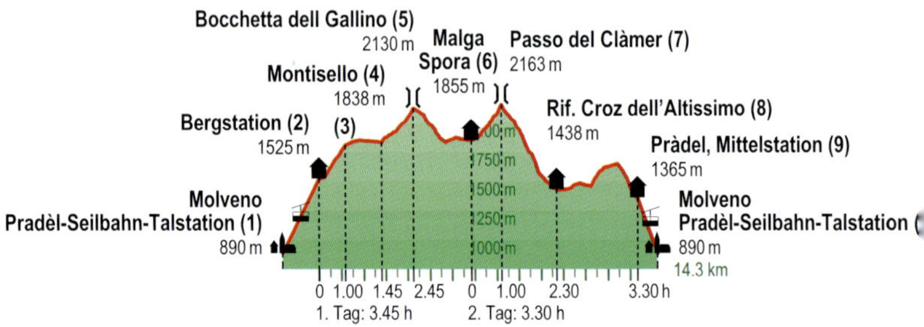


Von der **Pradèl-Seilbahn-Talstation (1)** Auffahrt zur **Bergstation (2)** und wie bei Tour 39 zur **Verzweigung (3)**, 1812 m, am Südostrücken des Palón di

Tóvre. Rechts den Weg Nr. 352B an den Hängen durch Buschwerk in Nordwest- und Nordrichtung eben in die Wiesenmulde **Gardeccia**, die, den Weg Nr. 344B kreuzend, im Rechtsbogen gequert wird. An den grasigen Südflanken **(»Prati del Monte«)** des Pizzo Gallino ostwärts eben zum Weg Nr. 352 und mit ihm empor zur Wiesenschulter **Montisello** (**4**, 1838 m; Gedenktafeln). An den Grashängen in Nordostrichtung aufwärts in ein Hochtal mit Verzweigung, 1960 m. Geradeaus den Steig Nr. 352 an der rechten Seite des Tales steil nach Norden empor in die **Bocchetta del Gallino (5)**, 2130 m, zwischen Pizzo Gallino und Monte Dagnòla. Jenseits in steilen Kehren vorerst über Geröll, dann im begrünten Gelände hinab unter die Ostwand des Croz

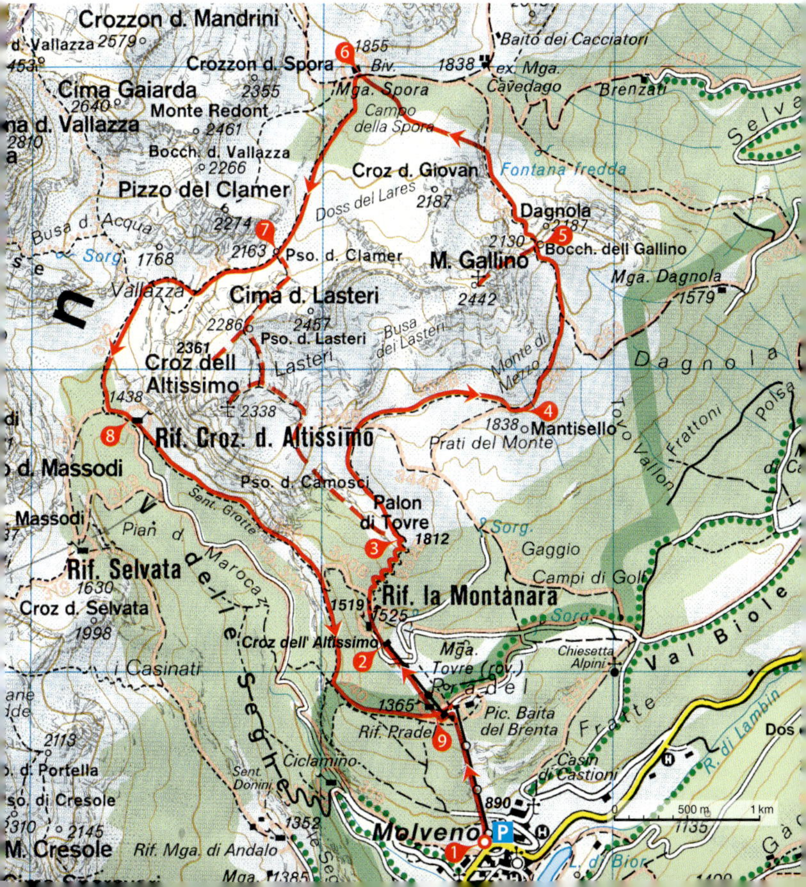

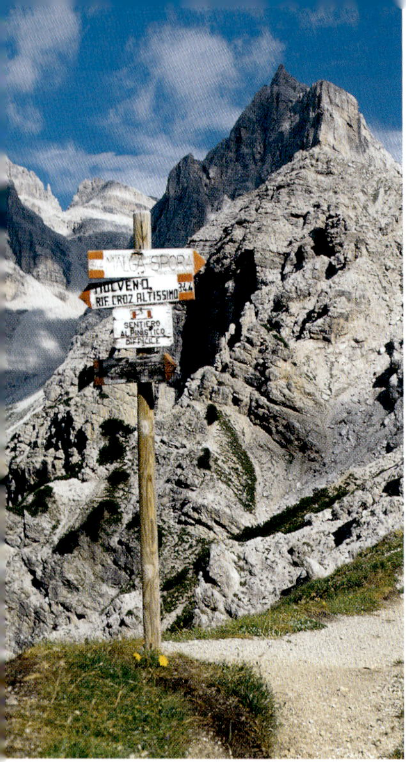


*Am Passo del Clàmer. Aufblick auf Cima Roma und Cima della Vallazza.*

del Giovàn und dort zu Verzweigung, 1850 m. Links auf bez. Steig (keine Nummer!) durch Gesträuch und über Felsblöcke nach Nordwesten empor zu einer Schulter und jenseits in die grüne Dolinenmulde um die Malga Spora. An ihrem linken Rand eben fort, dann nach rechts auf die Wiesenfläche und über diese bergauf zur **Malga Spora (6)**, 1855 m.

Den Weg Nr. 344 über die Almweide nach Süden zur Mündung eines licht bewaldeten Hochtales. In seiner gewundenen grasigen Talsohle nach Südwesten aufwärts, dann über angegrünte Schutthänge in Kehren empor in die oberste Mulde, zuletzt durch einen Blockhaufen und über steile Wiesen zum **Passo del Clàmer** (**7**, 2163 m, Verzweigung; rechts oberhalb ein allseits überhängender Felsturm) zwischen Croz dell'Altissimo und Cima del Clàmer. Jenseits oberhalb einer Plattenzone im begrünten Gelände nach links hinab zu einer Schulter, dann einen steilen latschendurchsetzten Grashang in Serpentinen abwärts in das Hochtal vom Passo del Clàmer herab. Dort in eine von Felsblöcken bedeckte Mulde, danach über einen steilen Latschenhang hinab in die **Busa Vallazza**. Entlang des Bachbetts (Geröllrinne) in Südrichtung abwärts zu Verzweigung bei großem Felsblock und links haltend zum Querweg Nr. 340. Auf ihm links zu dem im lichten Wald gelegenen **Rifugio Croz dell'Altissimo (8)**, 1438 m. Den Fußweg Nr. 340 durch Gesträuch und lichten Wald an der linken Seite des Val delle Seghe unter die tausend Meter hohe Südwestwand des Croz dell'Altissimo. Dort auf Bändern (Geländersicherung, Tunnel) quer durch die Sockelwände sanft abwärts, dann an den Waldhängen eben zur Linksabzweigung von Weg Nr. 340B. Auf dem Weg Nr. 340 gerade fort, später in Südrichtung abwärts und eben zur nächsten Verzweigung. Auch dort geradeaus, zuletzt nach links (Osten) zur **Mittelstation des Pradèlliftes (9)**, 1365 m, und Talfahrt nach **Molveno (1)**.

**7.00 Std.**

# Monte Gazza, 1985 m

**41** TOP

## *Einsamer Panoramaberg über Molveno- und Toblinosee*

*Wenn der Herbst einkehrt in der Brenta, die Seilbahnen stillgelegt, das Gros der Urlauber abgereist ist und sich die stolzen Dreitausender langsam mit Schneehauben zieren, dann ist die Zeit für Streifzüge in den niedrigeren Randbezirken gekommen. Die Graskuppe des Monte Gazza im Kamm der Paganella ist ein solches Ziel. Der Weg von Molveno zu ihr hinauf ist anstrengend, der zu bewältigende Höhenunterschied beachtlich. Doch oben wartet ein stupendes Panorama mit Prachtblick zur Brentagruppe, deren Felsmassive sich in breiter Front über dem Tal von Molveno erheben.*

**Ausgangspunkt:** Molveno, Ortsteil Seghe, 833 m (Parkplätze), ein im Auslauf des Val delle Seghe am Seeufer gelegener Ortsteil von Molveno.
**Anforderungen:** Lange, anstrengende, aber unschwierige Tour. Nur bei sicherem Wetter (bei Nebel Vorsicht im Gipfelbereich!). Trittsicherheit nötig.
**Höhenunterschied:** 1180 m.
**Einkehrmöglichkeiten:** Keine.
**Variante:** Im Abstieg kann ab dem Passo di San Giovànni auch der steile Weg Nr. 612 direkt zum Hotel Lago Parc gewählt werden. 30 Min. Zeitersparnis.

*Die paradiesischen Wiesenflächen um die Malga di Còvelo am Monte Gazza.*

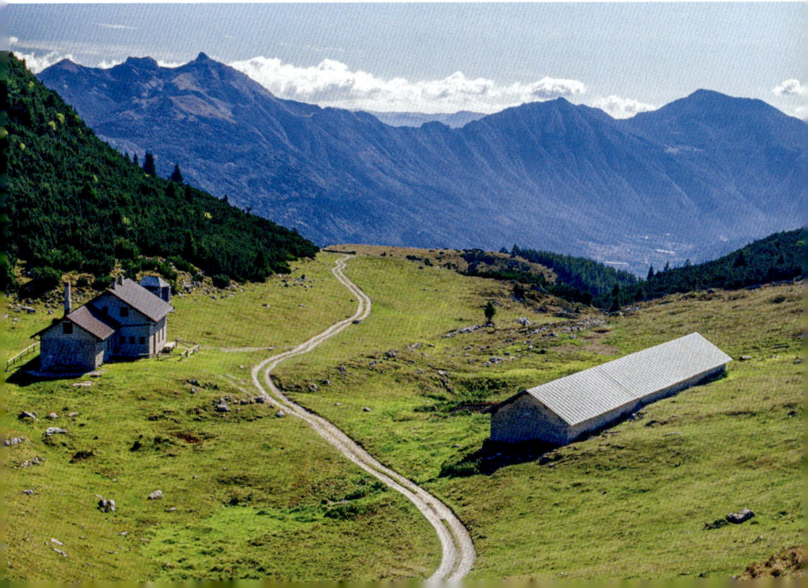

Von Ortsteil **Seghe (1)** in **Molveno** die Staatsstraße Nr. 421 über den Rio di Lambin, jenseits am Ostufer des Molvenosees eben nach Süden zum **Hotel Lago Parc** (Parkmöglichkeit) und weiter zum **Grand Hotel Molveno (2)** mit Linksabzweigung einer schmalen Asphaltstraße (Weg Nr. 644), 1 km ab Molveno. Auf ihr im Wald nach Süden aufwärts zur Rechtsabzweigung der »Passeggiata Circumlacuale« und die Straße weiter zur nächsten Verzweigung. Halb rechts auf begrüntem Naturfahrweg im Wald sanft bergauf zu einer Schranke, 150 m danach zur Rechtsabzweigung des »**Sentiero delle Mars**« **(3)**. Auf diesem an der steilen Flanke im felsdurchsetzten Wald (toller Blick auf Molvenosee und Brenta) nach Süden empor an einen Waldrücken. Über ihn nach links (Osten) gegen den **Còvel del Gàsina** in steilen Kehren hoch zu einem Absatz, 1460 m, dann durch Wald und Latschen an den Hängen nach links (Nordosten) aufwärts, zuletzt eben nach rechts in den weiten Wiesensattel des **Passo di San Giovànni** (**4**, 1675 m; Verzweigung). Auf dem Fahrweg Nr. 602 und 612 70 m nach links (Norden) zu einer Verzweigung. Rechts den Fahrweg Nr. 602 durch kurzstämmigen Fichtenwald in Ostrichtung sanft bergauf in eine Wiesenmulde und durch sie zu querender Schotterstraße (Bildstock). Auf ihr nach links (Norden) aufwärts in die lang gestreckte Grasmulde um die **Malga di Còvelo** (**5**, 1781 m; Brunnen, Kapelle). Durch diese steiler empor zu einer **Schulter (6)**, 1823 m, mit Verzweigung. Den Fahrweg durch Latschen und Wiesen nach rechts (Osten) hinauf zur obersten Heuhütte. Danach rechts ab und über Wiesen weglos nach

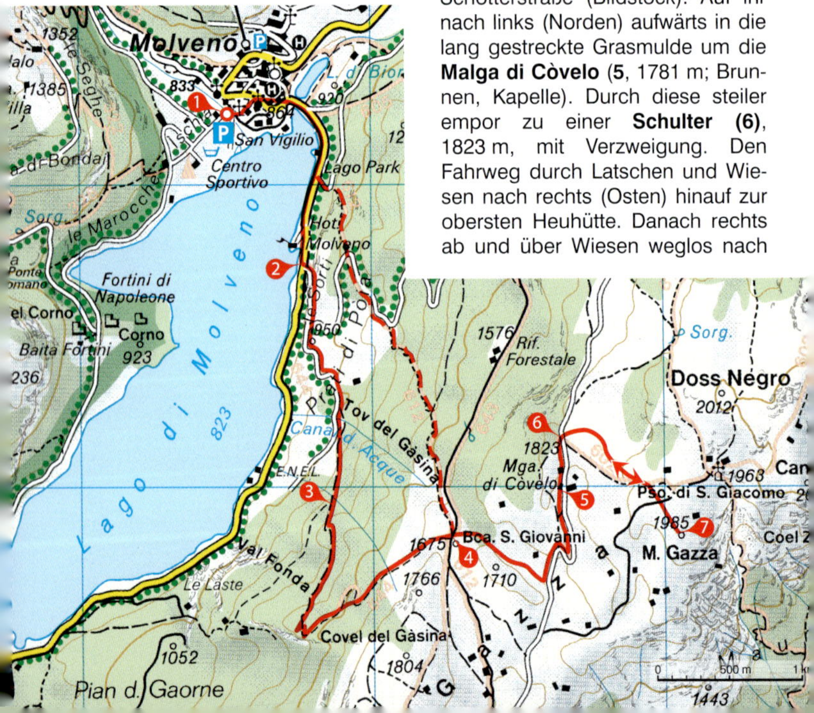

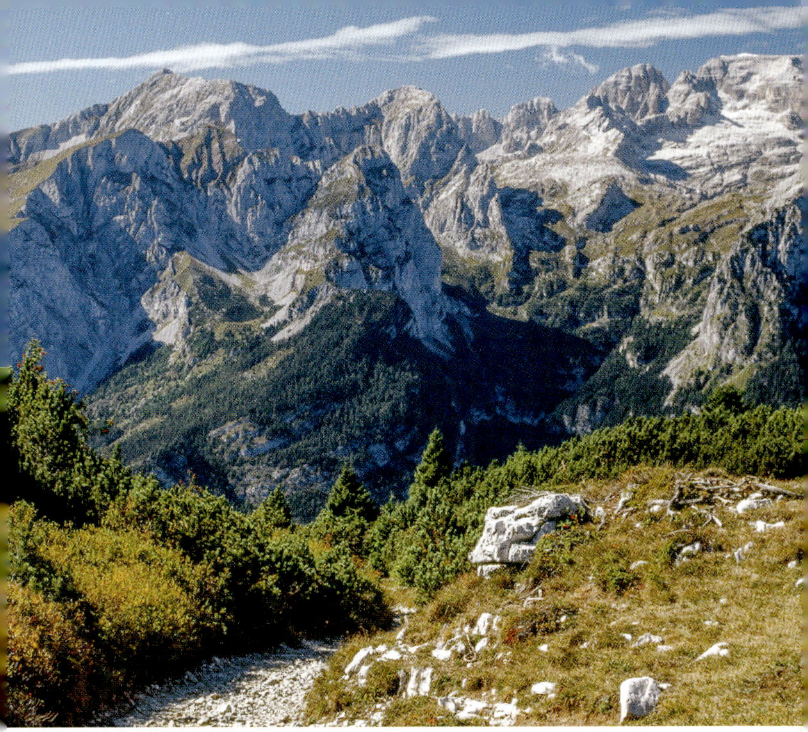

*Am Monte Gazza. Blick über das Hochtal von Molveno hinweg zu den Felsriesen der Brentagruppe.*

Südosten empor zum Gipfel des **Monte Gazza (7)**, 1985 m. Prachtschau zur Brentagruppe. Atemberaubender Tiefblick in das Etschtal, auf die Stadt Trient, zum Toblino- und zum Gardasee. **Abstieg** entlang der Anstiegsroute.

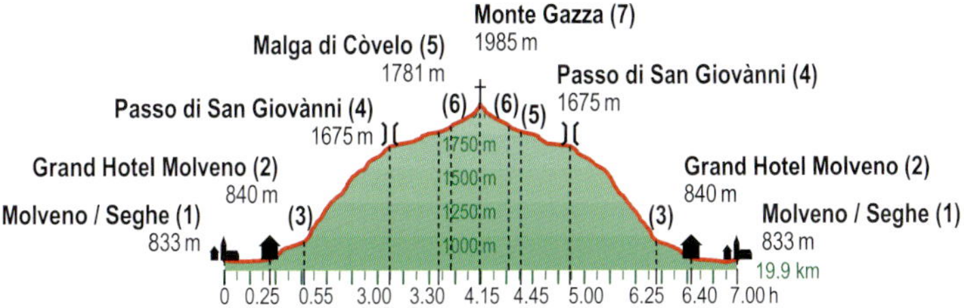

# 42 Paganella, 2125 m

**3.00 Std.**

## *Phänomenaler Aussichtsbalkon gegenüber der Brenta*

*Unter den Aussichtswarten im Umkreis der Brenta gebührt der von Àndalo aus mit Lifthilfe erreichbaren Paganella die Krone. Vom Scheitel dieser strategisch bedeutenden Erhebung überschaut man den Südalpenraum vom Großglockner bis zum Gardasee, hat auf der einen Seite die Phalanx der Brentatürme vor Augen, während auf der anderen Seite die 2000 Meter tiefer gelegene Etschtalstadt Trient grüßt.*

**Ausgangspunkt:** Talstation, 1041 m, der Paganella-Seilbahn nahe der Piazza Dolomiti im Zentrum von Àndalo.
1. Sektion (Kleinkabinenbahn) zur Station »Doss Pela«, 1776 m. 2. Sektion (Vierersessellift) von der knapp nördlich gelegenen Station »Albi de Mez«, 1737 m, auf den Nordwestgipfel der Paganella (Cima Paganella, 2125 m). Die Stationen »Doss Pela« und »Albi de Mez« sind durch einen kurzen Fußweg (2 Min. Gehzeit) verbunden. Betrieb 1. Sektion zwischen 26./31. Mai und 20./25. Sept. tägl. 8.30/9.00–17.30 Uhr, Betrieb 2. Sektion 5./10. Juni bis 20./25. Sept. tägl. 8.30/9.00–17.30 Uhr, davor und danach am Wochenende (Tel. +39 0461 585588 und Tel. +39 0461 585298, paganella.net).
**Anforderungen:** Unschwieriger, aber langer Talabstieg auf bez. Wegen.
**Höhenunterschied:** 20 m im Anstieg, 1100 m im Abstieg.
**Einkehrmöglichkeiten:** Ristorante »La Roda« am Paganella-Nordwestgipfel (keine Übernachtung), Chalet Malga Terlago (20 B., Tel. +39 345 319 2379), Rist. Albi de Mez (keine Übernachtung), Rist. Malga di Zambana (20 L., +39 349 3288457), alle bei Seilbahnbetrieb geöffnet.
**Variante:** Der Abstieg von der Malga di Zambana auf dem direkten Weg Nr. 604 nach Àndalo ist um 30 Min. kürzer, aber steiler und nach Regenfällen nicht zu empfehlen.

Von der **Talstation** in **Àndalo (1)** Auffahrt mit der zweiteiligen Paganella-Seilbahn zur Mittelstation »**Doss Pela**« **(2)** und von »**Albi de Mez**« **(3)** weiter auf den Nordwestgipfel der **Paganella (4)**. Von der Seilbahn-Bergstation die Schotterstraße mit Weg Nr. 602 und 604 nach Südosten hinab in den **Sattel** (**5**, 2090 m; Verzweigung) zwischen den beiden Gipfeln und dort gerade-

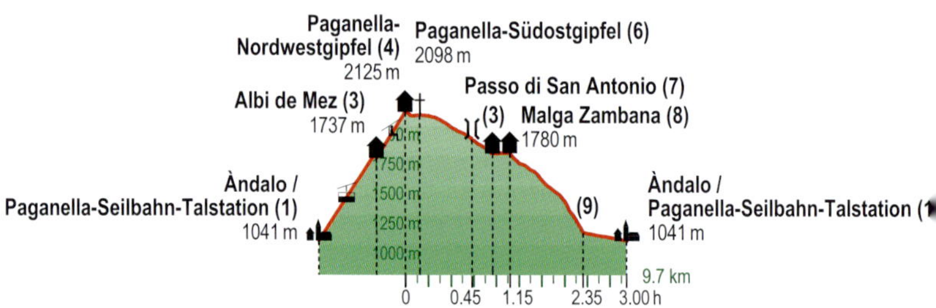

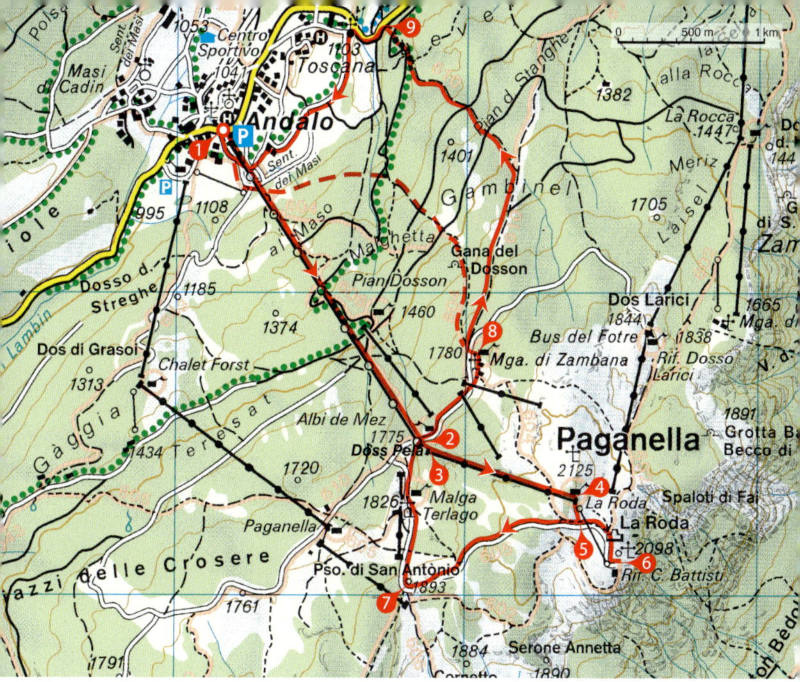


aus, rechts unterhalb der Sendeanlagen vorbei, sanft bergauf zum **Paganella-Südostgipfel** (**6**, »La Roda«, 2098 m) mit dem verfallenen Rif. Battisti. Atemberaubender Tiefblick in das Etschtal und auf die Stadt Trient.

Zurück in den erwähnten **Sattel (5)**, 2090 m, und dort links die Schotterstraße mit Weg Nr. 605 quer durch die Südflanke des Paganella-Nordwestgipfels, über einen kleinen Sattel hinweg, in die Westseite des Berges. Durch Latschen südwestwärts hinab in den **Passo di San Antonio (7)**, 1893 m, und dort nach rechts (Norden) abwärts zur **Malga Terlago**, 1826 m. Die Straße in Nordrichtung weiter bergab zur **Station »Doss Pela«** (**2**, 1776 m; Verzweigung). Rechts auf der oberen Straße eben zum **Ristorante Albi de Mez (3)**, danach aufwärts zur **Malga di Zambana (8)**, 1780 m. Auf dem Weg Nr. 604 und 610, eine Naturstraße kreuzend, über Wiesen nach Westen hinab zu Verzweigung am Waldrand. Nicht auf dem direkten Weg Nr. 604 gerade fort, sondern rechts den Güterweg Nr. 610 an den Waldhängen in Nordrichtung abwärts zu einer Forststraße und auf ihr nach 50 m zu Verzweigung. Links haltend hinab zur nächsten Teilung, 1500 m, und dort links in den **Bosco Gambinel**. Durch ihn nach Nordwesten abwärts zu einer Forststraße und diese 20 m nach links, dann rechts ab und auf Fußweg, einige Forststraßen

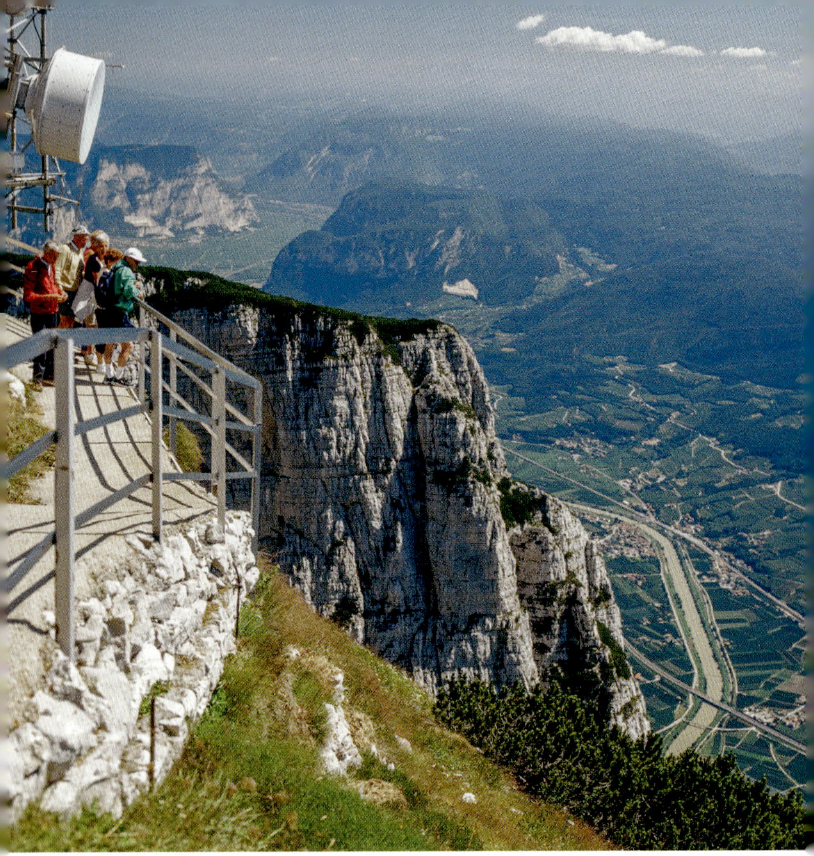

*Tiefblick vom Paganella-Südostgipfel das Etschtal aufwärts gegen Salurn.*

traversierend, steil nach Nordwesten hinunter zur **Autostraße (9)** Fai della Paganella – Àndalo. Auf ihr 100 m nach links zur Ortstafel von **Àndalo** und dort links durch die **Via Toscana** zu Straßenteilung (Bildstock, Brunnen). Links die **Via Palù**, an Chalets vorbei, durch ein seichtes Wiesental (Brentablick!) eben nach Südwesten, später auf Naturstraße zu einer Teilung. Im Wiesental gerade fort und unter der **Paganella-Seilbahn** durch zum Großparkplatz bei der **Bar »Le Rindole«**. Auf Asphaltstraße zur Linken eines Grabens nach Nordwesten hinab zur **Paganella-Seilbahn-Talstation** in **Àndalo (1)**.

3.30 Std.

# Loverdina, 2237 m

43

## *Orientierungspunkt über Val di Non und Val di Tóvel*

*Die Tatsache, dass man zur Malga d'Arza von Cunèvo her mit dem Auto fahren kann, macht sie zu einem prädestinierten Ausgangspunkt für Streifzüge in den Ostteil der Brenta, in die einsame Region der Campagruppe. Auf markiertem Weg ist von dort in etwa einer Stunde die Malga Termoncello am gleichnamigen Joch erreicht, wo sich eine Besteigung der aussichtsreichen Loverdina anbietet. Von ihr schweift der Blick zu den Dolomiten, zu den Riesen der zentralen Brentagruppe und hinab zu dem in dunkle Wälder eingebetteten Tóvelsee, dessen einzigartige Rotfärbung es nun schon seit 1964 nicht mehr gibt.*

**Ausgangspunkt:** Großparkplatz Malga d'Arza, 1500 m, südöstlich des Monte Corno. Auffahrt von Cunèvo auf schmaler, kehrenreicher Asphaltstraße, 11 km.
**Anforderungen:** Leichte Bergtour. Bis zur Malga Termoncello bez. Wege, danach schlecht bez. oder unbez. Pfade und Steigspuren. Nur bei nebelfreiem Wetter.
**Höhenunterschied:** 750 m.
**Einkehrmöglichkeiten:** Jausenstation Malga d'Arza (keine Übernachtung; Getränke, Milchprodukte; vom 10. Juni bis 10. Sept. geöffnet), Biv. Bàita Quetta (versperrte Biwakhütte, Schlüssel am Gemeindeamt Campodenno).
**Variante:** Von der Malga Termoncello kann der Monte Alto (1899 m; vom bewaldeten Gipfel selbst keine Rundsicht!) über den grasigen Südrücken auf Steigspuren problemlos bestiegen werden. Gesamter Zeitaufwand (hin und retour): 30 Min.

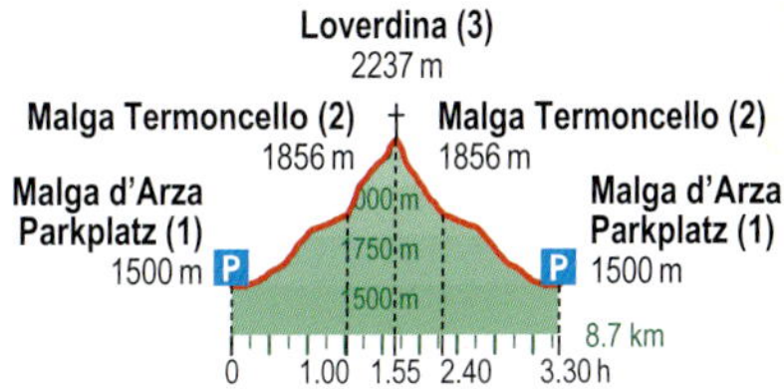


Vom Parkplatz **Malga d'Arza (1)** auf Naturstraße im Wald sanft nach Südwesten aufwärts, dann eben über Almweiden zur Malga d'Arza, 1507 m, am Südostfuß des Monte Corno. Den Fahrweg Nr. 370 kurz nach Süden zu einer Wiesenschulter (links Holzkreuz und Sitzgarnitur) und danach in den Wald. Dort bei sanfter Steigung in Südwestrichtung zu einer Anhöhe mit Verzwei-

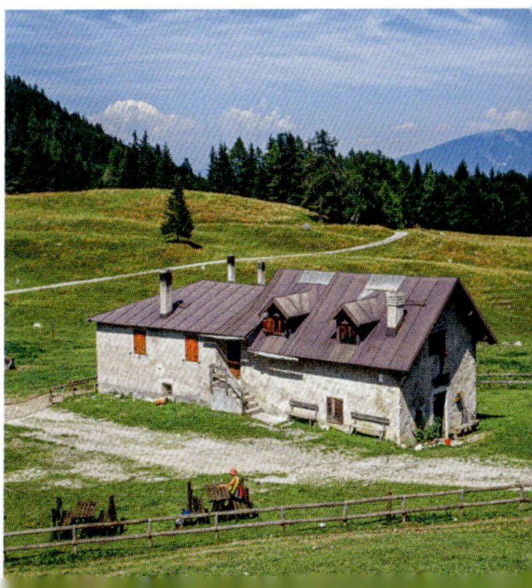

*Die inmitten ausgedehnter Viehweiden gelegene Malga d'Arza.*

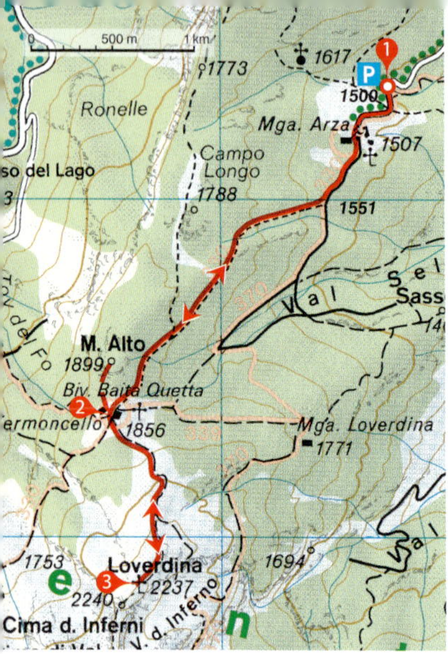


gung, 1551 m. Rechts den Steig Nr. 330 im Wald steiler nach Südwesten aufwärts, dann an den Abhängen des Monte Alto weniger steil bergauf, zuletzt durch lichten Lärchenwald in die seichte Grasmulde östlich des **Passo Termoncello**. Eben über die Weide zum Karrenweg Nr. 339 und diesen rechts zur **Malga Termoncello** (**2**, 1856 m; Brunnen; ständig geöffneter Raum ohne Schlafgelegenheit an der Nordseite der Stallung mit Tisch, Bänken, Herd, Holz, Geschirr) und zum **Biv. Bàita Quetta** westlich davon. Von der Wiesenkuppe (mit Kruzifix) südwestlich der Alm öffnet sich der Blick über das Tóveltal hinweg zur nördlichen Brentakette.

*Die kreuzgeschmückte Anhöhe beim Bivacco Bàita Quetta, dahinter die Pietra Grande (nördliche Brentakette).*

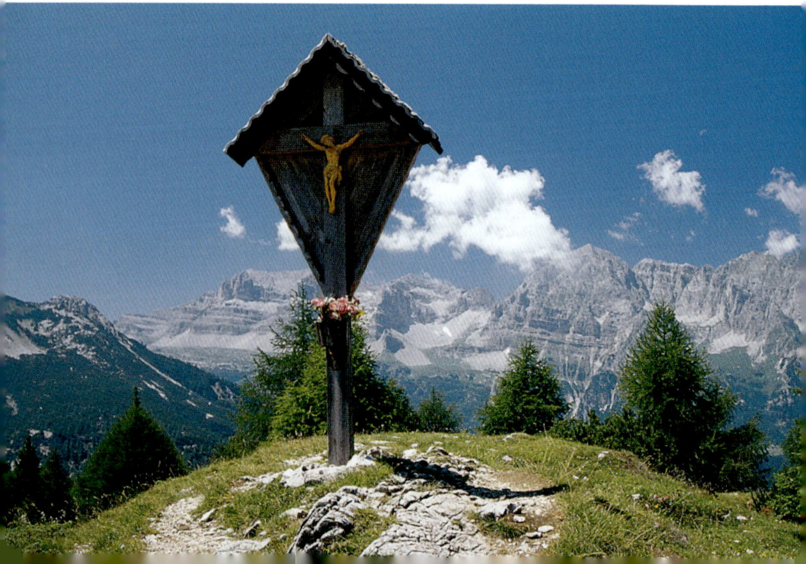

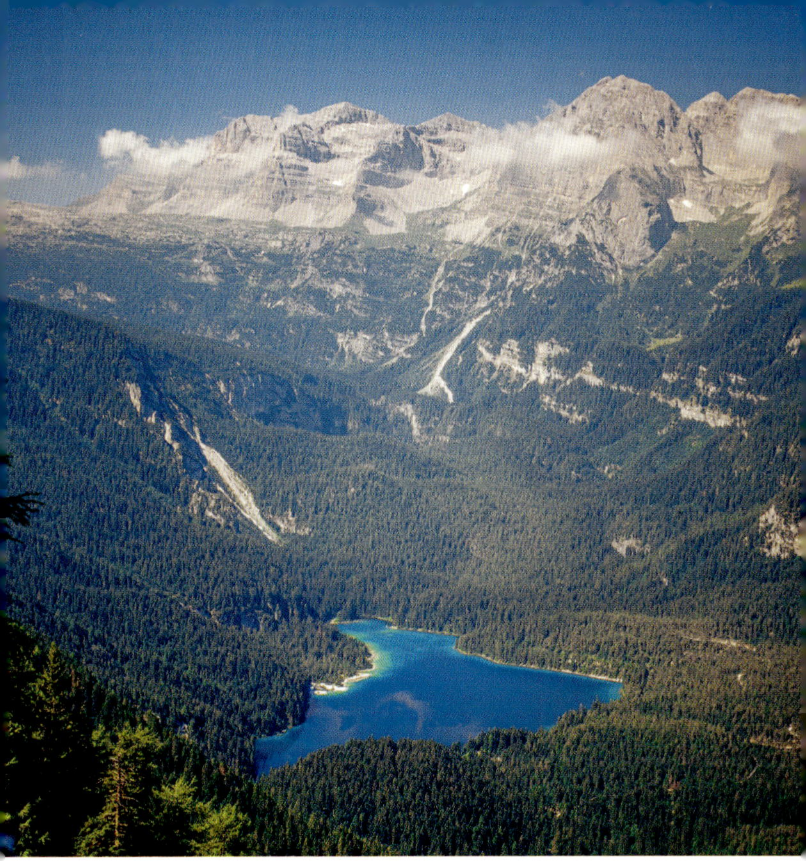

*Der in dichte Wälder eingebettete Lago di Tóvel mit Pietra Grande und Corno di Flavona darüber.*

Kurz nach Süden hinab zur Viehtränke im Zentrum der Termoncello-Mulde. Dort auf rot-weiß bez. Pfad über eine Wiesenzunge nach Südosten aufwärts an den bewaldeten Nordrücken der Loverdina. Über ihn teils in Kehren hoch zum Gipfelgrat und dort durch Latschen zum höchsten Punkt der **Loverdina** (**3**, 2237 m; Gipfelkreuz). Tiefblick nach Nordwesten gegen den Lago di Tóvel, darüber die nördliche Brentakette. Im Nordosten über der Talschaft Nonsberg der Mendelkamm und die Dolomiten. **Abstieg** entlang der Anstiegsroute.

# 44 Um die Campagruppe

**2 Tage**

***Zweitägige Rundwanderung durch das Reich der Brentabären***

*Da kommen jene auf ihre Rechnung, denen intakte Natur wichtiger ist als großartig auftrumpfende Felslandschaften. Zu den stillsten Bezirken der Brenta gehört die Campa im Osten des Val di Tóvel, wo man auch im Hochsommer kaum Wanderern begegnet. Die nachstehend beschriebene zweitägige Route um die Gruppe ist unschwierig, folgt markierten Steigen und besitzt keine großen Höhenunterschiede. Genächtigt wird an der Malga Spora, an der man auch preiswert speisen kann.*

**Ausgangspunkt:** Siehe Tour 43.
**Anforderungen:** Unschwierige Wanderung auf bez. Wegen.
**Höhenunterschied:** 1350 m.
**Einkehrmöglichkeiten:** Jausenstation Malga d'Arza (keine Übernachtung; Getränke, Milchprodukte; bew. vom 10. Juni bis 10. Sept.), Biv. Bàita Quetta (versperrte Biwakhütte, Schlüssel am Gemeindeamt Campodenno), Malga Spora (22 L., meist vom ersten Wochenende im Juli bis 10. Sept. geöffnet, Tel. +39 0461 653218 und +39 339 2787980; Biv. Malga Campo Denno (5 L., ständig geöffnet, aber nicht bew.).
**Variante:** Geübte können, an der Sella del Montòz links abzweigend, die westlich aufragende Cima Santa Maria (2678 m; unbezeichnet und weglos) in 1 Std. besteigen.

Vom Parkplatz **Malga d'Arza (1)** wie bei Tour 43 zur **Malga Termoncello (2)**, 1856 m. Auf dem Weg Nr. 330 und 339 südwestwärts durch die Wiesenmulde in den **Passo Termoncello** (1860 m; Verzweigung). Den Weg Nr. 330 geradeaus in die bewaldete Nordwestseite der Loverdina hinein und dort steil bergab in einen Graben. Durch ihn abwärts, später links aus ihm heraus und über eine licht bewaldete Flanke in die Karmulde des **Val Stràngola**. Am Unterrand riesiger Geröllhalden durch Latschen westwärts quer über das Kar, später an den Waldhängen (Tóvelsee-Blick!) hinauf zur Wiesenschulter **Prà dell'Àsen (3)**. Jenseits kurz bergab, dann im Wald aufwärts zum Querweg Nr. 369. Geradeaus durch Latschen nach Süden empor in den Sattel,

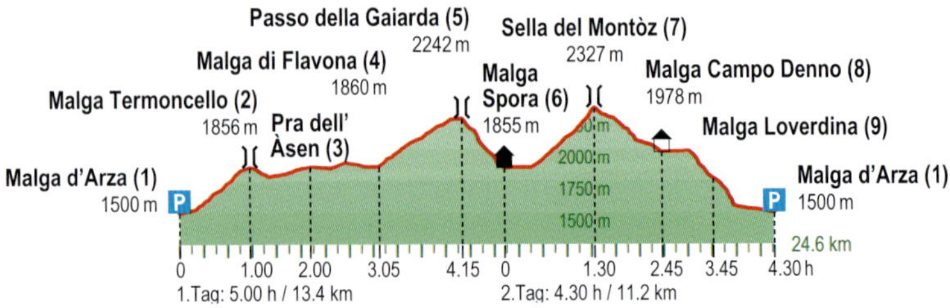

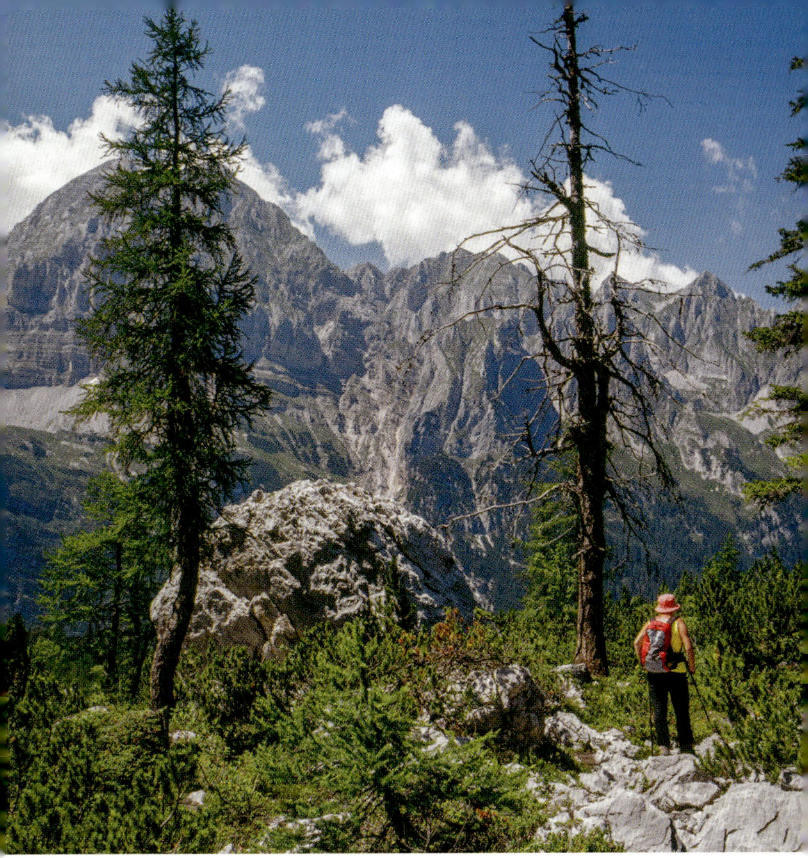

*An der Westseite der Campagruppe unterwegs zwischen Pra dell'Asen und Malga di Flavona. Blick zur nördlichen Brentakette.*

1890 m, zwischen Cima di Val Scura und dem Latschenriegel »Sassere«. Jenseits hinab zu den Flavona-Wiesen und diese nach rechts aufwärts zur **Malga di Flavona** (**4**, 1860 m; Brunnen; ständig geöffneter Raum ohne Schlafgelegenheit; Tisch, Bänke, Herd, Brennholz). Vom Südende der Stallung den Weg Nr. 371 über einen grasigen Aufschwung steil nach Süden hoch zum **Campo di Flavona** mit Verzweigung. Über die weiten Wiesenflächen zum Querweg Nr. 301 und diesen links haltend aufwärts in den **Passo della Gaiarda (5)**, 2242 m, zwischen Crosara del Fibión und Cima della Gai-

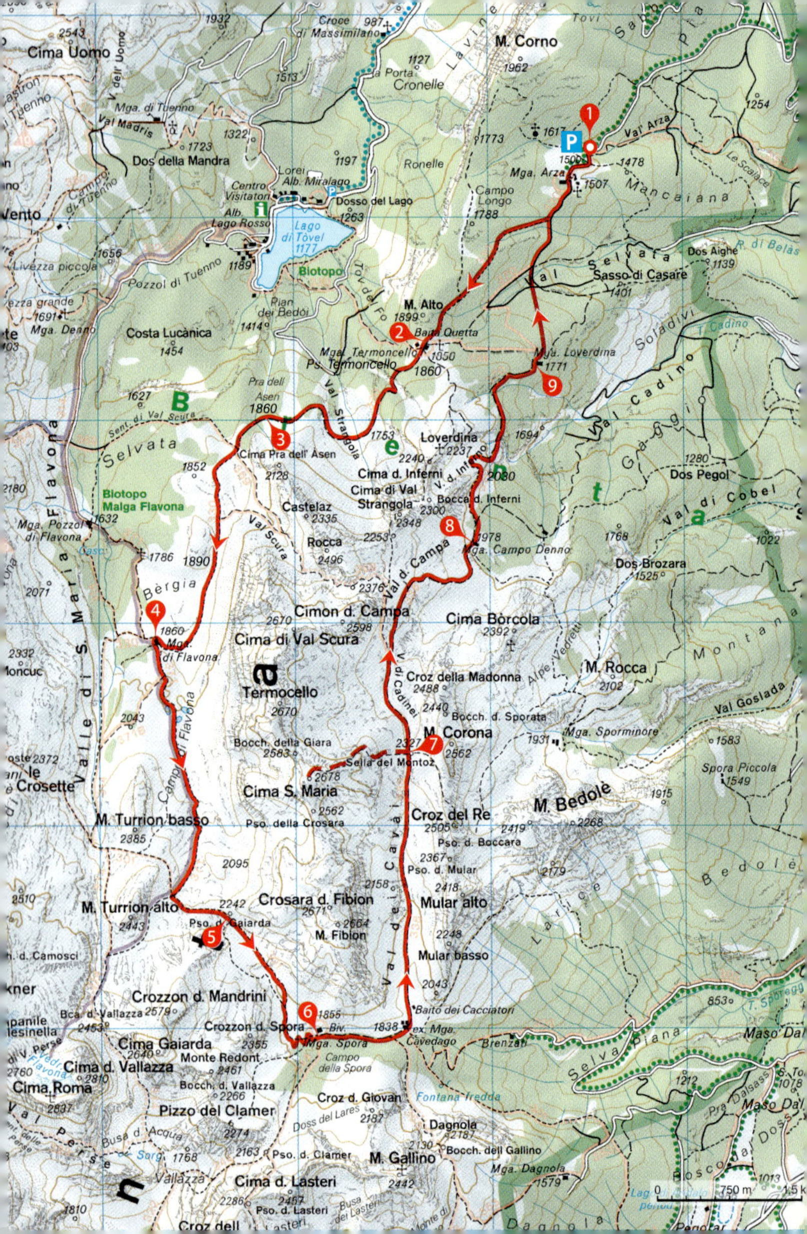

Cima Uomo
2543
1932
Croce di Massimiliano
987
M. Corno
1962
Tovi
1127
Porta
Cronelle
1513
V. dell'Uomo
Mga. di Tuenno
Val Madris
1723
1322
Dos della Mandra
1197
1773
Ronelle
1617
1500
1254
Val Arza
Mga. Arza
1478
1507
Le Scalace
Lavine
Campo di Tuenno
Lorei
Alb. Miralago
Centro Visitatori
Dosso del Lago
Campo Longo
1788
Mancaiana
Vento
Alb. Lago Rosso
Lago di Tòvel
1177
1263
1656
1189
Biotopo
Livezza piccola
Pozzol di Tuenno
Val Selvata
Sasso di Casare
1401
Dos Aighe
1139
R. di Belàs
Rian dei Bedòi
M. Alto
1899
ezza grande
1691
Mga. Denno
1414
Costa Lucànica
1454
Baita Quetta
Mga. Termoncello
1850
Ps. Termoncello
1860
Mga. Loverdina
1771
Soladivi
T. Cadino
Val Cadino
Pra dell Asen
1860
1627
B
Sent. di Val Scura
Val Strangola
1753
Loverdina
2237
1694
Val Gaggio
Selvata
Cima Pra dell' Asen
2240
Cima d. Inferni
V. d. Inferno
2030
1280
Dos Pegol
Flavona
1852
2128
Cima di Val Strangola
Bocca d. Inferni
2180
Biotopo Malga Flavona
Castelaz
2335
2300
2348
Val di Cobel
Mga. Pozzol di Flavona
1632
Val Scura
Rocca
2496
2253
1978
Mga. Campo Denno
1768
1022
1786
1890
Val d. Campa
Dos Brozara
1525
2071
Bèrgia
2376
Cimon d. Campa
Cima Bòrcola
2670
2598
2392
1860
Mga. di Flavona
Cima di Val Scura
Montana
2332
Moncuc
a
Croz della Madonna
2488
M. Rocca
2102
V. di Cadinei
Termocello
2670
2440
Bocch. d. Sporata
Val Goslada
2043
Mga. Sporminore
Campo di Flavona
Valle di S. Maria
Bocch. della Giara
2583
M. Corona
2327
2562
1931
1583
2372
Crosette
Sella del Montoz
2678
Spora Piccola
1549
Cima S. Maria
2562
1915
M. Bedole
Pso. della Crosara
Croz del Re
2505
2419
2268
M. Turrion basso
2385
Pso. d. Boccara
2367
Pso. d. Mular
2095
2179
Bedolè
2158
2418
2510
Crosara d. Fibion
2671
Mular alto
M. Turrion alto
2242
2443
Pso. d. Gaiarda
2664
M. Fibion
Val dei Cavai
Mular basso
2248
2043
853
T. Sporegg
Crozzon d. Mandrini
Baito dei Cacciatori
Bca. d. Vallazza
2579
1855
Biv.
Crozzon d. Spora
1838
ex Mga. Cavedago
Brenzati
Maso Dal
2453
Cima Gaiarda
2640
2355
Mga. Spora
Selva Piana
Monte Redont
2461
Campo della Spora
Cima d. Vallazza
2810
2760
Cima Roma
Bocch. d. Vallazza
2266
1212
Croz d. Giovan
Fontana fredda
Pra Dalsass
Maso Dal
1078
2837
Pizzo del Clamer
Doss del Lares
2187
Val Perse
Busa d. Acqua
2274
Dagnola
2187
2130
Bocch. dell Gallino
2163
Pso. d. Clamer
M. Gallino
1768
Vallazza
Mga. Dagnola
1579
Bosco
1013
2442
Cima d. Lasteri
2286
2457
Pso. d. Lasteri
Busa dei Lasteri
1810
Croz dell
0
750 m
1,5 k
Dagnola

arda. Jenseits an der linken Seite eines Hochtales über Schutthänge nach Südosten abwärts, bis das Tal oberhalb einer schluchtartigen Verengung nach rechts gequert wird. Jenseits die Hangterrasse zu Füßen des Crozzón della Spora südwärts zu einer Anhöhe. Dort links durch eine Rinne, dann durch Wiesen und Latschen steil nach Osten hinab in den grünen Dolinenkessel um die **Malga Spora (6)**, 1855 m.

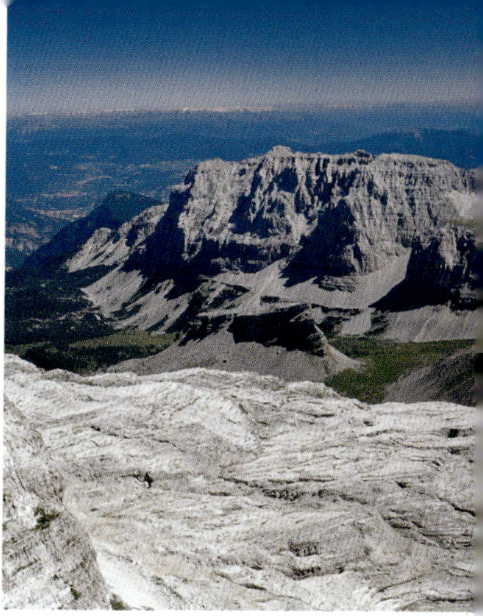

*Die abseits gelegene Untergrupppe des Cimon del Campa (Südwestansicht), die auf unserer Tour umwandert wird.*

Auf dem Karrenweg Nr. 301 ostwärts eben über die Wiese, dann durch Latschen und Zirben aufwärts, später im kupierten Gelände zu einer Verzweigung und dort geradeaus abwärts zur nächsten Teilung, 1830 m. Links den Weg Nr. 338 über die Wiesen der **Malga Cavedago** (die Hütten bleiben rechts) in Nordrichtung empor in das **Val dei Cavai** und dort in der Talsohle durch Geröll und über Wiesen aufwärts in die weite Senke der **Sella del Montòz (7)**, 2327 m, zwischen östlicher und westlicher Campagruppe. Jenseits durch ein Gerölltal in Nordrichtung abwärts zur Verzweigung im grünen Kar der **Alpe Campa**. Geradeaus weiter, später über einen felsigen Steilabfall scharf nach rechts (Südosten) hinab in die **Busa dei Cadinei**. Durch diese und das anschließende Val della Campa nach Nordosten abwärts zur **Malga Campo Denno** (**8**, auch »Malga Campa«, 1978 m; Brunnen). Den Weg Nr. 370 nordwärts vorerst über Wiesen, dann durch Latschen und lichten Wald unter einer Wand eben dahin, zuletzt durch eine Rinne steil empor zu einer Schulter (2030 m; Kruzifix). Jenseits durch Latschen zur Verzweigung im **Val degli Inferni**. Das Hochtal nach rechts (Nordosten) abwärts, später an der bewaldeten Ostflanke der Loverdina vorerst in Nord-, dann in Nordostrichtung hinab zur Wiesenschulter der **Malga Loverdina** (**9**, 1771 m; ständig offener Raum; Tisch, Bänke, Herd, Holz, Geschirr; Schlafgelegenheit mit Biwakausrüstung im Dachboden). Den Weg Nr. 370 über Wiesen nach Norden hinab in den Wald, dort steil hinunter zu einer Forststraße und diese links zu Verzweigung (Schranke) bei Rechtskehre. Gleich nach dieser scharf links ab und auf Fußweg im Wald steil hinunter zum querendem Fahrweg. Auf ihm nach links (Nordosten) zu einer Anhöhe (1551 m; Verzweigung) und auf bekanntem Weg zum Parkplatz **Malga d'Arza (1)**.

# 45 Um den Lago di Tóvel

**1.15 Std.**

## *Ein verlorenes Naturwunder im Norden der Brenta*

*Geldgier und Unwissenheit über das sensible Zusammenspiel im Ökosystem sind wohl schuld, dass sich die berühmte Rotfärbung des Lago di Tóvel – eine weltweit einzigartige Erscheinung – seit 1964 nicht mehr gezeigt hat. Das durch eine seltene Algenart verursachte Phänomen trat in den Sommermonaten vorwiegend in Ufernähe auf und verlieh dem von dichten Wäldern flankierten dunkelgrünen Gewässer eine unwirkliche, zauberhafte Note. Die kurzweilige Umrundung des Kleinods mit ständigem Aufblick zu den Felshäuptern der Campa und der nördlichen Brentakette vermittelt herrliche Fotomotive.*

**Ausgangspunkt:** Parkplatz Lago di Tóvel, 1149 m, nördlich unterhalb des Sees, am Ende der Val-di-Tóvel-Asphaltstraße, 11 km von Tuénno. Zufahrt von dort (bzw. von dem in Talmitte des Val di Tóvel gelegenen Parkplatz beim Rist. Al Capriolo) per Shuttle-Bus vom 20./23. Juni bis 7./10. Juli an Wochenenden, vom 13./14. Juli und 1./2. Sept. tägl. zwischen 10.00/10.40 und 16.20/16.33 Uhr alle 20 Min. Außerhalb der Busfahrzeiten kann der See mit dem Auto erreicht werden.

**Anforderungen:** Kurze einfache Wanderung auf meist breitem Uferweg. An einer Felspassage Trittsicherheit nötig.

**Höhenunterschied:** 55 m.

**Einkehrmöglichkeiten:** Chalet Tóvel Moutain Lake (20 B., vom 1. Juni bis 30. Sept. geöffnet, Tel. +39 0463 450090, chaletovel.it), Bar »PicNic-Orso Bruno« (keine Übernachtung, Sommerbewirtschaftung), Alb. Lago Rosso (25 B., vom 1. Juni bis 30. Sept. tägl. geöffnet, Tel. +39 0463 451242, albergolagorosso.it).

Vom **Parkplatz** (**1**, nicht der beschrankten Asphaltstraße zum See folgen!) auf dem Fußweg zur Linken (östlich) des Seeabflusses im Wald nach Süden aufwärts zum Nordufer des **Lago di Tóvel**, 1177 m. Auf dem querenden Uferweg kurz nach rechts (Westen) empor zum **Chalet Tóvel (2)**, 1182 m. Nun auf beschranktem Fahrweg (»Seeufer-Promenade«) am Nordufer im Wald eben nach Westen zur **Bar »PicNic–Orso Bruno«**, danach zur Rechtsabzweigung von Weg Nr. 309 zur Malga di Tuéna. In Südrichtung weiter zum

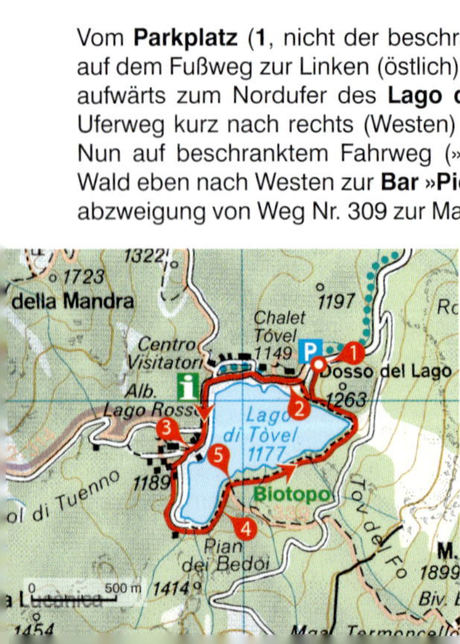


**Centro Visitatori Lago di Tóvel** (Besucherzentrum; 1182 m) und etwas abwärts zum **Albergo Lago Rosso (3)**, 1189 m. Von der Wiese unterhalb des Hotels auf dem breiten Uferweg im Wald eben nach Süden, dann auf schmälerem Weg, an einer im See stehenden automatischen Messstation vorbei, in die Südbucht. Sie wird im Linksbogen ausgegangen und danach unter einer Fels-

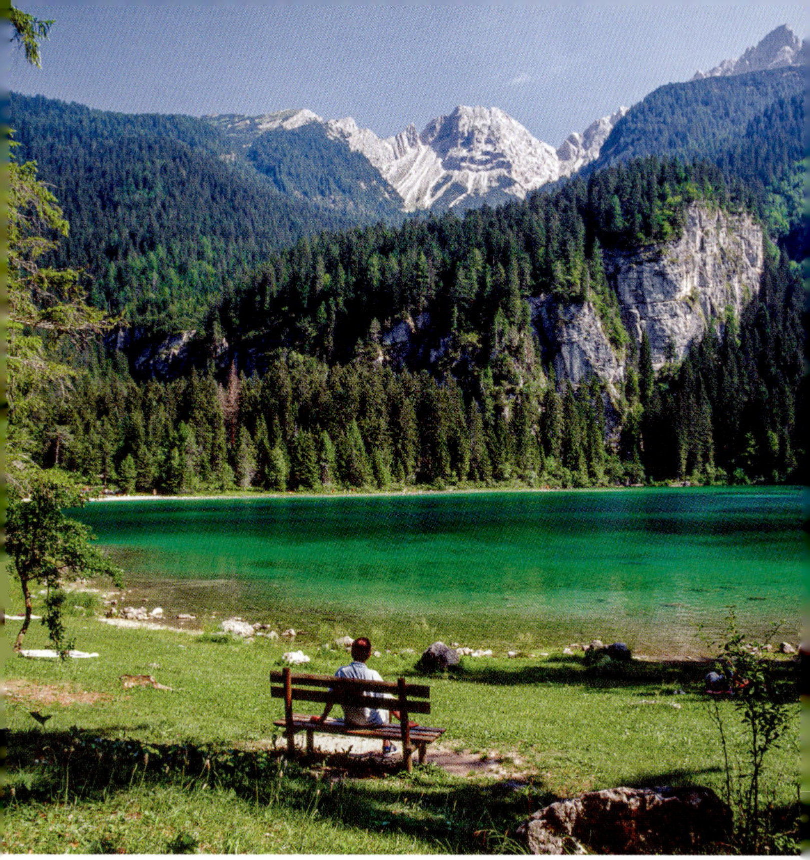

*Erholsame Rast am Ufer des Tòvelsees.*

wand die **Sorgente del Roccione (4)** erreicht. In Nordostrichtung zu einer Verzweigung, dort geradeaus und nahe dem Schotterstrand (Badeplätze) durch lichten Wald und Latschen zur Rechtsabzweigung von Weg Nr. 339 **(5)**. Auf Steig (Geländersicherung) im Auf und Ab oberhalb einer Felswand vorbei in eine zweigeteilte Bucht, die im Linksbogen ausgegangen wird. Nun am Nordufer im Wald nach Westen zum Seeabfluss und auf bekanntem Weg zum **Parkplatz (1)**.

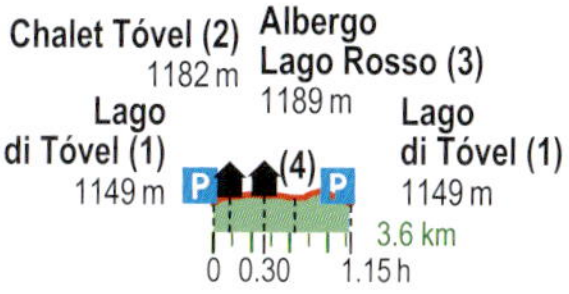

# 46 Flavona-Runde

**6.30 Std.**

## *Zu einem »Garten Eden« im inneren Val di Tóvel*

*Zu den schönsten Wiesengebieten der Brenta gehören jene rings um die Malga di Flavona im Hintergrund des Tóveltales, die man vom Parkplatz beim »Roten See« besuchen kann. Befreit von schweißtreibenden Steilanstiegen geht es hier im wahrsten Sinne des Wortes sanft zu, wir dringen auf gut markierten Wegen in ein Almenparadies von ungeahnten Ausmaßen ein.*

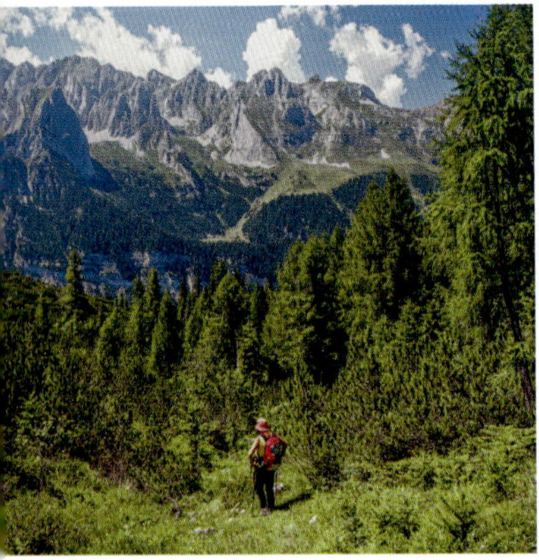

**Ausgangspunkt:** Siehe Tour 45.
**Anforderungen:** Einfache, aber lange Wanderung auf bezeichneten Fahr- und Fußwegen.
**Höhenunterschied:** 820 m.
**Einkehrmöglichkeiten:** Chalet Tóvel Moutain Lake (20 B., vom 1. Juni bis 30. Sept. geöffnet, Tel. +39 0463 450090, chaletovel.it), Bar »PicNic-Orso Bruno« (keine Übernachtung, Sommerbew.), Alb. Lago Rosso (25 B., 1. Juni bis 30. Sept. tägl. geöffnet, Tel. +39 0463 451242, albergolagorosso.it), Biv. Bàita Quetta (versperrte Biwakhütte, Schlüssel am Gemeindeamt Campodenno).

*Am Übergang von der Malga Flavona zum Passo Termoncello.*

Vom **Parkplatz (1)** wie bei Tour 45 zum **Chalet Tóvel (2)**, 1182 m und weiter zum **Centro Visitatori Lago di Tóvel**, 1182 m, mit Verzweigung danach. Rechts den Fahrweg Nr. 314, am **Alb. Lago Rosso (3)** und an einigen Privathäusern vorbei, im Wald nach Westen aufwärts zur nächsten Teilung, wo man sich links hält. Den Fahrweg Nr. 314 an der rechten Seite des waldrei-

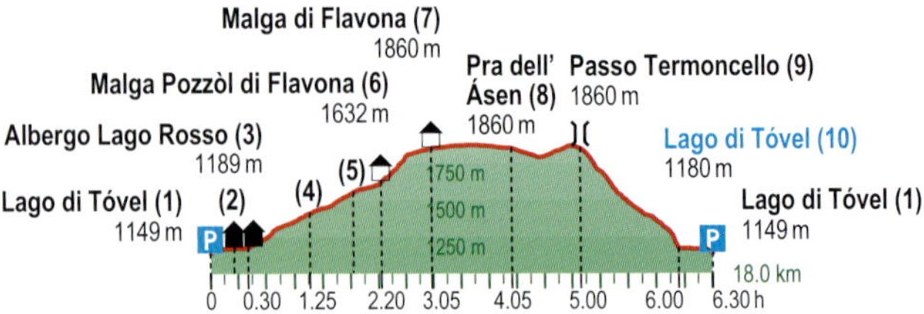

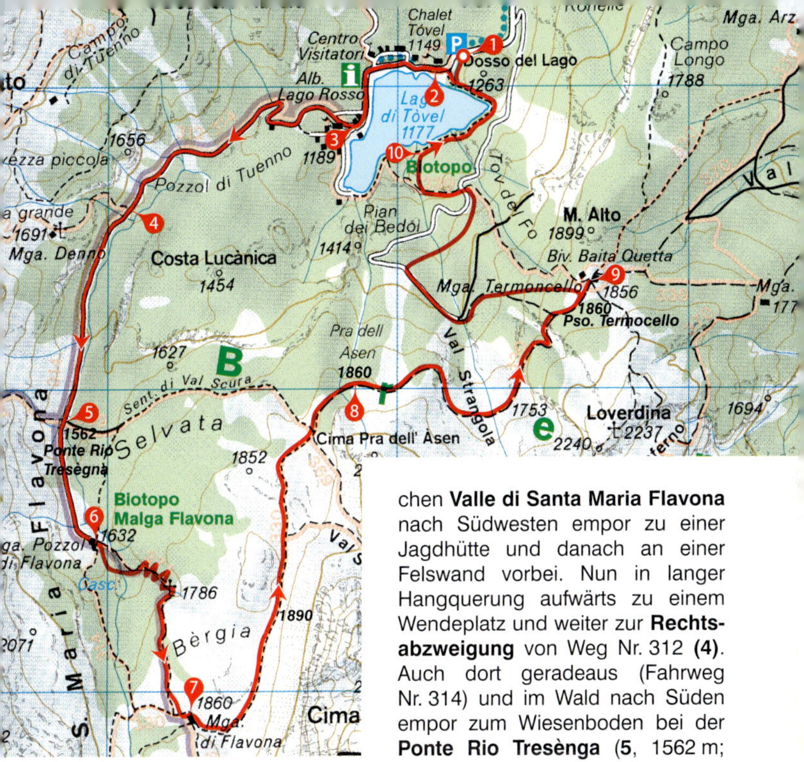


chen **Valle di Santa Maria Flavona** nach Südwesten empor zu einer Jagdhütte und danach an einer Felswand vorbei. Nun in langer Hangquerung aufwärts zu einem Wendeplatz und weiter zur **Rechtsabzweigung** von Weg Nr. 312 **(4)**. Auch dort geradeaus (Fahrweg Nr. 314) und im Wald nach Süden empor zum Wiesenboden bei der **Ponte Rio Tresènga** (**5**, 1562 m; Verzweigung). In Südrichtung weiter, später durch eine Talverengung steiler hoch, schließlich an der rechten Seite einer Dolinenmulde über die von Felsblöcken übersäten Wiesen hinauf zur **Malga Pozzòl di Flavona** (**6**, 1632 m; Brunnen; im Wohnhaus ständig offener Raum mit Tisch, Bänken, Herd, Holz und Wasser; im Dachgeschoss leerer Bretterboden mit Platz für 10 Personen). Den Fußweg Nr. 371 gegen ein schluchtartiges Waldtal nach Südosten hoch, später nach links über den Bach (Holzbrücke) und jenseits über eine steile Flanke empor in einen Seitengraben. Durch diesen hoch, dann aus dem Graben nach rechts heraus und um eine Ecke nach links herum zur Wiesen-Hochfläche (»Bèrgia«) von Flavona. Über diese nach Süden aufwärts zur **Malga di Flavona** (**7**, 1860 m; Brunnen; ständig geöffneter Raum mit Tisch, Bänken, Herd, Holz; keine Lager!).

Vom Südende der Stallung auf dem anfangs undeutlichen Weg Nr. 330 über die Wiesen nach links (Osten) sanft abwärts unter die Wände der Campagruppe. Dort auf guter Wegtrasse durch Latschen nach links (Norden) berg-

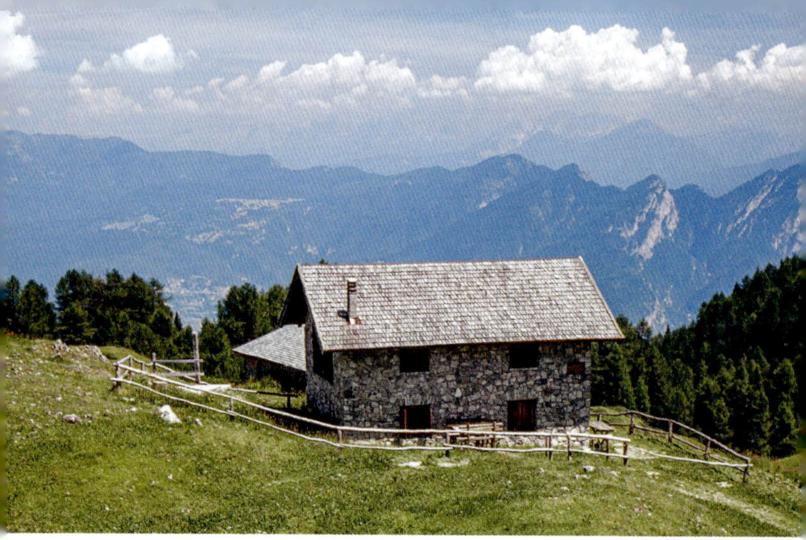

*Die Malga Termoncello nahe der gleichnamigen Passhöhe.*

auf in den Sattel, 1890 m, zwischen Cima di Val Scura und dem Latschenriegel »Sassere«. Jenseits hinab in einen Graben (Querweg Nr. 369), danach in den Wald. Dort an den Hängen eben fort, zuletzt steil hoch zur Wiesenschulter **Prà dell'Àsen (8)**. An den Waldhängen (Tóvelsee-Blick!) ostwärts bergab und nach rechts in die weite Karmulde des **Val Stràngola**. Dort am Unterrand riesiger Geröllhalden durch Latschen an den Fuß einer bewaldeten Steilflanke. Über diese nach Nordosten aufwärts in einen Graben und durch ihn ein Stück hoch, dann in steiler Hangquerung nach links (Norden) empor, zuletzt eben in den **Passo Termoncello (9)** mit der gleichnamigen Alm (1860 m; Verzweigung). Links den Weg Nr. 339 durch Lärchenwald nach Westen hinunter, später an der steilen Waldflanke in Kehren nach Südwesten abwärts, schließlich in Westrichtung zu querendem Fahrweg und auf ihm zu einer Verzweigung. Nach Norden abwärts in das untere Val Stràngola und dort rechts vom Bach bergab, später in einen steilen Graben und durch ihn zum **Cascata Rislà**, der über eine dunkle senkrechte Wand herabstürzt. Im Graben weiter abwärts, später über eine Holzbrücke nach links zu Verzweigung. Durch Buschwerk rechts haltend an das Südostufer des **Lago di Tóvel (10)** mit querendem Uferweg (Badegelegenheit). Auf diesem eben nach rechts, dann auf Steig (Geländersicherung) im Auf und Ab oberhalb einer Felswand vorbei in eine zweigeteilte Bucht, die im Linksbogen ausgegangen wird. Nun am Nordufer im Wald eben nach Westen zum Seeabfluss und auf bekanntem Weg zum **Parkplatz (1)**.

4.45 Std.

# Malga di Tuéna, 1740 m, und Campo di Tuénno, 2030 m

47

***Almenparadiese überm Tóvelsee***

*Die westlich über dem Lago di Tóvel thronende Malga di Tuéna ist ein Ziel, das jeder Brenta-Fan kennen sollte. Umgeben von entspannendem Herdengeläute darf man sich oben inmitten einer paradiesischen Landschaft niederlassen und den Blick in die Runde schweifen lassen. Danach geht es zu den Wiesenbalkonen des Campo di Tuénno empor, von denen wir über steile Grashänge zur idyllisch gelegenen Malga Denno und durch das Val Santa Maria di Flavona zum Tóvelsee absteigen.*

**Ausgangspunkt:** Siehe Tour 45.
**Anforderungen:** Lange, anstrengende Tour. Den Steilabstieg vom Campo di Tuénno zur Malga Denno (weglos, keine Markierung) ausgenommen meist bez. Wege und Steige. Trittsicherheit nötig. Bei nassem Wetter abzuraten.
**Höhenunterschied:** 890 m.
**Einkehrmöglichkeiten:** Chalet Tóvel Moutain Lake (20 B., vom 1. Juni bis 30. Sept. geöffnet, Tel. +39 0463 450090), Bar »PicNic-Orso Bruno« (keine Übernachtung, Sommerbewirtschaftung), Alb. Lago Rosso (25 B., vom 1. Juni bis 30. Sept. tägl. geöffnet, Tel. 0463 451242, albergolagorosso.it), Biv. Malga di Tuéna (8 L., stets geöffnet).
**Variante:** Bei Rückkehr von der Malga di Tuéna entlang der Anstiegsroute 2 Std. Zeitersparnis.

Vom **Parkplatz (1)** auf Asphaltstraße (Fahrverbot) zur Rechten des Seeabflusses im Wald nach Süden hinauf zum **Chalet Tóvel** (**2**, 1182 m) überm Nordufer des **Lago di Tóvel**. Auf beschranktem Fahrweg (Seeufer-Promenade) eben nach Westen zur **Bar »PicNic–Orso Bruno«**, danach zu **Verzweigung (3)**, 1182 m. Rechts den Karrenweg Nr. 309 durch Wald in Kehren nach Norden aufwärts zu einer Schranke und weiter zum Verzweigungspunkt am Straßenende. Links den Steig Nr. 309 vorerst durch einen Graben, dann die steile bewaldete Bergrippe links von ihm westwärts in Kehren hoch. Weiter oben in langer Hangquerung schräg nach links (Südwesten) aufwärts und nach rechts zu den Tuéna-

*Unterwegs im Val Madris mit Aufblick gegen die Cima Benon.*

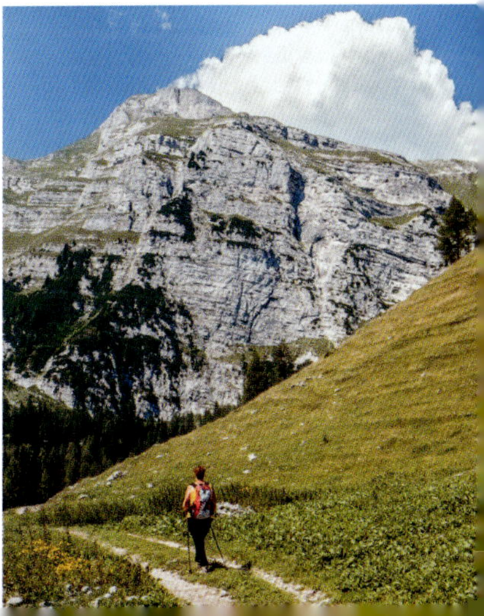

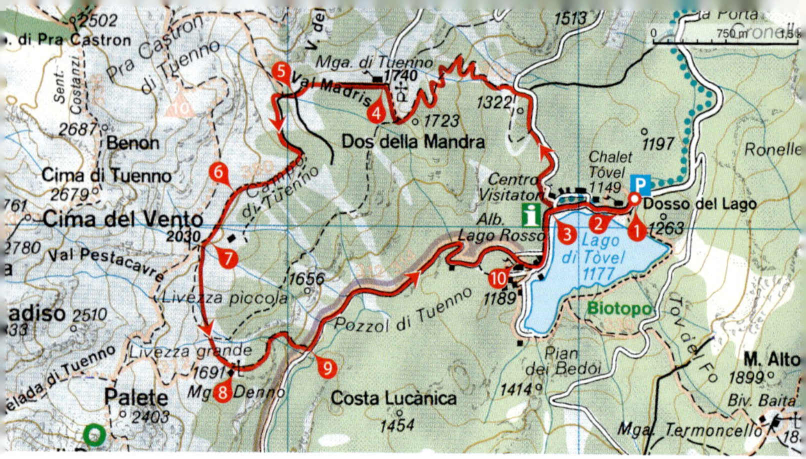


Wiesen. Über diese in Nordrichtung empor zu der auf einer Bergschulter unter der Cima Uomo gelegenen **Malga di Tuéna (4)**, 1740 m. Prachtblick in den Hintergrund des Val di Tóvel und gegen den Tóvelsee.

Den Fahrweg Nr. 310 an der rechten Seite des **Val Madris** nach Westen aufwärts zur **Verzweigung (5)** im Talhintergrund. Den Karrenweg Nr. 380 an licht bewaldeten Hängen nach links (Süden) hinauf an eine Geländerippe. Nun knapp oberhalb der Waldgrenze an felsdurchsetzten Grashängen in Südwestrichtung empor auf das Wiesenplateau des **Campo di Tuénno (6)**, 2030 m, wo der markierte Steig noch vor seiner Einmündung in den Querweg Nr. 306 (»Sentiero delle Palete«) nach links verlassen wird (**7**, keine Tafel!). Weglos und ohne Markierung eben vor zum südlichen Abbruchrand der Hochfläche. Über einen langen und sehr steilen Grashang (Vorsicht bei Nässe!) nach Süden hinunter zu einer Verflachung und rechts haltend in ein grasiges Tälchen. In der Talsohle nun weniger steil nach Südosten abwärts zum Steig Nr. 312 und mit ihm zu den Wiesen der **Malga Denno (8)**, 1691 m. An der rechten Seite einer bewaldeten Steilschlucht über Felsstufen in Kehren nach Osten abwärts, dann an die linke Talseite (Holzbrücke) und dort eben in eine schrofig-begrünte Wand hinein. Durch sie auf gesichertem

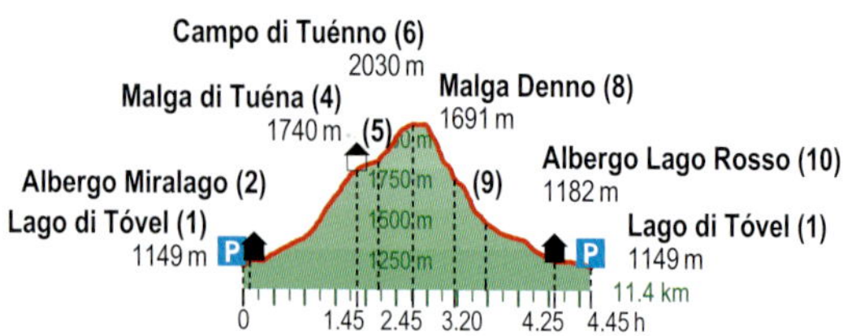

Steig (Drahtseile) in Kehren bergab und nach rechts in den Schluchtgrund. Durch ihn ein Stück abwärts, dann quer durch eine steile Waldflanke nach links (Norden), später die Flanke in Kehren nach rechts hinab in das **Valle di Santa Maria Flavona** mit dem **Querweg Nr. 314 (9)**. Den Fahrweg an der linken Talseite nach Nordosten abwärts zu einer Jagdhütte mit Teilung danach. Rechts haltend, an Privathäusern vorbei, hinab zum Albergo Lago Rosso, 1189 m, über dem Westufer des Lago di Tóvel. Die Seeufer-Promenade im Wald eben nach links (Norden) zum **Centro Visitatori Lago di Tóvel** (Besucherzentrum; 1182 m) und **Albergo Lago Rosso (10),** danach zur Linksabzweigung von Weg Nr. 309 und auf bekanntem Weg zurück zum **Parkplatz (1)**.

*Die Malga di Tuéna mit Passo del Grostè, Pietra Grande und Corno di Flavona im Süden.*

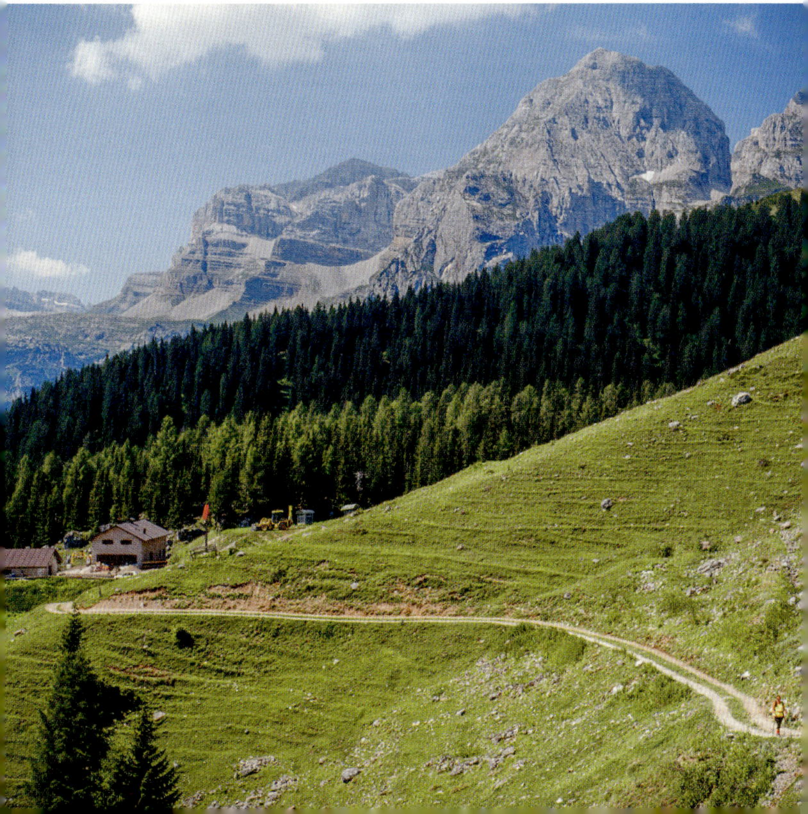

## 48 Rifugio Pèller, 2022 m

**6.30 Std.**

### *Bergsteiger-Einkehr und Aussichtstribüne über dem Nonsberg*

*Die langen Anmarschwege zu der in wundervoller Balkonlage über Val di Sole und Val di Non thronenden Pèllerhütte mag viele abschrecken und zur Auffahrt mit dem Taxi oder dem eigenen Auto animieren. Doch der Weg von Malé her besitzt alle Vorzüge eines attraktiven Hüttenzugangs, ist schattig, unterhaltsam und nicht allzu steil.*

**Ausgangspunkt:** Bahnhof, 736 m (Parkplatz) östlich des Zentrums von Malé im Val di Sole.
**Anforderungen:** Unschwieriger, aber langer Hüttenanstieg auf bezeichneten Wegen.
**Höhenunterschied:** 1290 m.
**Einkehrmöglichkeiten:** Rif. Mezòl (nur mit Schlüssel zugänglich), Biv. »Mario Gregori« al Mezòl (4 L., unbew., aber stets geöffnet), Rif. Pèller (43 B., vom 20. Juni bis 20. Sept. durchgehend, sonst ganzj. Sa. und So. geöffnet, Tel. +39 0463 536221, rifugiopeller.com).
**Variante:** Im Abstieg kann man auch dem Weg 313 (ab Campo di Nanno Weg 313B) in 3 Std. nach Cles folgen und von dort per Bahn nach Malé fahren.

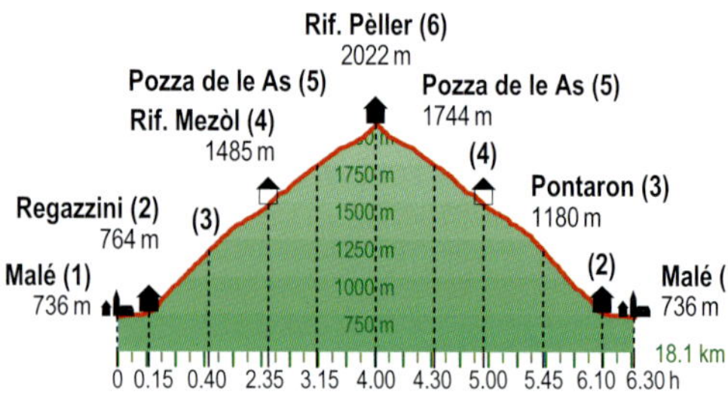


Vom Bahnhof in **Malé (1)** auf Fahrweg eben nach Südwesten zu querender Straße und diese links haltend hinab zur Fußgängerbrücke über den **Non (Noce)**. Jenseits auf breitem Fußweg in Kehren hoch zu dem im lichten Wald gelegenen Abenteuer- und Spielpark **Regazzini** (**2**, 764 m; Restaurant). Durch den Park aufwärts zum Beginn der Markierung von Weg Nr. 374. Auf diesem im lichten Wald nach Südosten zu querendem Fahrweg und diesen links haltend zur **Ponte de le Val**. Auf Fußweg, eine Forststraße mehrmals kreuzend, nach links (Südosten) hinauf nach **Fraton** und weiter zur Lokalität **»Pontaron« (3)**, 1180 m. Auf dem Karrenweg Nr. 374 an den Waldhängen nach rechts (Süden) hoch und um eine Ecke herum nach links in das **Val di Mezzo**. Zur Linken des schluchtartigen Tonalittales an steiler bewaldeter Felsflanke (Geländersicherung) aufwärts in den Talhintergrund und dort nach rechts über den Bach. Jenseits auf Fahrweg durch Wald nach Süden empor zu querender Forststraße und diese rechts haltend zu dem am Oberrand einer Lärchenwiese gelegenen **Rif. Mezòl (4)**, 1485 m, mit dem im gleichen Gebäude untergebrachten Bivacco »**Mario Gregori al Mezòl**« (Brunnen). Die Forststraße (Weg 374) oberhalb des Rif. Mezòl an den Waldhängen nach links (Osten) hinauf zu einer Kehre. Links ab und auf bezeichnetem Steig eben weiter, dann hinab in den steilen Waldgraben des Val di Mezzo und jenseits auf Fahrweg nach Nordosten empor zu einer Forststraße. Diese in Nordostrichtung weiter aufwärts zur Waldlichtung »**Pozza de le As**« (**5**, 1744 m; Verzweigung). Die Straße kurz nach rechts, dann links auf dem Karrenweg Nr. 374 einen Waldrücken in Südrichtung hoch, später über Wiesen und durch Waldparzellen zu querendem Fahrweg. Diesen 40 m nach links, dann den Fußweg durch lichten Nadelwald in Windungen nach Süden empor zum aussichtsreich gelegenen **Rifugio Pèller (6)**, 2022 m.

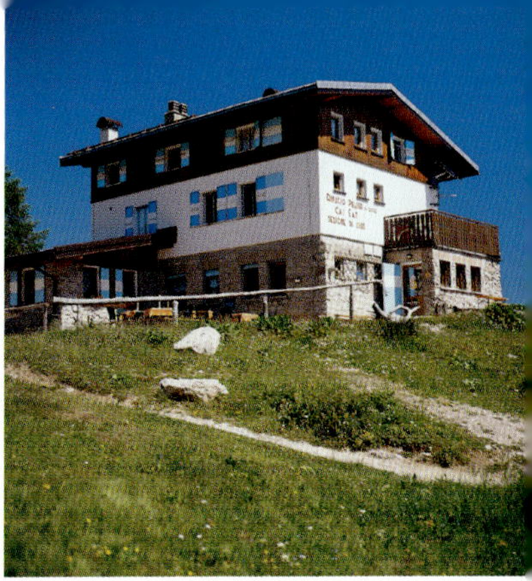

Das Rifugio Pèller.

**Abstieg** entlang der Anstiegsroute.

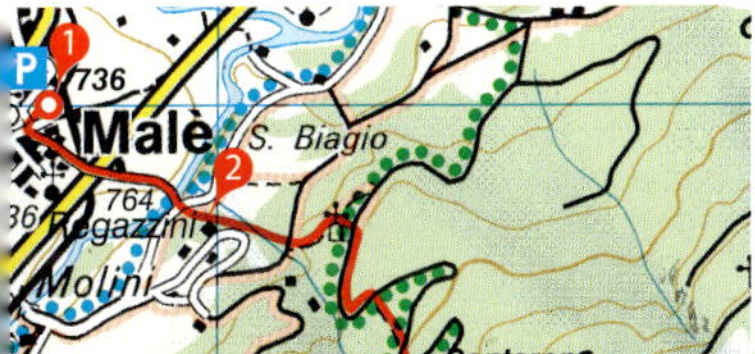

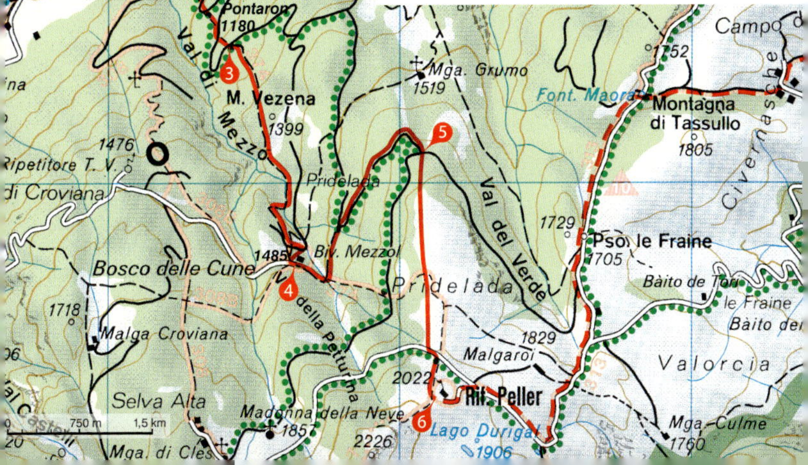

TOP **49**

# Monte Pèller, 2320 m

**2.30 Std.**

### *Weit schauender Hüttenberg am Nordende der Brentakette*

*Ausgestattet mit Schutzhütte und leichter Normalroute gehört der Monte Pèller zu den großen Aussichtsbergen der Brenta. Ein umfassendes 360-Grad-Panorama über weite Bereiche der Südalpen, die man von den Zentralalpen bis zur Presanella, von den Dolomiten bis zum Ortler überblickt, ist der Lohn für den geringen Aufwand. Etwas haariger erweist sich der Abstieg über den steilen Südwestrücken zur Malga Tassullo, sofern man nicht über die Anstiegsroute zum Ausgangspunkt zurückkehrt.*

**Ausgangspunkt:** Cles, 658 m. Von dort Auffahrt per Jeep (Abholdienst durch den Hüttenwart, Tel. +39 0463 536221 und +39 336 216005) zum Rif. Pèller, 2022 m. Ab Cles auch Zufahrtsmöglichkeit mit dem eigenen Pkw auf meist schlechter Naturstraße bis zum Hüttenparkplatz (1869 m; 17 km ab Cles), danach 15 Min. Fußanstieg.
**Anforderungen:** Unschwierige Tour mit gesicherten Wegpassagen. Weniger Geübten ist vom Abstieg zur Malga Tassullo abzuraten. Nur bei trockenem Wetter!
**Höhenunterschied:** 450 m.
**Einkehrmöglichkeiten:** Rif. Pèller (43 B., vom 20. Juni bis 20. Sept. durchgehend, sonst ganzj. Sa. und So. geöffnet, Tel. +39 0463 536221, rifugiopeller.com), Biv. Pinamonti an der Malga Tassullo (6 L., ganzj. geöffnet, aber nicht bew., im Sommer Getränke an der Malga Tassullo).
**Varianten:** Die Pèllerhütte kann von Malé auf schönen Waldwegen auch zu Fuß erreicht werden (Tour 48).
Im Abstieg vom Monte Pèller kann man, vor dem Hüttenparkplatz links abzweigend, auf unbez. Steigspuren westwärts über Wiesenböden und einen steilen Grashang ebenfalls zur Pèllerhütte gelangen. Gleicher Zeitaufwand.

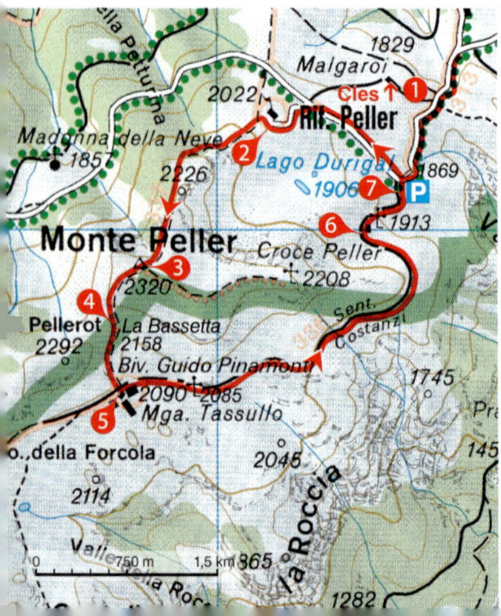


Von **Cles (1)** Auffahrt per Jeep zum **Rifugio Pèller (2)**. Dort auf dem Weg Nr. 337 über den Nordostrücken des Monte Pèller durch Wiesen und lichten Lärchenbewuchs aufwärts, später in Serpentinen steiler hoch und über einen Felsaufschwung (Holzstiegen, Drahtseile) in geneigtes Gelände. Nun in Kehren nach Süden bergauf, dann auf guter Wegtrasse (Drahtseil), eine Graterhebung links umgehend, quer durch eine Schrofenflanke in die Scharte, 2200 m, vor dem Gipfelaufbau. Am

*Im Gipfelanstieg auf den Monte Pèller.*

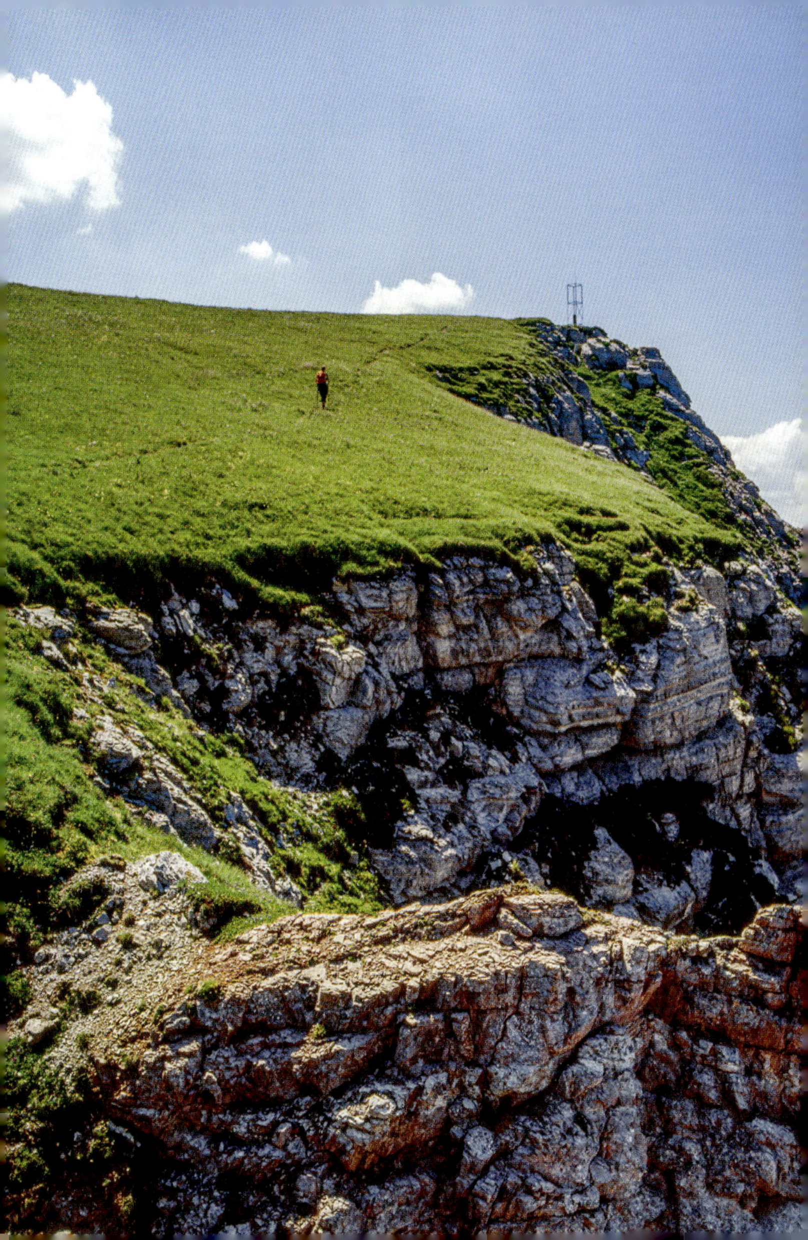

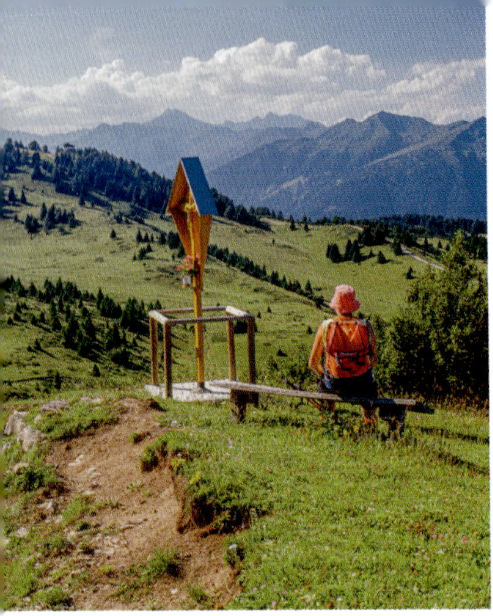

*Rast an der »aussichtsreichen Schulter« am Rückweg zum Rifugio Pèller.*

Felsgrat (Drahtseil) steil hoch und über einen Spalt (Holzbrücke) auf das grasige Gipfelplateau. Dort in Südrichtung bergauf, später nach rechts (Westen) empor zum Gipfel des **Monte Pèller** (**3**, 2320 m; Vermessungszeichen).
Der Markierung folgend am Gipfelkamm kurz nach Westen bergab zu einer Schulter. Links auf Steigspuren über den sehr steilen Südwestrücken vorsichtig hinunter, später durch eine Felszone, zuletzt über den sich verflachenden Grasrücken in den Sattel **»La Bassetta« (4)**, 2158 m, vor dem Monte Pelleròt. An der rechten Seite der nach links (Südosten) abfallenden Grasmulde auf Steigspuren abwärts und nach rechts zu der auf einer Anhöhe am Rande des Pian della Nana gelegenen **Malga Tassullo (5)**, 2090 m. Auf dem Fahrweg Nr. 336 über die Wiesenterrasse zu Füßen des Monte Pèller ostwärts ab und auf in einen Sattel (2085 m; Holzkreuz rechts). Jenseits in langer Querung der Grashänge nach Nordosten abwärts, später um den Ostrücken des Monte Pèller herum in die Nordseite und dort zu einer aussichtsreichen Schulter (**6**, 1913 m; Holzkreuz, Bänke). Jenseits zunächst in West-, dann in Nordrichtung hinab zum **Hüttenparkplatz (7)**, 1869 m. Links ab und auf dem Fahrweg Nr. 313 über einen begrünten Moränenrücken nach Nordwesten aufwärts, zuletzt im Wald steil empor zum **Rifugio Pèller (2)** und Talfahrt mit dem Jeep zurück nach **Cles (1)**.

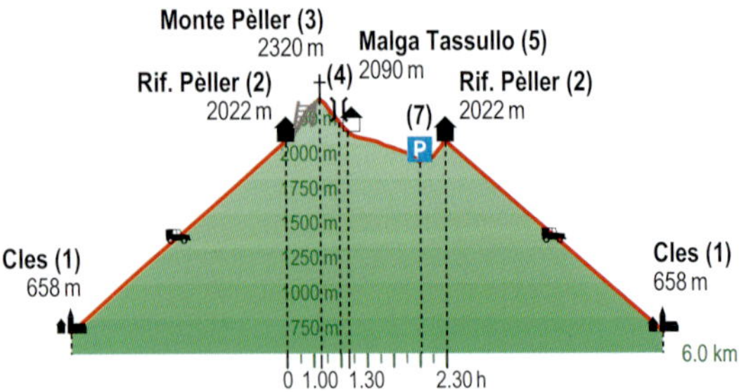

4.30 Std.

# Um den Palón

50

## *Wo man sich noch an die Stille gewöhnen muss*

*Auf der Suche nach Almwanderungen im Reich der Brenta wird man im Umkreis der Pèllerhütte sicher fündig. Neben der Besteigung des Monte Pèller (Tour 49) bietet sich die Umrundung des Palón an, der die weite Wiesenschale des Pian della Nana im Westen flankiert. Man durchstreift ein ausgedehntes Wiesen- und Blumenrevier, kommt an Almhütten und Seelacken vorbei, bewundert in der Ferne die Gletscherberge der Presanella- und Ortlergruppe.*

**Ausgangspunkt:** Siehe Tour 49.
**Anforderungen:** Leichte Wanderung auf bez. Wegen. Vorsicht bei Nebel!
**Höhenunterschied:** 580 m.
**Einkehrmöglichkeiten:** Rif. Pèller (43 B., vom 20. Juni bis 20. Sept. durchgehend, sonst ganzj. Sa. und So. geöffnet, Tel. +39 0463 536221, rifugiopeller.com), Biv. Pinamonti an der Malga Tassullo (6 L., ganzj. geöffnet, aber nicht bew., im Sommer Getränke an der Malga Tassullo).
**Varianten:** Die Pèllerhütte kann von Malé auf markierten Waldwegen auch zu Fuß erreicht werden (Tour 48). Im Abstieg kann man, vor dem Hüttenparkplatz links abzweigend, auf unbez. Steigspuren westwärts über Wiesenböden und einen steilen Grashang ebenfalls zur Pèllerhütte gelangen. Gleicher Zeitaufwand.

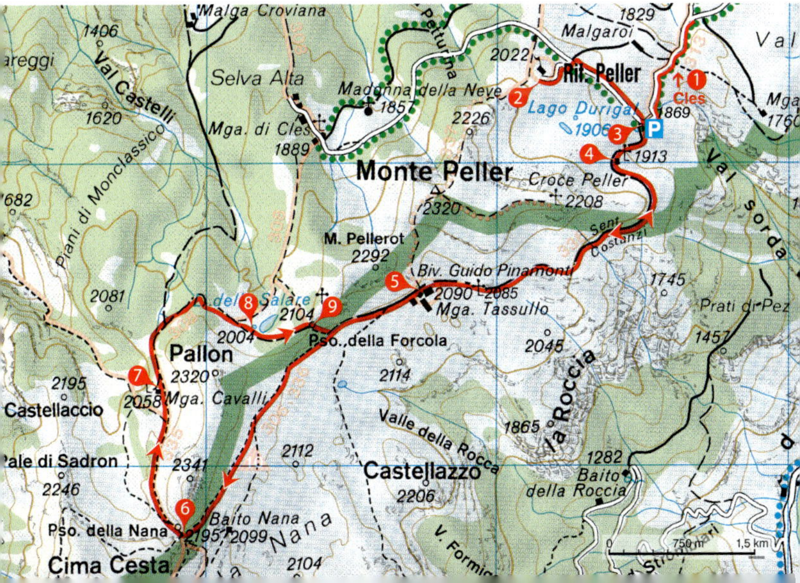

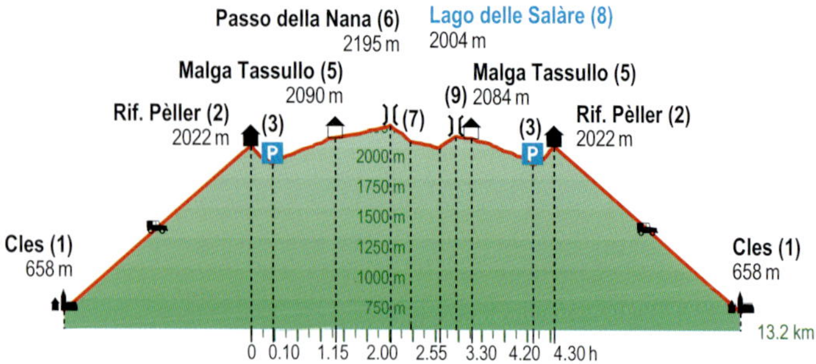


Von **Cles (1)** Auffahrt per Jeep zum **Rifugio Pèller (2)**. Dort den Fahrweg Nr. 313 anfangs durch Wald in steilen Kehren nach Nordosten abwärts, dann einen grasigen Moränenrücken sanft nach Südosten hinab zum **Hüttenparkplatz** (**3**, 1869 m; Verzweigung). Rechts den Fahrweg Nr. 336 über Wiesen gegen den Monte Pèller aufwärts, dann steil nach links (Osten) empor zu aussichtsreicher **Schulter** (**4**, 1913 m; Holzkreuz, Bänke). Um den Ostrücken des Berges rechts herum in seine Südseite und dort über eine Wiesenterrasse nach Südwesten hinauf in einen Sattel (2085 m; Holzkreuz links). Jenseits, eine seichte Mulde ab und auf querend, westwärts zu der auf einer Anhöhe am Rande des Pian della Nana gelegenen **Malga Tassullo (5)**, 2090 m. Auf dem Fahrweg Nr. 336 über die Almwiesen des Nana-Plateaus (Murmeltiere!), links unterm Passo della Fórcola vorbei, südwestwärts sanft bergab, später am rechten Rande der Hochfläche hinauf zu begrünter Schulter und weiter in den **Passo della Nana** (**6**, 2195 m; Verzweigung) zwischen Palón und Cima Cesta. Rechts ab und auf dem Weg Nr. 335 unter den Wänden des P. 2341 (M. Palón) über begrünte Schutthänge vorerst nach Nordwesten, dann in Nordrichtung abwärts zu der im Bereich der **Busa di Cavai** gelegenen, verfallenen **Malga Cavalli (7)**, 2058 m. Auf dem Weg Nr. 308 an den Abhängen des Palón durch Buschwerk und Wald in Nordrichtung weiter, später nach rechts zur Schulter am Nordrücken des Berges und jenseits hinab in die Wiesenmulde um den **Lago delle Salàre** (**8**, 2004 m, Unterstand »Baito Salàre«). Am Unterrand der nordseitigen Schutthalden des Palón sanft nach Osten aufwärts, später auf bez. Weg (keine Nummer) über licht bewaldete Hänge, an einer Verzweigung vorbei, schräg nach links (Nordosten) empor zum **Passo della Fórcola (9)**, 2104 m, zwischen Palón und Pelleròt. Jenseits an den Grashängen des Pelleròt eben nach Nordosten zum Fahrweg Nr. 336 und auf ihm geradeaus zur Malga Tassullo, 2090 m. Weiter auf bekanntem Weg zum **Rifugio Pèller (2)** und von dort Talfahrt mit dem Jeep nach **Cles (1)**.

*Die ausgedehnten Almweiden des Nana-Plateaus vom Anstieg zum Passo della Nana.*

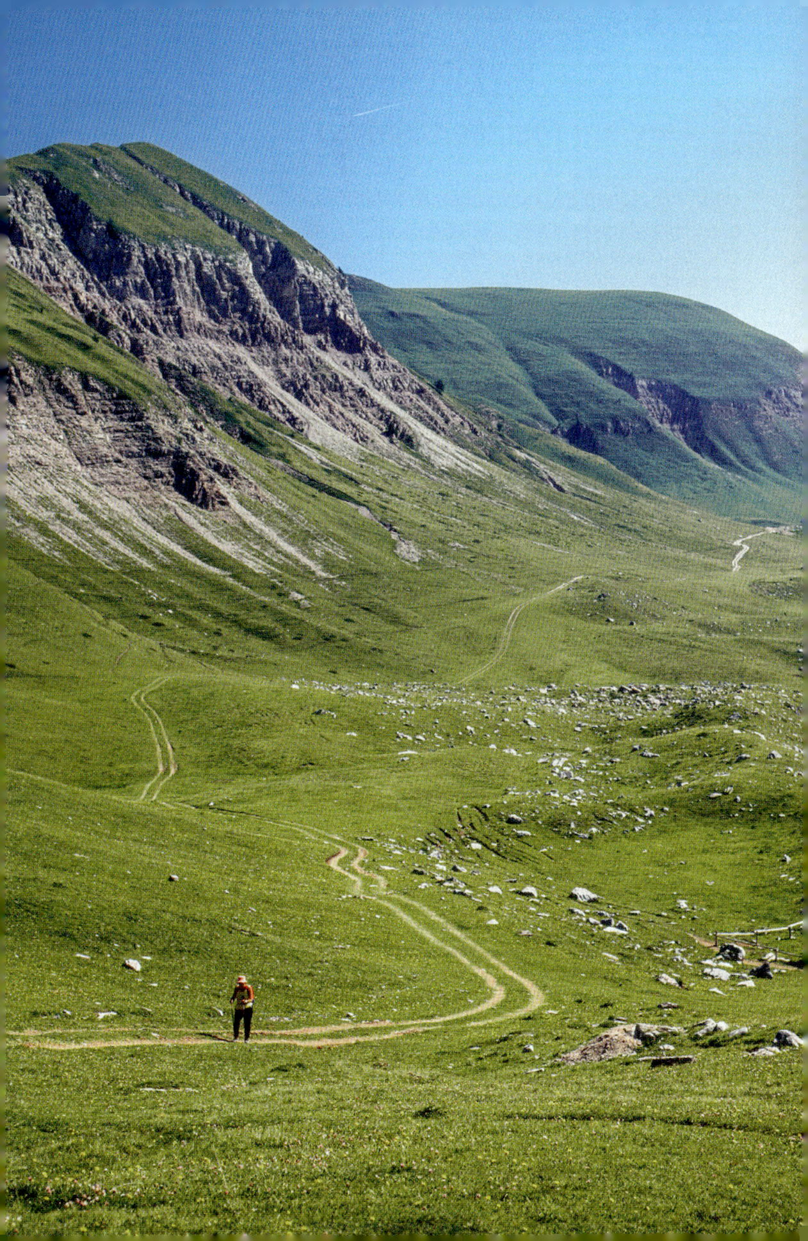

# TOP 51 Sentiero Claudio Costanzi

2 Tage

## Über alle Höhen der nördlichen Brentagruppe

*Unter den großen Kammwanderungen der Brenta gebührt dem Sentiero Claudio Costanzi uneingeschränkt die Krone. Auf diesem Weg wird die gesamte Nordkette und mit ihr eine stattliche Gipfelreihe überschritten. Die extrem lange, an exponierten oder schwierigen Stellen gesicherte Route kann durch Übernachtung im 2790 Meter hoch gelegenen Bivacco Bonvecchio auf zwei Tagestappen aufgeteilt werden. Wegen der beträchtlichen Höhenlage des Übergangs und der damit verbundenen späten Ausaperung des Geländes sind Begehungen nicht vor Mitte Juli zu empfehlen.*

**Ausgangspunkt:** Siehe Tour 49.
**Endpunkt:** Talstation der Grostèseilbahn, 1646 m, an der Staatsstraße Nr. 239 knapp südlich des Passo Campo Carlo Magno. Rückfahrt per Bus nach Dimaro, dann mit der Bahn nach Malé und Cles.
**Anforderungen:** Extrem lange, anspruchsvolle Tour für trainierte Bergsteiger. Trittsicherheit, Schwindelfreiheit, Kletterkönnen (ungesicherte Stellen bis zum Schwierigkeitsgrad II) und Ausdauer nötig. Nur bei sicherem Wetter!
**Höhenunterschied:** 1170 m im Anstieg, 1550 m im Abstieg.

**Einkehrmöglichkeiten:** Rif. Pèller (43 B., vom 20. Juni bis 20. Sept. durchgehend, sonst ganzj. Sa. und So. geöffnet, Tel. +39 0463 536221, rifugiopeller.com), Biv. Pinamonti an der Malga Tassullo (6 L., ganzj. geöffnet, aber nicht bew., im Sommer Getränke an der Malga Tassullo), Biv. Bonvecchio (6 L., ganzj. geöffnet, aber nicht bew.), Rif. Graffer (70 B., 44 B., bew. vom 20. Juni bis 20. Sept., Tel. +39 0465 441358, graffer.com), Rist. Boch an der Mittelstation (keine Übernachtung, bew. vom 15./20. Juni bis zum 1. So. im Sept.).
**Hinweis:** Bei Benutzung der Grostèseilbahn insgesamt 1 Std. Zeitersparnis.

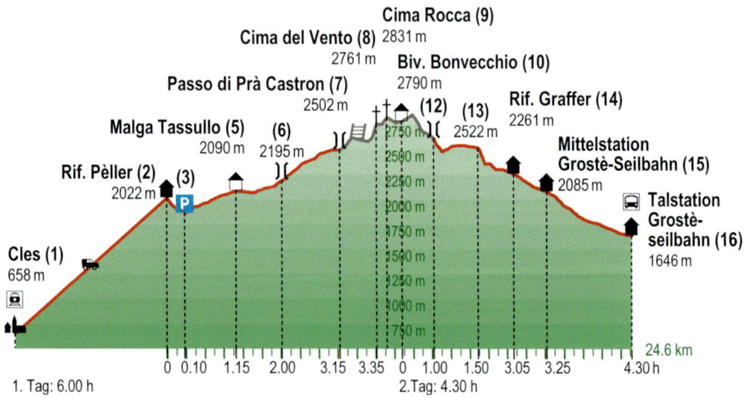

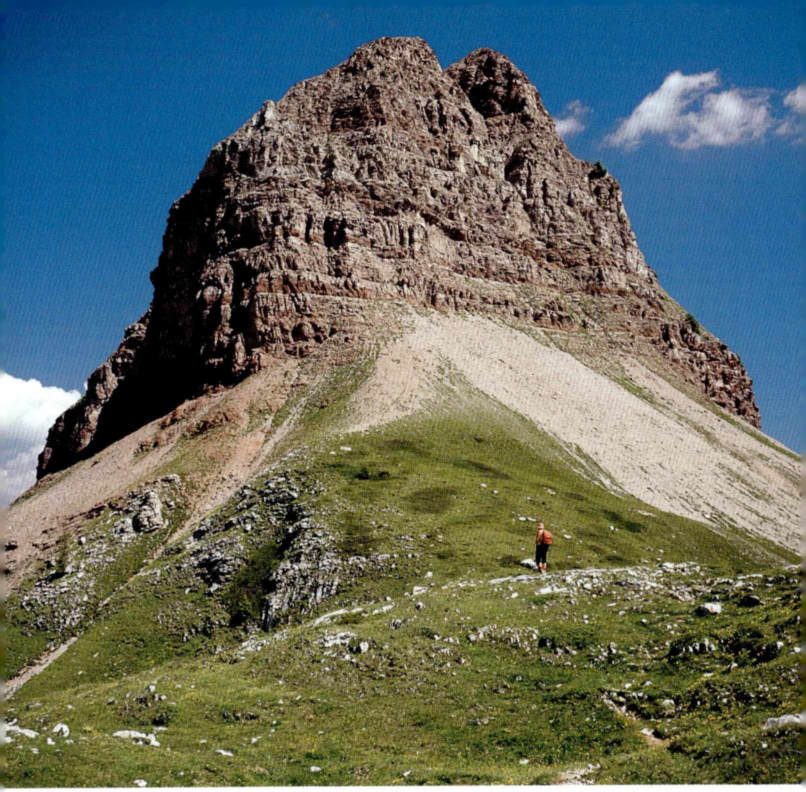

*Am Passo della Nana. Aufblick nach Norden gegen den rotfelsigen Palón.*

Von **Cles (1)** Auffahrt per Jeep zum **Rifugio Pèller (2)** und wie bei Tour 50 in den **Passo della Nana (6)**, 2195 m. Auf dem Weg Nr. 336 **(»Sentiero Claudio Costanzi«)** geradeaus in die begrünte Ostseite der Cima Cesta und Cima Nana hinein und dort nach Südwesten aufwärts, später durch die Nordflanke des Sasso Rosso nach links empor in einen unbenannten Sattel. Jenseits unterhalb des Sasso Rosso über Schutt nach rechts (Südwesten) hinüber in den **Passo di Prà Castron** (**7**, 2502 m; Rechtsabzweigung zum Biv. Costanzi). Über Schrofen- und Karrenplatten nach Süden aufwärts, wobei die Gipfel der Cima Benón und der Cima di Tuénno rechts umgangen werden, dann den Kamm hinab in die **Bocca del Vento**, 2582 m. Jenseits den steilen Schrofengrat gegen die Cima del Vento empor zu einer Schulter am Fuß des senkrechten Gipfelaufbaus. Unter den Felsen ein Stück in die

Ostseite, nach einer Scharte durch einen fast senkrechten Kamin an den oberen Nordostgrat empor. Über ihn steil und exponiert auf den Gipfel der **Cima del Vento (8)**, 2761 m. Am begrünten Rücken südwestwärts zur **Cima delle Livezze**, 2780 m, dann in der rechten Gratflanke über steile Felsen hinab in die Bocchetta delle Livezze, 2720 m. Über eine felsige Erhebung zur nächsten Einsattelung und in einen steilen Kamin. Diesen kurz hoch, dann einen Grat luftig empor zum Gipfel der **Cima Rocca (9)**, 2831 m. Auf Steig weiter, dann links um die Cima Paradiso herum und am Kamm hinab in eine Scharte. Jenseits über den Nordrücken der Cima Sassara empor zum **Biv. Bonvecchio (10)**, 2790 m.

Auf dem Steig Nr. 336 über den Nordkamm der Cima Sassara aufwärts und, den Gipfel (2894 m) rechts umgehend, in die Scharte vor dem Sasso Alto. Gegen ihn über Felsstufen und durch Kamine hoch, danach auf schmalem Band durch die Westseite des Berges zu einer Schulter am Südgrat. Über ihn ein Stück abwärts, dann an gesicherten Felsen nach links hinunter, zuletzt über steile Schutthänge hinab zum **Passo di Val Gelada (11)**, 2686 m, zwischen Sasso Alto und Cima di Flavona. Unter den Westabstürzen der Cima di Flavona über Bänder und Geröll nach Südosten abwärts in die **Bocchetta dei Tre Sassi (12)**, 2614 m, zwischen Corno di Flavona und Pietra Grande. Den Weg Nr. 334 durch das geröllige Val Gelada nach rechts abwärts zu Verzweigung (Felsblock, Quelle). Halb links den Weg Nr. 336 nach Westen empor zu begrünter Schulter am Cima-Vagliana-Nordwestgrat. Auf Geröllterrasse quer durch die Westseite der Pietra Grande zur Schulter mit dem Torre Schober und an den markanten **Felssporn (13)**, 2522 m, der die beiden Karmulden **»Orti della Regina«** (Gärten der Königin) trennt. Weiter wie bei Tour 4 zur **Grostèseilbahn-Talstation** (**16**, 1646 m; Bushalt) an der Staatsstraße Nr. 239 knapp südlich des **Passo Campo Carlo Magno**. **Rückfahrt** per Bus nach **Dimaro**, dann mit der Bahn nach **Malé** und **Cles**.

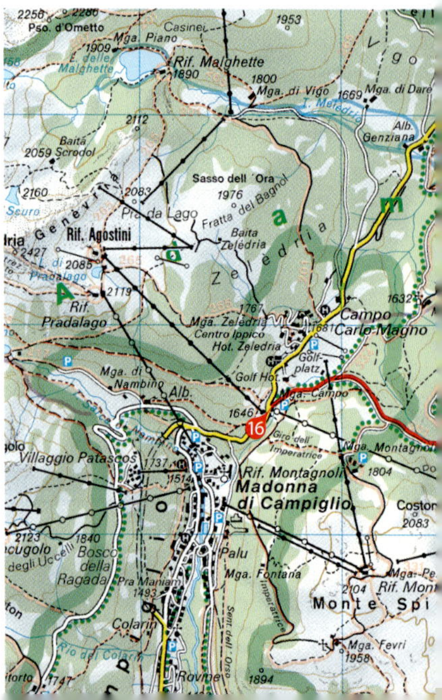

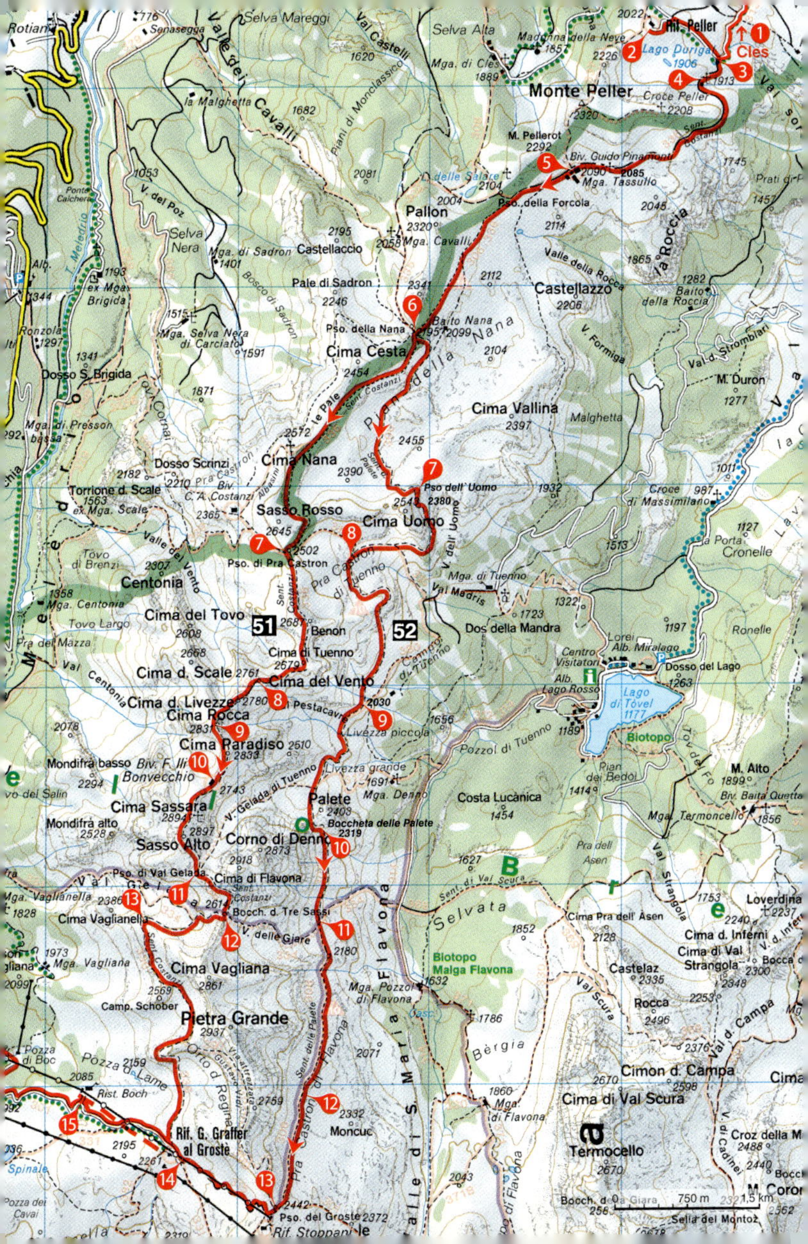

Rif. Peller
Cles
Lago Durigal
Monte Peller
Croce Peller
M. Pellerot
Biv. Guido Pinamonti
Mga. Tassullo
Pso. della Forcola
Pallon
Mga. Cavalli
Castellaccio
Pale di Sadron
Castellazzo
Baito Nana
Pso. della Nana
Cima Cesta
Pian della Nana
Cima Vallina
Malghetta
Cima Nana
Dosso Scrinzi
Torrione d. Scale
Biv. C. A. Costanzi
Sasso Rosso
Cima Uomo
Pso dell' Uomo
Pso. di Pra Castron
Pra Castron di Tuenno
Centonia
Mga. Centonia
Cima del Tovo
Benon
Cima di Tuenno
Cima d. Scale
Cima del Vento
Cima d. Livezze
Cima Rocca
Cima Paradiso
Biv. F. lli Bonvecchio
Livezza piccola
Livezza grande
Mga. Denno
Palete
Boccheta delle Palete
Cima Sassara
Mondifra basso
Mondifra alto
Sasso Alto
Corno di Denno
Pso. di Val Gelada
Cima di Flavona
Bocch. d. Tre Sassi
Cima Vaglianella
Cima Vagliana
Mga. Vagliana
Camp. Schober
Pietra Grande
Rist. Boch
Rif. G. Graffer al Groste
Moncuc
Pso. del Groste
Rif. Stoppani
Mga. Pozzol di Flavona
Mga. di Flavona
Biotopo Malga Flavona
Val di S. Maria Flavona
Dos della Mandra
Mga. di Tuenno
Val Madris
Lago di Tovel
Biotopo
Centro Visitatori
Alb. Miralago
Alb. Lago Rosso
Dosso del Lago
Croce di Massimiliano
Cronelle
Ronelle
Pozzol di Tuenno
Costa Lucànica
Pian dei Bedol
M. Alto
Biv. Baita Quetta
Mga. Termoncello
Selvata
Cima Pra dell' Asen
Castelaz
Rocca
Cima d. Inferni
Cima di Val Strangola
Loverdina
Cimon d. Campa
Cima di Val Scura
Termocello
Croz della M
Sella del Montoz
51
52
750 m
1,5 km

# 52 Sentiero delle Palete

10.00 Std.

**_Anspruchsvolle »Alta Via« an der Ostseite der nördlichen Brentakette_**

*Die nördliche Brentagruppe kann auf zwei langen Höhenwegen, dem »Sentiero delle Palete« und dem »Sentiero Claudio Costanzi«, durchwandert bzw. überschritten werden. Im vorliegenden Fall wählen wir den über dem Tóveltal entlangführenden ostseitigen Paleteweg, der im Auf und Ab über Seitenkämme und durch entlegene Kare zum Grostèpass und weiter zur Talstation der Grostè-Seilbahn am Passo Campo Carlo Magno führt (Karte siehe Tour 51).*

**Ausgangspunkt/Endpunkt:** S. Tour 49.
**Anforderungen:** Sehr lange und anspruchsvolle Tour für geübte und ausdauernde Geher. Klettererfahrung (Passagen im Schwierigkeitsgrad I) sowie sicheres Wetter nötig. Im Frühsommer wird ein Pickel empfohlen.
**Höhenunterschied:** 1240 m im Anstieg, 1580 m im Abstieg.
**Einkehrmöglichkeiten:** Rif. Pèller (43 B., vom 20. Juni bis 20. Sept. durchgehend, sonst ganzj. Sa. und So. geöffnet, Tel. +39 0463 536221, rifugiopeller.com), Biv. Pinamonti an der Malga Tassullo (6 L., ganzj. geöffnet, aber nicht bew., im Sommer Getränke an der Malga Tassullo), Rif. Stoppani am Grostèpass (24 B., bei Seilbahnbetrieb geöffnet, Tel. +39 335 1481389, rifugiostoppanicampiglio.it), Rif. Graffer (70 B., bew. vom 20. Juni bis 20. Sept., Tel. +39 0465 441358, graffer.com), Rist. Boch an der Mittelstation (keine Übernachtung, bew. vom 20. Juni bis zum 1. Sonntag im Sept.).
**Hinweis:** Bei Benutzung der Grostèseilbahn 1.30 Std. Zeitersparnis.

Von **Cles (1)** Auffahrt per Jeep zum **Rifugio Pèller (2)** und wie bei Tour 50 zum **Passo della Nana (6)**, 2195 m. Links den »**Sentiero delle Palete**« (Weg Nr. 306) anfangs noch am rechten Rand des Nana-Plateaus bergauf, dann nach links (Süden) unter die Cima Uomo. Über Geröll empor unter eine 30 m hohe Felswand, die entlang einer Felsrinne nach links hinauf durchstiegen

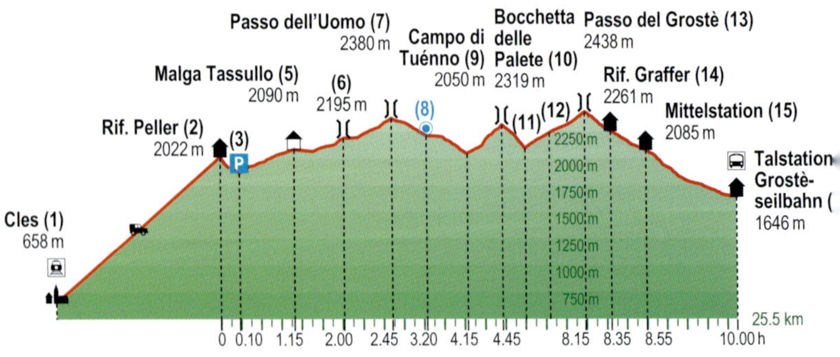

wird. Danach über Schutt eben nach Nordosten in den **Passo dell'Uomo (7)**, 2380 m. Jenseits über Karrenplatten abwärts, dann steil nach rechts (Süden) hinab unter eine Felswand. Auf abschüssigem Band quer durch die Ostabstürze der Cima Uomo empor zu einer Kanzel an der Südostkante des Berges. Nach rechts in die Südseite und dort in Westrichtung abwärts zu einer Schulter. Nun auf bez. Steigspuren nach links (Süden) hinab in das **Val Madris** (**8**, Quelle). Südostwärts durch eine Blockzone an eine Bergkante, danach an sehr steiler Grasflanke (Vorsicht!) eben nach Süden zu einem Band. Auf ihm kurz hoch, dann die grasigen Steilhänge ziemlich tief nach links (Osten) hinunter zur Wiesenterrasse des **Campo di Tuénno (9)**, 2030 m. Am Oberrand der Terrasse eben nach Süden, später nach rechts um eine Ecke herum in das Kar **Livezza Piccola** (Val Pestacavre). Dort über Wiesen schräg nach links (Südwesten) hoch, dann in Südrichtung zu einem begrünten Absatz an der das Val Pestacavre vom Val Gelada di Tuénno trennenden Felsrippe. Über diese in Kehren ausgesetzt hinunter, später auf und ab nach rechts (Kletterstellen im Schwierigkeitsgrad I), schließlich links durch eine Mulde hinauf zu einem quer laufenden Moränenrücken im großartigen Felskar **Livezza Grande** (Val Gelada di Tuénno). Südwärts über den Rücken zu einer Verzweigung und dort geradeaus unter den Felsturm der Cima delle Palete. Die Schuttrinne rechts von ihr steil hoch, dann durch grobblockiges, weniger steiles Gelände in die **Bocchetta delle Palete (10)**, 2319 m, zwischen Cima delle Palete und Corno di Denno.

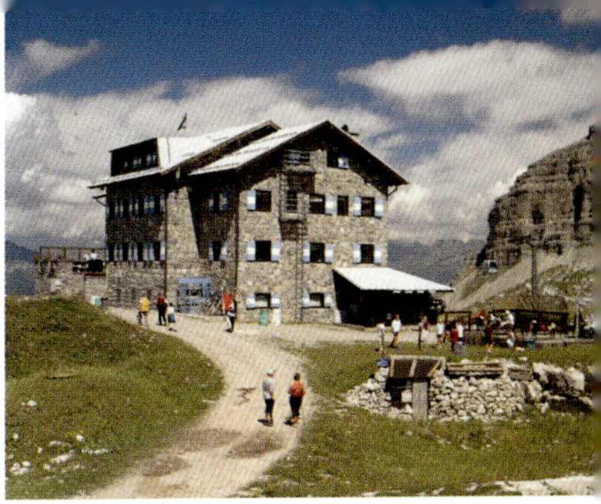

*Das Rif. Graffer am Ende der langen Gehstrecke durch die nördliche Brentagruppe.*

Jenseits zunächst durch eine steile Schuttrinne (Drahtseil) 30 m abwärts, dann ausgesetzt nach rechts zu einem senkrechten Abbruch. Über die 60 m hohe Wand (Drahtseil, Eisenklammern) unschwierig, aber ausgesetzt hinunter zu schrofig-begrünten Hängen. Über sie in langer Querung (Drahtseile) nach Süden abwärts zum Auslauf des **Val delle Giare** und jenseits bergauf zur **Kreuzung** mit Weg Nr. 334 **(11)**. Geradeaus (Weg Nr. 306) über die Karrenfläche **Prà Castron di Flavona (12)** zu Füßen der Pietra Grande aufwärts, zuletzt über eine Steilstufe in den **Passo del Grostè (13)**, 2442 m, und jenseits zur Grostèlift-Bergstation (2438 m; Restaurant). Den schottrigen Fahrweg Nr. 301 entlang der Seilbahn über ein geneigtes Geröll- und Karrenplateau in Windungen nach Nordwesten hinab zum **Rifugio Graffer (14)**, 2261 m. Weiter wie bei Tour 4 zur **Grostèseilbahn-Talstation** (**16**, 1646 m; Bushalt) an der Staatsstraße Nr. 239 knapp südlich des Passo Campo Carlo Magno.

**Rückfahrt** per Bus nach **Dimaro**, dann mit der Bahn nach **Malé** und **Cles (1)**.

## Stichwortverzeichnis

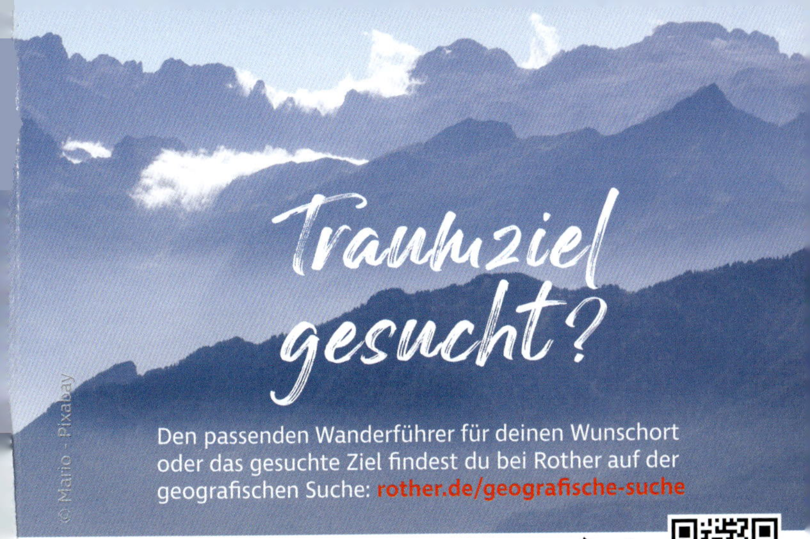
© Mario - Pixabay



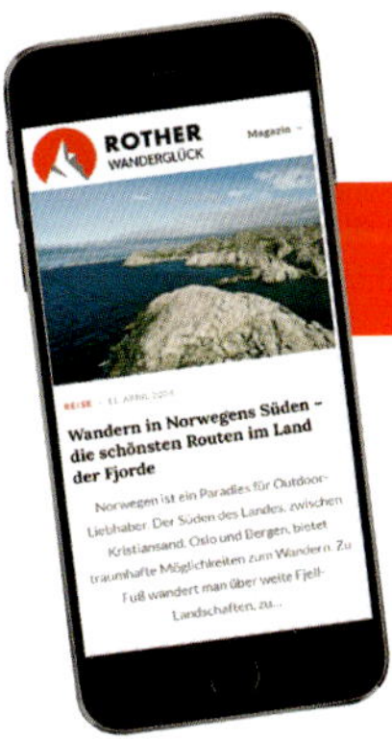
ROTHER
WANDERGLÜCK
Magazin
Wandern in Norwegens Süden – die schönsten Routen im Land der Fjorde
Norwegen ist ein Paradies für Outdoor-Liebhaber. Der Süden des Landes, zwischen Kristiansand, Oslo und Bergen, bietet traumhafte Möglichkeiten zum Wandern. Zu Fuß wandert man über weite Fjell-Landschaften, zu...

Umschlagbild:
Das Rifugio Pedrotti von Nordwesten, aus der Umgebung der Bocca di Brenta, mit Croz del Rifugio und Monte Daino links darüber.

Bild im Innentitel:
Blick aus der Umgebung der Malga Tassullo über das Val di Tóvel hinweg nach Süden zur Campagruppe mit dem Hochtal von Flavona (Campo di Flavona) und der Pietra Grande rechts (Tour 49–52).

Bild Doppelseite 26/27:
Unterwegs am Sentiero Benini vom Grostèpass zur Tucketthütte. Tiefblick in das äußere Val di Tòvel, in nördlicher Ferne die Zentralalpen.

Alle Fotos vom Autor.

Kartografie:
51 Wanderkärtchen im Maßstab 1:50.000 und 1:75.000,
© Freytag & Berndt, Wien;
1 Wanderkärtchen (Tour 26) im Maßstab 1:50.000,
© Bergverlag Rother, München (gezeichnet von Gerhard Tourneau);
Übersichtskarten im Maßstab 1:300.000 und 1:500.000
© Freytag & Berndt, Wien.

Werk-Nr.: 4181



5., aktualisierte Auflage 2024


ISBN 978-3-7633-4181-8

MIX
Papier | Fördert gute Waldnutzung
FSC® C147178
FSC www.fsc.org

**Wir freuen uns über jeden Korrekturhinweis zu diesem Wanderführer!**
**Bitte per E-Mail an: leserzuschrift@rother.de**

**ROTHER BERGVERLAG · München**
**D-82041 Oberhaching · Keltenring 17 · Tel. +49 89 608669-0 · rother.de**